COLLECTION
FOLIO/ACTUEL

Jocelyne Lenglet-Ajchenbaum
et Yves Marc Ajchenbaum

Les judaïsmes

Gallimard

*Cet ouvrage est publié sous la direction de Jean-Claude Grimal et Olivier Mazel dans la série « **Le Monde** Actuel ».*

Conception et réalisation des graphiques et cartes : Cécile Marin.

Jocelyne Lenglet-Ajchenbaum enseigne l'histoire dans un collège parisien. Elle est coauteur de plusieurs manuels scolaires aux Éditions Magnard et auteur d'un ouvrage pour les enfants, *Jérusalem au temps de Jésus*, aux Éditions Casterman.

Yves Marc Ajchenbaum est journaliste et responsable du courrier des lecteurs du *Monde*. Il est l'auteur de plusieurs ouvrages dont une histoire du journal *Combat* (Le Monde Éditions) et prépare actuellement un livre sur les relations entre Albert Camus et Pascal Pia pour les Éditions Fayard.

Pour Cippora et Jonas

INTRODUCTION

Qu'est-ce que le judaïsme ? Quel contenu revêt l'identité juive ? Qui est juif ? Quel mot utiliser pour signifier l'ensemble juif : Peuple ? Nation ? Communauté ? Monde juif ou mondes juifs ? Le judaïsme doit-il être défini comme une religion ? Une culture ? Une civilisation ?

Ce questionnement a traversé les siècles et les continents, posé à la fois, mais de façon différente, par les Juifs eux-mêmes et par les sociétés dans lesquelles ils se sont enracinés. Au-delà des débats souvent âpres mais jamais clos, s'impose une certitude : les Juifs existent.

À partir des années 50, deux représentations du judaïsme ont prévalu : il était identifié soit à une religion, soit à un peuple dont l'unité s'était maintenue malgré des siècles de dispersion géographique. L'expression la plus forte de cette unité s'incarnait dans la (re)construction de l'État d'Israël.

Cette identification du judaïsme à la religion et au sionisme a occulté sa diversité.

Certes, dans l'Antiquité, les Juifs ont constitué un peuple doté d'un État et d'une religion spécifique. Avec la dispersion géographique, l'unité religieuse s'est maintenue, scellée par le sentiment d'appartenir à une même « nation », à une même « histoire ». Ces mots avaient un contenu religieux : la « nation sainte » et le « peuple de l'Alliance » se définissaient par un destin particulier mettant en jeu le Créateur et la Création tout entière. L'« histoire » juive commençait avec l'Alliance dans laquelle Dieu engageait Abraham, se poursuivait avec l'intervention libératrice de Dieu en Égypte et devait s'achever à l'avènement des « Temps messianiques ». Ces mythes fondateurs ont permis le maintien d'une cohésion alors que le monde juif entrait dans un processus de diversification.

Des siècles d'errance et de rencontres avec des cultures prestigieuses et dominantes, l'hellénisme, le christianisme, l'islam, l'Occident moderne, ont façonné des judaïsmes. Les Juifs adoptaient des langues différentes, observaient des rites et des coutumes distincts, développaient des manières de vivre et des idéologies divergentes. Ainsi lorsque, par le jeu des migrations, des communautés se rencontraient, leurs relations étaient empreintes d'indifférence ou d'hostilité. Rappelons l'exclamation véhémente du baron Robert de Rothschild, président du Consistoire de Paris en 1935 : « S'ils ne sont pas contents, qu'ils s'en aillent ! » L'« objet » de cet énergique rejet n'était autre que l'émigration juive d'Europe orientale fraîchement installée à Paris... Rappelons également la violence des actions du judaïsme bolchevique contre les fidèles de la tradition religieuse juive à partir des années 20.

Au XXe siècle, le judaïsme est devenu plus que jamais une entité polymorphe dont le contenu varie selon les lieux, les générations, les individus. Paradoxalement, cet ensemble humain est aussi diversifié qu'uni : la Shoah, forme paroxystique des persécutions séculaires, a renforcé partout l'attachement, la fidélité au judaïsme. Tentative sans précédent de mise à mort de tous les Juifs, elle a engendré une volonté farouche de poursuivre l'histoire juive.

Au risque de dérouter le lecteur en quête d'une définition simple et claire qui réduit les mondes juifs à une catégorie connue (une religion, un peuple) il est temps d'ouvrir de nouvelles pistes de réflexion qui tiennent compte de la complexité du judaïsme, de son caractère peut-être inclassable, certainement dérangeant, toujours fécond.

CHAPITRE I

LA FORMATION DU JUDAÏSME DANS L'ANTIQUITÉ

Le judaïsme est le fruit d'une élaboration historique qui couvre, dans l'Antiquité, plus de deux millénaires.

Hébreux, Israélites, Israël, Judéens, Juifs : tels sont les noms de ce petit peuple qui abandonne sa vie tribale et semi-nomade pour fonder un brillant royaume bientôt anéanti par les grands empires du monde antique.

Canaan, Israël, Juda, Judée sont les noms de la terre où ce peuple est établi et d'où les désastres successifs l'éloignent.

Mais au milieu des vicissitudes de l'histoire s'élabore une pensée religieuse en rupture avec la culture antique : Israël invente le monothéisme éthique et produit deux œuvres monumentales : la Bible et le Talmud. Ces livres, véritable patrie spirituelle, assureront pendant des siècles la cohésion des communautés géographiquement dispersées.

FIGURE 1

Le Proche-Orient (XIIIe-XIIe siècle avant l'ère chrétienne)

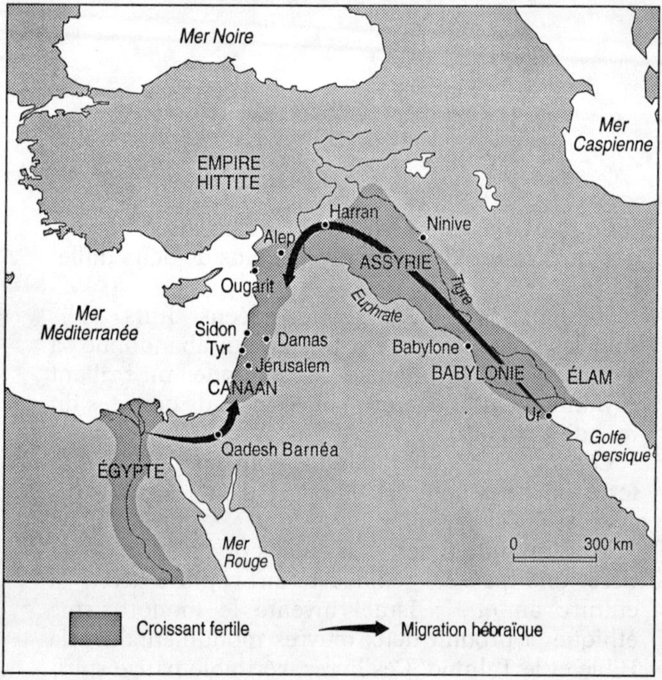

Les Hébreux. Une première élaboration religieuse : le yahvisme

L'origine des Hébreux[1] est difficile à préciser. On rapproche souvent le nom « Hébreux » du terme *habiru* qui apparaît dans les textes cunéiformes[2], sur des sites disséminés dans tout le Proche-Orient dès le début du IIe millénaire avant è.c. On retrouve ce mot sous la forme *apirû* dans les sources égyptiennes de la même période. Il désigne des populations pauvres et mal contrôlées qui circulent sur le pourtour du Croissant fertile, aux franges des cités-États, des royaumes ou des empires. Tantôt agriculteurs itinérants exploitant des terres dédaignées par les sédentaires, tantôt pasteurs, pillards à l'occasion, les *habiru* s'engagent aussi comme main-d'œuvre bon marché pour de grands travaux ou comme mercenaires.

Les origines des Hébreux semblent se situer dans le cadre général des mouvements de ces *habiru*[3].

De fait, le premier livre de la Bible (voir encadré p. 22), la Genèse, présente les patriarches Abraham, Isaac et Jacob comme des étrangers originaires de Mésopotamie : quittant Ur, Abraham effectue avec sa famille une ample migration qui le mène de Harran, dans la haute vallée de l'Euphrate, jusqu'en

1. « Hébreu » est le terme le plus fréquemment utilisé dans les récits de la Bible qui vont des origines à l'époque de la royauté (vers 1030 avant è.c.).

2. L'écriture cunéiforme est en usage en Mésopotamie.

3. Nous suivons l'analyse d'André Lemaire, *Histoire du peuple hébreu*, PUF, coll. Que sais-je ?,1995. Voir aussi Paul Garelli et André Lemaire, *Le Proche-Orient asiatique*, t. II : *Les empires mésopotamiens. Israël*, PUF, coll. Nouvelle Clio, 1997.

Égypte. Il s'établit ensuite en Canaan, aux marges des cités-États alors vassales des pharaons.

Dans le texte biblique les patriarches apparaissent comme des semi-nomades en voie de sédentarisation, vivant sous la tente et se déplaçant avec leurs troupeaux à la recherche de pâturages sans se mêler vraiment à la population locale. Ainsi Abraham exige-t-il que son fils Isaac ne prenne pas pour épouse une femme cananéenne. La fiancée, Rebecca, sera donc choisie au sein de la famille, à Harran. C'est là aussi qu'une génération plus tard, Jacob, fils d'Isaac, contractera mariage avec ses deux cousines Lea et Rachel.

Les Hébreux sont organisés en familles et en clans rassemblant peut-être quelques centaines de personnes. Chaque clan, attaché à son indépendance et à ses traditions propres, vit plus ou moins en autarcie sous l'autorité des chefs traditionnels, les « Anciens ». Les relations avec les cités cananéennes sont tantôt tendues, tantôt pacifiques.

Il semble qu'un de ces clans ait séjourné à la limite orientale du delta du Nil, au pays de Goshen. Il y était surtout employé aux durs travaux exigés par la construction des villes de Pitôm et de Ramsès. Sous la conduite de Moïse, un Hébreu ayant probablement reçu une culture égyptienne, le groupe parvient à quitter le pays malgré l'opposition du pharaon, sans doute Ramsès II, vers 1270-1250 avant è.c. : c'est l'Exode, ou Sortie d'Égypte, que la Bible présente comme l'œuvre de Dieu. Mis à part le récit biblique, on ne trouve aucune trace historique de Moïse. Si certains chercheurs vont jusqu'à nier l'historicité du personnage, la plupart admettent la réalité de son existence et voient en lui le créateur d'une religion nouvelle.

Selon la tradition juive, Moïse est le prophète de Yahwéh[1], Dieu unique et transcendant, créateur du ciel et de la terre, dont il a reçu la révélation au mont Sinaï : il transmet donc aux hommes une religion monothéiste. Mais, pour la plupart des historiens, une réalité différente s'impose, à la lecture notamment des premiers commandements du Décalogue dont une forme primitive devait exister dès cette époque ancienne. Si Yahwéh y apparaît comme le Dieu d'Israël, exclusif et « jaloux », c'est qu'il est alors un dieu national ayant contracté alliance avec les seuls Hébreux. Le culte exclusif de Yahweh écarte celui d'autres divinités, adorées en Égypte, en Canaan ou ailleurs, dont l'existence n'est cependant pas mise en doute. La religion de Moïse apparaît plutôt comme un hénothéisme[2], c'est-à-dire une forme de polythéisme qui implique l'attachement du groupe à un seul dieu sans pour autant nier l'existence des autres. Dès cette haute époque, le Dieu de Moïse présente deux caractéristiques appelées à de riches développements : sa représentation sculptée est interdite et il exige de ses adeptes, outre des rituels comportant offrandes et sacrifices, l'obéissance à un code éthique. Telle semble être la religion de Moïse, à laquelle les historiens donnent le nom de yahvisme.

1. En hébreu, seules les consonnes sont écrites : dans le texte biblique, le nom de Dieu est formé de quatre consonnes hébraïques correspondant à YHWH. À partir de ce tétragramme, les érudits proposent diverses transcriptions. Nous suivons André Lemaire, *op. cit.*

2. Jean Bottéro, *Babylone et la Bible*, Les Belles-Lettres, 1994, p. 225.

Le Décalogue

« Elohim[1] dit toutes ces paroles en ces termes :

“Je suis Iahvé, ton Dieu, qui t’ai fait sortir du pays d’Égypte, de la maison des esclaves : tu n’auras pas d’autres dieux en face de moi.

Tu ne te feras pas d’idole, ni aucune image de ce qui est dans les cieux en haut, ou de ce qui est sur la terre en bas, ou de ce qui est dans les eaux sous la terre. Tu ne te prosterneras pas devant eux et tu ne les serviras pas. Car moi, Iahvé, ton Dieu, je suis un Dieu jaloux, punissant la faute des pères sur les fils, sur la troisième et sur la quatrième génération, pour ceux qui me haïssent, et faisant grâce jusqu’à la millième pour ceux qui m’aiment et observent mes commandements.

Tu ne prononceras pas en vain le nom de Iavhé, ton Dieu, car Iavhé n’innocente pas celui qui prononce son nom en vain.

Souviens-toi du jour du Sabbat pour le sanctifier : six jours tu travailleras et tu feras toute ta besogne, mais le septième jour est le Sabbat pour Iavhé, ton Dieu ; tu ne feras aucune besogne, ni toi, ni ton fils, ni ta fille, ni ton serviteur, ni ta servante, ni ton bétail, ni ton hôte qui est dans tes portes, car en six jours Iavhé a fait les cieux, et la terre et la mer, et tout ce qui est en eux, mais il s’est reposé au septième jour. C’est pourquoi Iavhé a béni le jour du Sabbat et l’a sanctifié.

Honore ton père et ta mère, afin que se prolongent tes jours sur le sol que te donne Iavhé, ton Dieu.

Tu ne tueras pas.

Tu ne commettras pas d’adultère.

1. Dans la Bible comme dans le Talmud, Dieu est désigné par plusieurs noms, dont Élohim.

Tu ne voleras pas.

Tu ne déposeras pas de faux témoignage contre ton prochain.

Tu ne convoiteras pas la maison de ton prochain.

Tu ne convoiteras pas la femme de ton prochain, ni son serviteur, ni sa servante, ni son bœuf, ni son âne, ni tout ce qui est à ton prochain". »

Exode, 20,1-17, trad. Édouard Dhorme, Gallimard, Bibliothèque de la Pléiade, 1956.

Après la traversée du Sinaï et le séjour dans l'oasis de Qadesh Barnéa où s'est imposé sans doute le culte nouveau, les Hébreux migrent vers le nord. Après la mort de Moïse, ils entrent en Canaan sous la conduite de son successeur Josué, dont la Bible évoque les brillantes campagnes militaires contre les cités cananéennes.

De la seconde moitié du XIIIe à celle du XIe siècle avant è.c., le groupe venu d'Égypte établit des relations avec les clans hébreux restés sur place et leur fait adopter le yahvisme. À travers le texte biblique on aperçoit les tribus de Nephtali et de Zabulon en Galilée, celles d'Éphraïm et de Manassé en Cisjordanie centrale, de Ruben, Makîr, Gad et Galaad en Transjordanie ; tandis que le sud est le domaine des clans de Dan, Juda et Benjamin. Ces groupes, en voie de sédentarisation, forment sans doute une confédération assez lâche, dans laquelle chacun garde son indépendance. L'unité s'exprime sur le plan religieux : les tribus se rassemblent peut-être, à l'occasion des grandes fêtes, dans les sanctuaires de Sichem, Béthel et surtout Silo : là est conservé un emblème national sur la nature duquel les historiens s'interrogent et que la Bible nomme « Arche d'Alliance[1] ». De plus, en cas de guerre avec un peuple voisin, les clans menacés s'unissent provisoirement sous le commandement d'un chef commun désigné soit par les anciens, soit par un personnage inspiré, prophète ou prophétesse. La Bible appelle « juges » ces chefs essentiellement militaires et provisoires. Le plus célèbre est Samson, homme aux longs cheveux et à la force exceptionnelle qui défie la puissance militaire des Philistins, un peuple installé sur la côte méditerranéenne entre Gaza et Jaffa depuis 1175 avant è.c. environ.

La Bible

La Bible hébraïque est une collection de livres très divers dont la rédaction s'est effectuée tout au long du Ier millénaire avant è.c. Considérés comme transmis ou inspirés par Dieu, ces livres ont été rassemblés en un canon, c'est-à-dire un ensemble officiellement reconnu, par les sages de Javneh vers 90 après è.c. (voir p. 47).

Rédigés en hébreu, à l'exception de quelques passages, le recueil et ses composantes portent, dans le monde chrétien, des noms dérivés du grec. Le mot bible lui-même vient de *biblia* qui signifie « livres ». C'est que le christianisme a reçu la Bible par l'intermédiaire de sa première traduction en langue grecque, connue sous le nom de Septante, effectuée à Alexandrie au IIIe siècle

1. Selon la tradition juive, c'est un coffre de bois contenant les Tables de la Loi sur lesquelles sont gravés les Dix Commandements.

avant è.c. Les Juifs, eux, nomment l'Écriture ***Tanakh***[1], acronyme faisant apparaître les initiales des trois principales divisions de l'œuvre :

1. **T***orah* (loi, enseignement), en français Pentateuque (dérivé du grec, littéralement : cinq livres). Elle se compose de : **Genèse** (en hébreu *Beréchit*, Le commencement), **Exode** (*Chemot*, Les noms), **Lévitique** (*Va-yiqra*, Il appela), **Nombres** (*Ba midbar*, Dans le désert), **Deutéronome** (*Devarim*, Les paroles).

Les titres hébraïques des livres sont les premiers mots significatifs du texte. La Torah comporte des textes législatifs (prescriptions juridiques et rituelles) et des textes narratifs qui racontent la création de l'univers, la vie des patriarches et l'histoire des Hébreux jusqu'à la mort de Moïse.

La tradition attribue à Moïse l'intégralité de ces cinq livres.

2. **N***eviim (prophètes)* comporte deux subdivisions :

— « Premiers Prophètes » : **Josué**, **Juges**, **Samuel** (2 livres), **Rois** (2 livres). Ce sont des œuvres narratives et historiques qui racontent l'histoire d'Israël depuis la conquête de Canaan jusqu'à la chute de Jérusalem en 587.

— « Prophètes postérieurs » : **Isaïe**, **Jérémie**, **Ézéchiel.** On classe aussi dans ce second groupe les douze « Petits Prophètes » : **Osée**, **Joël**, **Amos**, **Obadiah**, **Jonas**, **Michée**, **Nahoum**, **Habacuc**, **Sophonie**, **Aggée**, **Zacharie**, **Malachie.**

Ces livres, de style poétique, contiennent principalement l'enseignement et les exhortations publiques des prophètes. Selon la tradition, ils ont été écrits par les prophètes eux-mêmes.

3. **K***etouvim (Écrits).* En français, Hagiographes (du grec, littéralement : Écrits saints). Ce recueil très hétéro-

1. Pour la transcription de l'hébreu, nous suivons le *Dictionnaire encyclopédique du judaïsme*, Cerf/Laffont, coll. Bouquins, 1996. Les citations de la Bible conservent la transcription adoptée par le traducteur.

gène comporte : **Psaumes**, **Proverbes**, **Job**, **Cantique des Cantiques**, **Ruth**, **Lamentations**, **Ecclésiaste**, **Esther**, **Daniel**, **Esdras et Néhémie** (2 livres), **Chroniques** (2 livres).

Psaumes et Lamentations sont des poèmes liturgiques. Proverbes, Job, Ecclésiaste appartiennent à la littérature de sagesse, Daniel à la littérature apocalyptique. Esdras et Néhémie, Chroniques sont des livres historiques. Ruth et Esther sont des récits légendaires. Le Cantique des Cantiques chante l'amour qui unit Dieu à Israël.

La tradition attribue certains psaumes à David, les Proverbes, l'Ecclésiaste et le Cantique à Salomon, les Lamentations à Jérémie.

Israël, peuple et État. La victoire du yahvisme et sa transformation (vers 1030-587 avant è.c.).

Quand les Philistins se lancent à la conquête de la Cisjordanie, ils infligent à la confédération israélite une écrasante défaite et lui imposent une humiliante occupation. La nécessité d'une union étroite et durable entre toutes les tribus s'impose alors : soutenu par le prophète Samuel, Saül, un brillant chef de guerre, est acclamé roi. Il se consacre pendant une vingtaine d'années à la longue et meurtrière guerre de libération au cours de laquelle il périt avec trois de ses fils. Si ses campagnes échouent à repousser les Philistins, son règne marque néanmoins un tournant décisif : il fait passer Israël[1] d'une confédération assez lâche de clans à une

1. Cette dénomination supplante celle d'« Hébreux » dans les livres bibliques relatant l'histoire des royaumes.

royauté militaire dont l'autorité, il est vrai, reste fragile.

À la mort de Saül le titre royal échoit à David, brillant chef militaire de la tribu de Juda qui avait été un familier du roi avant de devenir son rival haï. Comme son prédécesseur, il reçoit de Samuel l'onction d'huile sainte[1] qui fait de lui l'Oint de Yahweh, en hébreu *masiah.*

Le règne de David (vers 1010-970 avant è.c.) a laissé dans la mémoire israélite le souvenir d'un âge d'or. Il inaugure pour Israël près d'un siècle de grandeur et d'indépendance politique. Avec une petite armée de fidèles et de mercenaires qu'il préfère à la cohue des hommes armés de l'ancienne confédération, David chasse définitivement les Philistins et lance des expéditions victorieuses contre les peuples voisins : l'affaiblissement momentané des deux grandes puissances de l'époque, l'Égypte et l'Assyrie, facilite ses conquêtes militaires : le royaume de David, élargi au-delà de ses frontières primitives, devient pour quelques décennies l'État le plus puissant de la région syro-cananéenne.

À l'expansion militaire s'ajoute une diplomatie active : de bonnes relations, à la fois politiques, commerciales et technologiques, lient David à Hiram, le roi de Tyr. Plus obscur, mais plus durable et riche de conséquences, est l'achèvement de la conquête de Canaan où les terres des tribus israélites et les cités cananéennes sont inextricablement mêlées. Ces dernières sont progressivement annexées, le plus souvent sans ruines ni massacres, comme en témoigne la conquête de Jérusalem dont les habitants, les Jébuséens, sont soumis mais épargnés

1 On verse une fiole parfumée sur la tête du roi.

(vers 1004 avant è.c.). L'unification des territoires prélude à la fusion des populations.

C'est à Jérusalem que David établit sa capitale. Ce choix d'une ville non israélite, située à mi-chemin des tribus du Nord et du Sud traditionnellement rivales, témoigne de sa volonté de fonder un véritable État dépassant les anciens particularismes. Dans son modeste palais, il met en place une sorte de cabinet royal, composé de ministres et de conseillers. Le trésor royal est alimenté par les butins et les tributs prélevés sur l'ennemi, ainsi que par les biens de la couronne. David lance un recensement de la population en vue de l'établissement d'impôts. Mais l'opposition soulevée par ce projet l'oblige à renoncer. Il ne peut non plus mener à bien l'édification d'un temple royal ; néanmoins il fait venir l'Arche d'Alliance à Jérusalem et l'y installe pour sceller l'union de son peuple autour du nouveau centre religieux d'Israël.

La fragilité du pouvoir de David apparaît dans les difficultés de sa succession. À la fin de sa vie, le roi désigne son jeune fils Salomon dont les prétentions sont soutenues par un parti influent qui compte le grand prêtre[1] Sadoc et le prophète Nathan.

Salomon (vers 971-931 avant è.c.) poursuit la politique amorcée par son père. Son œuvre principale est la transformation du royaume en un État organisé, administré et structuré : c'est ce qui lui vaut la réputation de « sage » dans la tradition biblique. Le gouvernement central se renforce d'un personnel plus nombreux. Conséquence sans doute du recensement de David, le royaume est divisé en douze

1. Le grand prêtre est l'autorité suprême du clergé. Selon la tradition, il descend d'Aaron, le frère de Moïse.

FIGURE 2

Le royaume de David, 1003 avant l'ère chrétienne

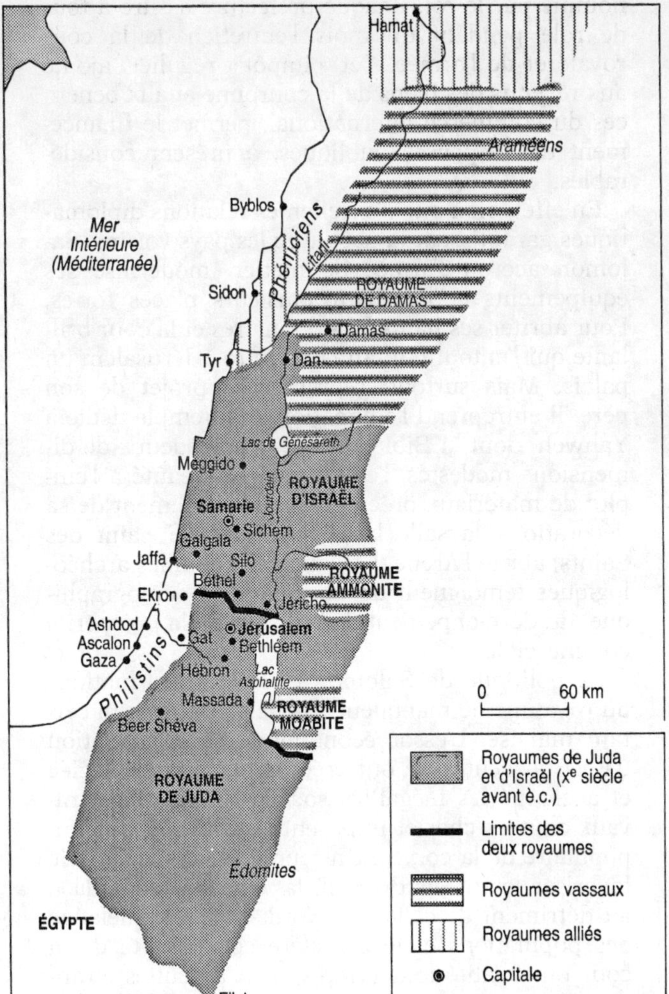

D'après L'Histoire n°212, juillet-août 1997.

préfectures, chacune ayant à sa tête un préfet nommé par le roi. Chaque préfecture assure à tour de rôle pendant un mois l'entretien de la cour royale et de l'armée. Cet « impôt » régulier, ajouté aux revenus des biens de la couronne et aux bénéfices du commerce international, permet le financement des dépenses publiques, à présent considérables.

En effet, bien que d'excellentes relations diplomatiques garantissent la paix avec les pays voisins, Salomon accroît l'armée de métier, modernise ses équipements et fait bâtir plusieurs places fortes. Pour abriter ses hauts fonctionnaires et la cour brillante qui l'entoure, il fait construire à Jérusalem un palais. Mais surtout, reprenant le projet de son père, il entreprend l'édification d'un temple dédié à Yahweh, dont la Bible célèbre la splendeur : de dimensions modestes, l'édifice doit sa beauté à l'emploi de matériaux précieux et au raffinement de sa décoration ; la salle la plus reculée, le Saint des Saints, abrite l'Arche d'Alliance. Les fouilles archéologiques témoignent de la croissance démographique, du développement des villes et de la prospérité commerciale.

La politique de Salomon et les transformations du royaume ne manquent pas de provoquer un certain malaise. L'essor économique et la formation d'un État centralisé ont créé une classe privilégiée et accentué les inégalités sociales. Les grands travaux coûtent cher et imposent l'institution très impopulaire de la corvée. On reproche aussi au roi de favoriser les tribus du Sud, la « maison de Juda », au détriment de celles du Nord. Enfin, le mélange des populations et le caractère cosmopolite de la cour ont facilité le développement de cultes étrangers : choqués, certains milieux traditionalistes cherchent à rompre avec la dynastie davidique pour restaurer dans son exclusivisme la religion de leurs pères.

Ces dissensions éclatent à la mort de Salomon (931 avant è.c.) : son fils Roboam lui succède à Jérusalem. Mais les tribus du Nord proclament leur indépendance et choisissent comme roi Jéroboam, un opposant au régime salomonien : ainsi naît le royaume d'Israël (au sens étroit du terme) dont la capitale est Samarie. La maison de David ne règne donc plus que sur Juda.

L'histoire des deux petits royaumes, souvent en lutte l'un contre l'autre, est d'une extrême complexité. Dans un contexte international nouveau, ils mènent des guerres incessantes et ruineuses pour défendre leur indépendance menacée par les puissances de la région : les États araméens, l'Égypte et surtout l'Assyrie engagée dans une politique de conquête territoriale systématique.

En Israël, l'instabilité dynastique est extrême : les coups d'État sanglants et les révolutions de palais se succèdent. Le royaume de Juda connaît une plus grande stabilité : les rois, toujours choisis dans la descendance de David, s'appuient sur la solide organisation administrative mise en place à Jérusalem par Salomon.

Dans les deux États, l'effort de guerre, mais aussi le luxe de la cour coûtent cher : impôts et corvées appauvrissent le petit peuple, en particulier la paysannerie qui ne peut rembourser ses dettes qu'en vendant sa terre. À la misère du plus grand nombre s'oppose la richesse des notables, grands propriétaires fonciers, commerçants, hauts fonctionnaires.

En 722, le royaume d'Israël est conquis par l'Assyrie, une partie de la population déportée. Au Sud, le royaume de Juda disparaît en 587, écrasé par l'empire de Babylone qui a succédé en Mésopotamie à la domination assyrienne. Le pays est dévasté, les villes détruites, le Temple et les principaux édifices de Jérusalem incendiés.

Au cours des siècles qui séparent l'entrée des Israélites en Canaan de l'effondrement de leurs royaumes, le yahvisme se modifie en profondeur et triomphe. Yahwéh était sans doute à l'origine un dieu guerrier, supérieur aux divinités étrangères et menant son peuple à la victoire ; il a pris ensuite l'aspect d'un dieu de l'orage terrifiant mais bénéfique car pourvoyeur de la pluie fécondatrice. À l'époque royale, il apparaît de plus en plus comme le créateur et le maître de l'univers, le dispensateur de la vie. Son pouvoir prend un aspect éthique : il est la source du droit et le gardien de la justice.

Dès l'époque de David et de Salomon se crée une littérature israélite qui fixe les traditions orales relatant les origines des Hébreux, tandis que des historiographes écrivent l'histoire des règnes. Ces textes, qui constituent les premiers éléments de ce qui deviendra la Bible, nourrissent le sentiment d'une mémoire et d'une destinée communes.

Cette destinée est régie par l'engagement mutuel, l'« Alliance », qui unit Dieu à son peuple : Yahwéh a élu Israël (au sens large du terme), lui réservant sa protection et ses bienfaits. Dans le passé, il l'a délivré de la servitude en Égypte et lui a fait don du pays de Canaan. À l'indéfectible fidélité de Dieu, l'homme doit répondre par la loyauté et l'obéissance à ses commandements. Le Pentateuque contient plusieurs codes législatifs fixés par écrit à l'époque royale à partir de coutumes et de traditions anciennes. Ces lois, considérées comme édictées par Dieu et transmises par Moïse, couvrent, outre le domaine religieux et moral, le champ du droit civil et pénal. Toute infraction est une faute contre Dieu. Ainsi le yahvisme est déjà une religion de la Loi (en hébreu *Torah*). Le culte de Yahwéh s'effectue dans des sanctuaires à ciel ouvert où les prêtres[1] procèdent à des sacrifices d'animaux. Mais à partir du règne de Salomon, le Temple de Jérusalem devient le lieu de la présence réelle de Yahweh, dont la sainteté irradie la colline de Sion, où l'édifice est bâti, la ville et l'ensemble du royaume. La centralité et la sainteté de Jérusalem s'imposent comme des constantes de la religion d'Israël.

Les Israélites se rendent en pèlerinage aux sanctuaires à l'occasion des trois grandes fêtes de l'année dont la signification évolue : le lien des célébrations avec les cycles de la nature et des travaux agricoles se double d'une dimension « historique ». La Pâque (*Pessah*), célébrée au début du printemps, est sans doute à l'origine un rite de pasteurs sacrifiant un jeune animal pour obtenir la fécondité du troupeau ; elle est associée à la fête des Azymes célébrant la coupe des premiers épis d'orge par une offrande de pain non levé. Le yahvisme incorpore ces rituels et transforme leur signification, faisant de Pâque la commémoration de la Sortie d'Égypte. La fête des Semaines (*Chavouot*),vers mai-juin, marque la fin de la moisson et célèbre le don de la Loi à Moïse au mont Sinaï. La fête des Tentes ou des Tabernacles (*Soukkot*), au début de l'automne,

1. En hébreu *kohanim*, singulier *kohen*. Les prêtres, dont la fonction est héréditaire, ont pour charge principale la conduite des cérémonies rituelles dans les sanctuaires et surtout au Temple de Jérusalem.

accompagne la fin du cycle agricole (vendanges et cueillette des olives) et commémore l'errance des Hébreux au Sinaï et le don de la Terre promise, le pays de Canaan.

Outre ces fêtes de pèlerinage, le culte est principalement célébré à la néoménie, c'est-à-dire le premier jour du mois[1], et au jour du *chabbat* : selon certains historiens le *chabbat* n'est à l'époque royale que la célébration de la pleine lune[2] ; selon d'autres, il est déjà un jour de repos institué en souvenir de la servitude en Égypte[3].

À côté des prêtres, les prophètes, considérés comme porteurs de la parole divine, marquent profondément le yahvisme depuis les origines. À l'époque royale, ils interviennent de façon décisive dans l'histoire politique des royaumes, auprès du peuple et des rois dont ils sont tantôt les conseillers, tantôt les farouches adversaires. Contre la persistance des cultes cananéens et leurs attraits[4], contre la tentation du syncrétisme religieux, ils se font les champions du Dieu unique et assurent la victoire définitive du yahvisme. À partir du IXe siècle avant è.c., ils deviennent les porte-parole des opprimés et dénoncent avec véhémence la cupidité des riches et des puissants. Le mouvement prophétique place la

1. Basés sur le cycle lunaire, les mois du calendrier israélite comptent soit 29 jours, soit 30. Ils commencent à la néoménie, c'est-à-dire à la nouvelle lune, lorsque, après une période d'invisibilité, l'astre réapparaît sous la forme d'un croissant très mince.

2. Paul Garelli et André Lemaire, *op. cit.*, p. 192.

3. André Caquot, « La religion d'Israël des origines à la captivité de Babylone », in *Histoire des religions*, Gallimard, Encyclopédie de la Pléiade, 1994, p. 412.

4. Parmi les principaux dieux du panthéon cananéen, citons le dieu suprême, El, Baal, son fils, Anat sœur de Baal.

justice au centre de la religion d'Israël et transforme le sens du culte : le sacrifice ne vaut que par la disposition de celui qui l'offre et non par la valeur des biens offerts. Se mêler aux cultes cananéens ou exploiter le pauvre sont autant de manquements à l'Alliance qui appellent le châtiment de Dieu : ainsi sont interprétés les désastres politiques et militaires qui mettent fin à l'existence des royaumes israélites. Cette élimination politique est d'ailleurs jugée secondaire car les prophètes annoncent le relèvement futur d'Israël sous le sceptre d'un roi, l'Oint de Dieu, issu de la lignée de David : le *masiah* (en français, le messie). Il restaurera la nation, fera régner la justice et la paix universelle. L'invention du messianisme couronne l'œuvre des prophètes.

Les dominations étrangères et la dispersion des Juifs. Du yahvisme au judaïsme (587 avant è.c.-135 après è.c.)

Tandis que des Judéens ont trouvé refuge dans les pays limitrophes, en particulier en Égypte, 20 000 personnes environ dont le prophète Ézéchiel sont condamnées à la déportation en Babylonie. Elles représentent l'élite de la nation : hauts fonctionnaires, notables, artisans et prêtres. Dans ce qui fut le royaume de Juda ne reste qu'un petit peuple de paysans liés à la terre.

En Babylonie, les Judéens, conscients du risque de syncrétisme ou de disparition pure et simple, maintiennent une vie communautaire fondée sur la conservation et le strict respect des traditions religieuses, tout en s'intégrant à la société des vainqueurs : certains occupent même d'importantes positions dans le commerce ou la haute administration. Ézéchiel entretient leur espérance en prophétisant l'avènement du Messie, le « Retour » et la restauration d'Israël.

Cependant la situation des exilés et des Judéens restés au pays se trouve rapidement modifiée par l'effondrement de Babylone devant les Perses, nouveaux maîtres de la Mésopotamie.

En 538, conformément à sa politique de tolérance religieuse, le roi de Perse Cyrus promulgue un édit autorisant le retour des exilés dans leur pays d'origine et ordonnant la reconstruction du Temple. Le retour s'effectue en plusieurs vagues et des liens étroits se maintiennent avec les Judéens restés en Babylonie. Un second Temple[1], beaucoup plus modeste que celui de Salomon, est construit et inauguré en 515 à Pâque. À travers les rares documents qui témoignent de cette époque, Juda apparaît comme une province de l'Empire perse dont le territoire couvre à peine une trentaine de kilomètres autour de Jérusalem. Administrée par un gouverneur choisi dans les grandes familles judéennes, elle bénéficie d'une large autonomie ; le grand prêtre, toujours issu de la lignée de Sadoc, incarne la légitimité et la continuité religieuse. Envoyé de Babylonie comme gouverneur à partir de 445, Néhémie entreprend la reconstruction de la muraille de Jérusalem et le repeuplement systématique de la ville qui compte peut-être à la fin de la période perse 50 000 habitants. Il apaise les tensions sociales en prenant des mesures visant à aider les plus

1. Le « second Temple » donne son nom à la période allant de sa construction à 70 après è.c. Par opposition, l'époque royale est appelée époque du « premier Temple » dans la tradition juive.

pauvres. Il impose le respect des Commandements et lutte vigoureusement contre les mariages avec des étrangères. La langue hébraïque recule devant l'araméen, langue officielle de l'administration perse dans les provinces de l'Ouest.

À l'époque relativement paisible de la domination perse s'opère le lent passage du yahvisme au judaïsme.

En exil, une réflexion sur la présence et l'action de Yahwéh en dehors des royaumes israélites et jusqu'en Babylonie amène les Judéens à affirmer sa souveraineté sur toute la terre, son universalité : le judaïsme devient un véritable monothéisme. Le mouvement prophétique s'éteint : vient l'âge des prêtres et des scribes qui entreprennent de rassembler et d'unifier tous les textes de la tradition : ainsi se constitue le Pentateuque ou Torah dans sa version quasi définitive. C'est sans doute ce texte qu'Esdras, envoyé par le roi de Perse, vient promulguer solennellement à Jérusalem peut-être en 398. La Torah devenue une véritable patrie spirituelle garantit plus que jamais l'unité de la nation dispersée.

En même temps, des scribes appelés aussi « sages », « docteurs de la Loi » (plus tard *rabbis*) étudient le texte vénéré ; ils commentent les récits bibliques, recherchent le sens de chaque loi et en précisent les modalités d'application : ainsi naît une tradition orale et une littérature qui prolongent les enseignements de la Torah et posent les premiers jalons de ce qui deviendra le Talmud.

De nouveaux temps sacrés s'inscrivent au calendrier. L'exil étant interprété comme un châtiment de Dieu, l'expiation des péchés revêt une importance considérable : d'où l'institution du Grand Pardon, *Yom Kippour*, cérémonie d'humiliation collective marquée par des sacrifices et le rituel de l'expulsion d'un bouc chargé de tous les péchés d'Israël. La néoménie qui précède la fête des Tentes devient l'objet d'un culte particulier : plus tard, lorsque le début de l'année sera fixée à l'automne, cette célébration deviendra celle du Jour de l'An, *Roch Ha-Chanah*, considéré comme le jour anniversaire de la Création. Le *chabbat* s'impose comme un jour sanctifié, où tout travail est interdit.

Soucieux de sauver l'héritage des pères, les prêtres mettent l'accent sur ce qui distingue Israël des nations et l'empêche de se fondre en elles : c'est pourquoi la non-observance du *chabbat* est sévèrement punie. Dans le même but la circoncision des enfants mâles, déjà pratiquée, devient une obligation essentielle.

En 332 avant è.c., l'Empire perse est vaincu par les armées d'Alexandre auquel les Judéens semblent s'être rapidement ralliés. Après la mort du conquérant grec (323), au terme des guerres interminables que se livrent ses généraux pour le partage de l'Empire, la Judée échoit à des dynasties hellénistiques[1], celle des Lagides d'Égypte d'abord (vers 285), puis celle des Séleucides de Syrie (200). Au cours de cette période, les Juifs bénéficient d'une politique bienveillante et d'une large autonomie. Le brassage des populations et l'usage de la langue grecque dans la haute administration contribuent à diffuser l'hellénisme.

En même temps, les Juifs (du grec *ioudaios* : « de

1. L'adjectif « hellénistique » s'applique aux royaumes et aux dynasties issus du partage de l'empire d'Alexandre. La période hellénistique va de la mort d'Alexandre à la conquête romaine.

Juda ») sont de plus en plus nombreux à vivre hors de Judée dans le monde hellénistique. Ils forment la *diaspora*, terme grec qui signifie « dispersion ». Les communautés les plus florissantes sont en Egypte, surtout à Alexandrie : c'est là que s'effectue la première traduction de la Torah. Cette version grecque, la Septante[1], se diffuse au fur et à mesure que l'usage de l'hébreu et de l'araméen recule : elle est utilisée pour la lecture publique au cours des assemblées chabbatiques dans les synagogues (du grec *sunagogê* : assemblée, réunion).

Cependant, à partir du règne de Séleucos IV (187-175), la rencontre du judaïsme et de l'hellénisme se mue en affrontement. La première cause de ce revirement réside dans le contexte international : défaits par l'armée romaine, les Séleucides doivent payer au vainqueur un énorme tribut. Le souverain tente alors de réquisitionner le trésor du Temple, constitué par les dépôts et les contributions annuelles des Juifs. Son projet se heurte à la ferme opposition du grand prêtre Onias III, bientôt déposé et assassiné. Il est remplacé par d'ambitieux personnages qui obtiennent leur investiture du nouveau roi Antiochos IV Épiphane moyennant finances. La confrontation se radicalise face à l'influence grandissante de la culture grecque qui semble menacer l'hégémonie de la Torah. Un véritable « parti hellénique », influant dans les élites sociales et l'aristocratie sacerdotale, obtient du roi l'autorisation de transformer Jérusalem en une cité grecque, rebaptisée Antioche, et dotée d'un Sénat, d'un *ephébeion* (institution destinée à la formation des jeunes gens)

1. La Septante doit son nom à la légende selon laquelle la traduction fut effectuée par 72 sages.

et d'un gymnase (centre de formation intellectuelle). Seules les familles aristocratiques obtiennent le statut de citoyen, tandis que le petit peuple est réduit à celui de métèque[1]. À la faveur des troubles incessants qu'occasionne cette politique, Antiochos IV investit Jérusalem (167 avant è.c.) et s'empare du trésor du Temple, tandis que son armée pille, massacre et détruit. L'hellénisation forcée de la Judée et de la Samarie est décrétée. Le Temple est dédié à Zeus Olympien ; on y offre des sacrifices païens, en particulier des sacrifices de porcs, on y célèbre des fêtes dionysiaques. Les livres sacrés sont recherchés et détruits ; l'observance de la Loi est punie de mort.

La répression séleucide fait éclater la révolte dite des Maccabées (167-142 avant è.c.), conduite par le prêtre Mattathias, son fils Juda, surnommé Maccabée, et ses frères. Révolte nationale et religieuse, elle exprime le double rejet de la domination et de la culture grecques. Après une première série de victoires, Juda entre à Jérusalem, purifie le Temple et l'inaugure (164). La lutte armée se poursuit jusqu'à la reconnaissance *de facto* de l'indépendance judéenne.

La dynastie hasmonéenne, issue de Mattathias[2], règne de 142 à 63 avant è.c., profitant de la faiblesse des Séleucides et de l'alliance romaine. Ses conquêtes militaires aboutissent à la formation d'un vaste royaume qui rappelle par son étendue celui de David et de Salomon. Elles s'accompagnent de la judaïsation forcée mais durable des populations. Le nationalisme juif alors triomphant imprègne les nouvelles fêtes reli-

1. Dans la cité grecque le métèque, c'est-à-dire l'étranger, est privé des droits politiques.
2. Hasmonéen dérive de Hasmonay, ancêtre de Mattathias.

gieuses : *Hanoukkah* commémore l'inauguration du Temple par Juda Maccabée ; la légende d'Esther, qui relate l'échec d'une tentative de persécution contre les Israélites de Perse, se fixe et donne lieu à la célébration de *Pourim*.

Judaïsme et hellénisme

La rencontre du judaïsme et de l'hellénisme, événement majeur de l'histoire juive, ne se réduit pas à la seule dimension de l'affrontement.

À partir de 332 avant è.c., les Juifs vivent dans un environnement dominé par la culture grecque dont les modèles se diffusent inévitablement. L'État hasmonéen lui-même s'inspire des royaumes hellénistiques voisins pour l'administration territoriale, la fiscalité, l'organisation de l'armée et la vie de cour. La littérature juive la plus apologétique est marquée par la même influence. Ainsi le livre d'Esther, rédigé dans les années 150-125 avant è.c., emprunte la structure de son récit au roman hellénistique. Et c'est en grec que des écrivains juifs de la même période rédigent des ouvrages démontrant l'antériorité du judaïsme sur l'hellénisme, le plaçant à l'origine de toute civilisation.

En Égypte les Juifs (environ un million de personnes à l'époque romaine) sont hellénophones. D'où la nécessité d'une version grecque de la Bible. Outre cette traduction, la Septante, par laquelle l'héritage biblique se transmettra au christianisme, il existe une abondante production littéraire juive en langue grecque : ainsi l'œuvre du philosophe Philon d'Alexandrie (vers 20 avant è.c.-54 après è.c.), qui tente l'harmonisation de la pensée juive avec la philosophie grecque, notamment platonicienne et stoïcienne.

FIGURE 3

Le calendrier et les fêtes israélites

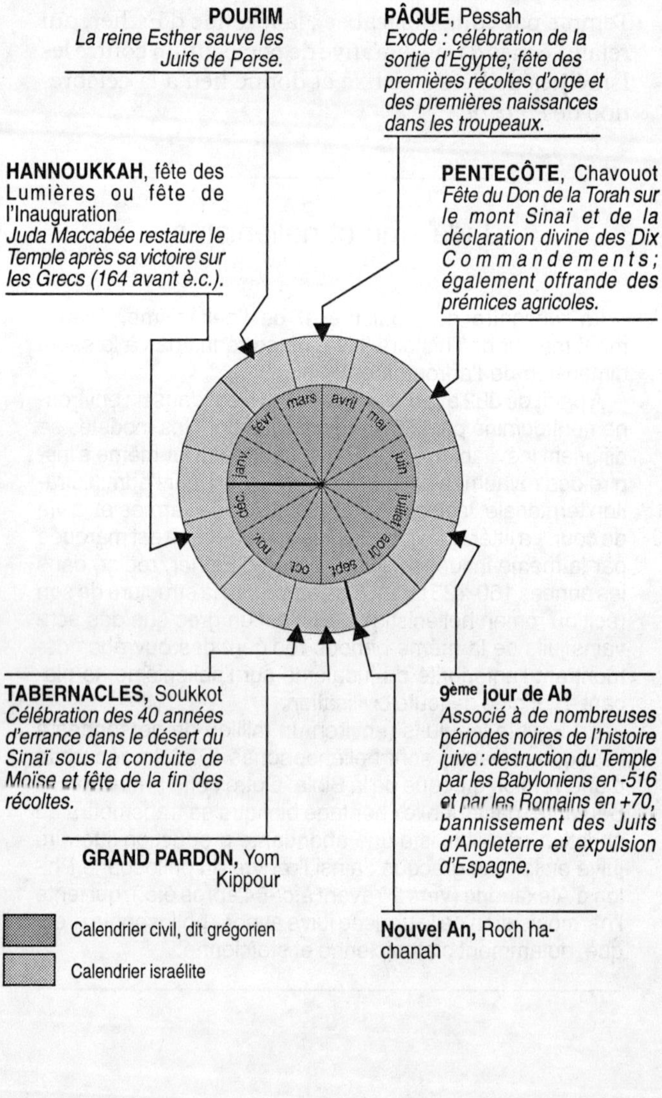

À partir de 63, la montée en puissance de Rome modifie le cours de l'histoire : Pompée, victorieux des Séleucides, conquiert Jérusalem. Après des années de troubles et d'instabilité, le pouvoir échoit à Hérode, chef d'une puissante famille qui reçoit l'appui de Rome et le titre de « roi de Judée ». Son règne (37 avant è.c. - 4 après è.c.) inaugure pour Israël une dernière période de grandeur politique. La Judée reçoit le statut de royaume allié disposant de ses lois propres et de son armée. Plus tard Hérode obtient l'exemption de tout tribut et des agrandissements territoriaux qui font de son domaine, peuplé de plus d'un million d'habitants, un royaume plus vaste que celui des derniers Hasmonéens.

Imprégné d'hellénisme et fidèle à l'alliance romaine plus qu'à la Loi mosaïque, Hérode réussit néanmoins à imposer son despotisme par une habile politique. Il assure la sécurité dans son royaume, distribue des secours en période de famine et use de son influence pour défendre les droits des Juifs de la diaspora dont le nombre dépasse 6 millions[1]. Grand bâtisseur, il aménage un nouveau port à Césarée, construit ou relève des forteresses (Hérodion, Massada...), embellit Jérusalem alors à l'apogée de sa splendeur ; transformé et considérablement agrandi, le Temple devient un des plus beaux monuments de l'époque. Le roi cherche à maintenir un équilibre entre les trois mouvances politico-religieuses qui dominent le judaïsme : il ré-

1. André Lemaire, « Israël. Esquisse de l'histoire du peuple juif », in *Dictionnaire encyclopédique du judaïsme, op. cit.*, p. 1130. Claude Aziza souligne que dans l'Empire romain, 1 habitant sur 10 est juif, par naissance ou conversion (Cl. Aziza, « 135 : la destruction de Jérusalem », *L'Histoire*, numéro spécial, *Israël*, n° 212, juillet-août 1997, p. 36).

duit le pouvoir des Sadducéens, ménage les Pharisiens (dont il redoute la popularité) et les Esséniens. Cependant sa tyrannie, la pression fiscale et la diffusion de la culture gréco-romaine encouragée par la construction de temples païens, d'hippodromes et de théâtres, éveillent à la fin du règne l'opposition du peuple et des Pharisiens.

Pharisiens, Sadducéens, Esséniens

Sur l'existence de ces trois courants politico-religieux, l'historien juif Flavius Josèphe (vers 38-vers 100) est notre principal témoin.

1) Les Sadducéens représentent l'aristocratie sociale et sacerdotale. Attachés à la grandeur et à l'indépendance politique d'Israël, ils ont soutenu les Hasmonéens conquérants. Leur conservatisme religieux se fonde sur une fidélité intransigeante à la Torah : ses commandements doivent être entendus littéralement et seul le clergé est habilité à appliquer les lois mosaïques. Ils rejettent toute croyance nouvelle non attestée dans la Torah, par exemple l'idée du paradis, de l'enfer et de la résurrection des morts. Pour eux le Temple est le centre de la vie religieuse.

2) Les Pharisiens peuvent être considérés comme les chefs spirituels du judaïsme à l'époque du second Temple. Contre l'opinion des Sadducéens, ils récusent le monopole du clergé en matière de législation et proposent une application de la Loi qui se fonde davantage sur son esprit que sur sa lettre. Accueillant favorablement les innovations religieuses de leur époque, ils professent des idées qui contribuent puissamment à l'évolution du judaïsme : libre arbitre humain, immortalité, jugement et

rétribution personnels après la mort, existence d'un paradis, d'un enfer et d'un purgatoire, résurrection des morts, avènement du Messie.

Ils enseignent dans les synagogues et les académies d'études religieuses, les *yechivot* (singulier *yechivah*), dont les plus prestigieuses sont celles d'Hillel et de Chammaï au Ier siècle avant è.c. Leur influence est considérable. Certains Pharisiens s'engagent dans les insurrections antiromaines ; d'autres sont favorables à un compromis avec l'Empire : la continuité religieuse prévaut, selon eux, sur l'indépendance politique. Les maîtres du Talmud sont les héritiers des Pharisiens.

3) Les Esséniens sont mieux connus depuis la découverte des « Manuscrits de la mer Morte », au lieu dit de Qumran, à partir de 1947. Ils forment des communautés monastiques (noviciat, célibat, mise en commun des biens, obéissance à une règle). Ils vivent dans l'attente des temps messianiques qui doivent, selon eux, rassembler tout Israël autour de leur communauté.

Quelques décennies après la mort d'Hérode, l'ancien royaume passe sous l'administration directe de Rome. Bien que la liberté religieuse ne soit pas restreinte, l'administration des procurateurs romains (44-66) exaspère la population. Ignorant les coutumes juives et ne cherchant souvent qu'à s'enrichir, ils multiplient les maladresses et les provocations. Dans le peuple, la misère et la haine des Romains suscitent une agitation endémique, parfois marquée par l'attente messianique. Les sources laissent entrevoir plusieurs groupes parmi lesquels le mouvement des « Nazôréens » qui reconnaît comme messie le prédicateur Jésus de Nazareth crucifié vers 30. Très différents, les Zélotes, puis les Sicaires sont partisans de la lutte armée contre les Romains ; ils se recrutent surtout dans le petit peuple et mènent un combat tout à la fois religieux, national et social. Révoltes sporadiques et répressions sanglantes se succèdent.

Judaïsme et État national

Dans l'Antiquité, les périodes d'indépendance nationale et de domination étrangère alternent. Le judaïsme se divise sur la nécessité de son existence nationale. Pour certains courants, un royaume indépendant apparaît comme un bienfait : les règnes de David, de Salomon ou des souverains hasmonéens sont synonymes d'âge d'or et se gravent dans les mémoires comme des époques de grandeur que l'on veut ressusciter. Au contraire, les prophètes font prévaloir la continuité et l'unité religieuse sur l'indépendance nationale. Ainsi, dans Jérusalem assiégée par les troupes babyloniennes (587-586 avant è.c.), Jérémie exhorte le peuple et le roi à la reddition — ce qui entraîne son arrestation.

À leur tour certains Pharisiens se tiennent à l'écart des insurrections antiromaines et s'emploient à constituer le judaïsme en « nation sainte », à forger son unité spirituelle autour de la Torah.

Une insurrection générale éclate en 66. Provoquée par un incident mineur (le procurateur Florus a pris dix-sept talents dans le trésor du Temple), elle se répand comme une traînée de poudre, ralliant à elle la majorité des Juifs et se transformant en une nouvelle guerre d'indépendance. Mais la contre-offensive romaine conduite par Vespasien puis par Titus divise les insurgés et les conduit à la défaite. En 70 Titus s'empare de Jérusalem et la dévaste. Le Temple est incendié le 9e jour de *Ab* du calendrier juif, date anniversaire de l'incendie du premier Temple. Les habitants sont massacrés ou réduits en esclavage.

Une dernière insurrection nationale éclate, sous Hadrien (132-135). La cause en est peut-être la fondation d'une ville païenne, *Aelia Capitolina*, sur les ruines de Jérusalem. Le chef des insurgés, Simon bar Kosiba, surnommé Bar Kokhba (« Fils de l'Étoile » en araméen[1]), veut recréer un État judéen avec sa monnaie, son économie, son administration. La défaite laisse le pays exsangue et dépeuplé. Les vainqueurs interdisent aux Juifs l'entrée de la ville nouvelle où un temple dédié à Jupiter est bâti sur l'emplacement du sanctuaire juif. Le nom de Judée est banni, les Romains imposant celui de *Palaestina*, Palestine, forgé à partir du nom des Philistins.

Effacement politique et réorganisation religieuse. Le Talmud (70-vers 500 après è.c.)

Politiquement éliminé, le judaïsme se réorganise autour des Pharisiens, seul courant survivant et capable d'envisager la continuité d'Israël sans Temple ni État. Les maîtres qui ont pu échapper à la terri-

1. Parlée à l'origine par des tribus vivant au nord de la Syrie, la langue araméenne s'est répandue en Mésopotamie. Devenue langue officielle de l'Empire perse, elle se diffuse de l'Égypte à l'Inde. En Judée, l'araméen est la langue du peuple, tandis que le clergé, les fonctionnaires et l'ensemble des élites parlent hébreu.

FIGURE 4

La diaspora dans l'Empire Romain

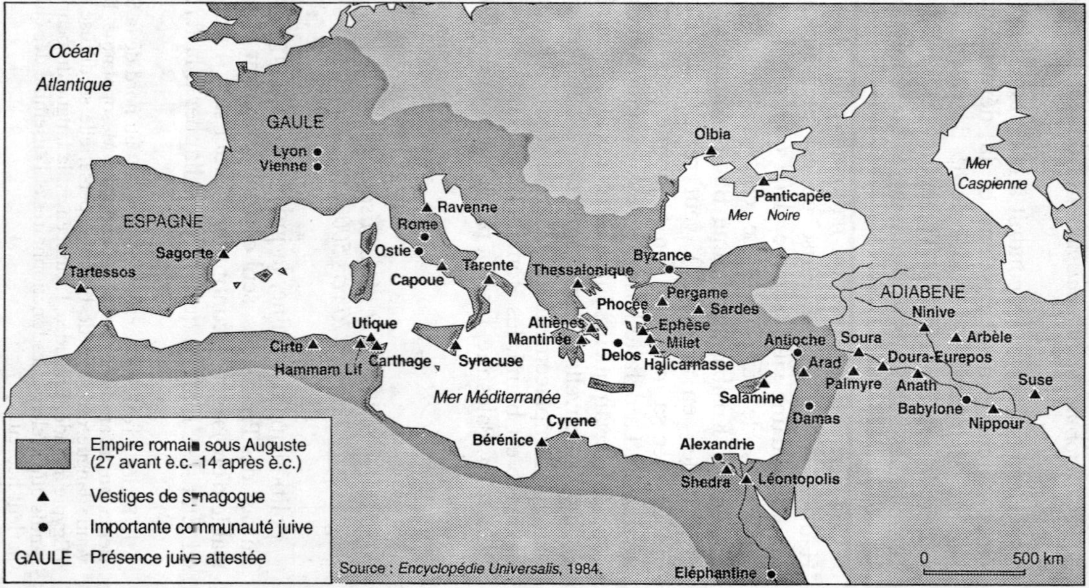

Source : *Encyclopédie Universalis*, 1984.

ble répression se regroupent d'abord à Javneh, près de Jaffa, puis en Galilée, sous l'autorité reconnue par Rome d'un patriarche et d'une assemblée, le Sanhédrin. Ils s'emploient à réformer le judaïsme pour l'adapter aux conditions nouvelles : la dispersion, la disparition du Temple et de son culte sacrificiel.

Avec le triomphe du christianisme, le judaïsme reste *religio licita* dans l'Empire romain. Certaines lois protègent la liberté du culte, interdisent la confiscation ou l'incendie de synagogues : elles témoignent par là même des violences qui s'exerçaient en fait à l'encontre du judaïsme. D'autres lois mettent en place une stricte discrimination en restreignant les activités sociales des Juifs et leurs relations avec les chrétiens.

Dans ce nouveau contexte, la synagogue, maison de prière, lieu d'étude et siège d'un tribunal rabbinique, devient le centre de la vie religieuse. La liturgie synagogale prolonge le culte du Temple, la prière subroge le sacrifice autrefois offert sur l'autel. Le patrimoine spirituel du judaïsme est rassemblé et unifié. Vers 90, les *rabbis* de Javneh fixent définitivement le canon des Écritures saintes, tandis que des lettrés spécialisés, les Massorètes, veillent à la transmission du texte authentique. Vers 200, les maîtres de Galilée achèvent la rédaction de la Michnah, immense compilation qui recueille une longue tradition de débats sur la Loi mosaïque. La Michnah suscite elle-même de vives discussions et d'abondants commentaires qui animent les académies aux IIIe et IVe siècles. Mais les persécutions dont les Juifs sont alors l'objet de la part des chrétiens obligent les maîtres à rédiger à la hâte ces nouveaux enseignements appelés *Gemara*. La Michnah et la

Gemara palestinienne forment le Talmud de Jérusalem.

Bien avant l'abolition du patriarcat par l'empereur Théodose II en 425, de nombreux rabbis ont préféré rejoindre la Babylonie où vivent d'importantes communautés juives sous la domination des Parthes, puis des Perses Sassanides. Le travail effectué sur la Michnah dans les écoles balyloniennes est compilé à la fin du ve siècle dans une seconde Gemara, plus développée que la première. Avec la Michnah, elle constitue le Talmud de Babylone.

Œuvre monumentale, le Talmud a réglé et sanctifié la vie du Juif dans tous ses aspects, il a forgé ses croyances et son éthique. Objet d'un attachement indéfectible, source unique du savoir dans certaines communautés, il a été étudié et commenté pendant des siècles, façonnant l'identité juive, assurant la cohésion du peuple dispersé, perpétuant la conscience d'une communauté de destin.

La Michnah, la *Gemara*, le Talmud

1) La Michnah (littéralement : enseignement ou répétition). À l'époque du second Temple, des scribes travaillent à adapter les lois mosaïques aux nécessités de la vie courante, à définir leurs modalités d'application. Appartenant souvent à la mouvance pharisienne, ils font prévaloir l'esprit des préceptes divins sur leur acception littérale et les interprètent dans un sens humaniste. Ainsi, quand la Torah énonce : « Fracture pour fracture, œil pour œil, dent pour dent ! Celui qui cause une lésion à un homme, on la lui causera » (Lévitique, 24, 20), ils indi-

quent qu'une compensation monétaire peut réparer le dommage causé par le coupable.

Cet immense travail législatif s'effectue dans les académies et se transmet de génération en génération. Au IIe siècle, des maîtres recueillent et mettent en ordre ces traditions juridiques (en hébreu *halakha*) orales et écrites, dans la Michnah.

La Michnah se compose de six ordres :

— *Zeraïm* (littéralement : Semences) précise les règles bibliques qui s'appliquent à l'agriculture. Partant des bénédictions à prononcer sur les produits de la terre, le texte s'étend à l'ensemble de la liturgie.

— *Moed* (Temps fixé) présente les lois d'observance du *chabbat*, des fêtes et des jours de jeûne.

— *Nachim* (Femmes) traite surtout du mariage, du divorce, de l'adultère.

— *Neziquin* (Dommages) est principalement consacré aux droits civil et pénal, à la procédure judiciaire.

— *Qodachim* (Choses saintes) définit les règles de l'abattage rituel des animaux, des sacrifices, des offrandes, du service du Temple.

— *Tahorot* (Pureté) concerne les états de pureté et d'impureté des hommes et des choses.

La Michnah, conçue comme un guide pour les enseignants et les juges, présente les débats : elle expose brièvement plusieurs opinions avant de conclure sur la règle retenue.

2) La *Gemara* (littéralement : complément, achèvement). La *Gemara* a pour but d'élucider le texte de la Michnah dont la concision nuit parfois à la clarté. Elle suit strictement le plan de la Michnah. Pour chaque loi, elle rappelle d'abord le court texte michnaïque. Suivent les discussions et les opinions rabbiniques, cette fois très longuement développées et entremêlées de nombreuses digressions : commentaires de la Bible, récits concernant les personnages et événements bibliques, conseils médicaux, textes scientifiques, démonologie, etc.

Les maîtres ne parviennent pas toujours à conclure les

débats par l'adoption d'une règle claire. Ils laissent certaines questions ouvertes. La *Gemara* ne clôt donc pas l'infinie possibilité des commentaires et garde un caractère inachevé.

Le *Talmud,* composé de la Michnah et de la *Gemara*, est considéré comme la Loi orale d'Israël, révélée, selon la tradition, à Moïse en même temps que la Loi écrite (le Pentateuque). Torah orale et Torah écrite sont les deux fondements de la religion juive.

CHAPITRE II

COMMUNAUTÉS JUIVES EN TERRES CHRÉTIENNE ET MUSULMANE (VIIe-XVIIIe SIÈCLE)

Plus de mille ans séparent deux bouleversements majeurs pour la vie juive : la naissance de l'islam (VIIe siècle) et la Révolution française (1789). Cette longue période est marquée par l'expansion géographique du judaïsme, désormais lié à l'Europe, mais présent sur tous les continents. L'extrême dispersion géographique et la diversité des sociétés d'accueil conduisent à une différenciation culturelle croissante des communautés. Les plus dynamiques se rattachent à deux branches distinctes, le judaïsme séfarade, de langue judéo-espagnole (Espagne, Empire turc...), et le groupe achkénaze (Europe de l'Est), de langue yiddish. Au-delà de cette diversité, la condition juive est marquée par la dépendance et la précarité. Le statut des communautés est fixé par l'Église ou l'islam, mais aussi par les autorités politiques qui se déterminent en fonction de l'« utilité » des Juifs. Exposés aux revirements politiques comme aux fureurs populaires, les Juifs connaissent rarement un enracinement durable. Des vagues de migration pendulaire déplacent les principaux foyers de la vie juive entre l'Orient et l'Occident.

Au XVIIIe siècle se dessine une nouvelle ligne de partage au sein de ce que l'on peut désormais appeler les mondes juifs : tandis qu'en Europe orientale et en terre d'islam se perpétuent les modes de vie traditionnels, le judaïsme d'Europe centrale et occidentale s'imprègne de la philosophie des Lumières et cherche à briser l'isolat communautaire tant sur le plan social que culturel.

Le judaïsme de l'Orient à l'Occident (Ve-XIe/XIIe siècle)

La naissance de l'islam (VIIe siècle) et la conquête arabe (VIIe-VIIIe siècles) ouvrent pour le judaïsme une ère nouvelle. Les communautés de Perse, de Babylonie, de Palestine, d'Égypte, d'Afrique du Nord et d'Espagne se trouvent réunies dans l'immense Empire musulman qui s'étend de l'Indus à l'océan Atlantique, de l'Espagne au désert arabique : elles sont l'écrasante majorité du peuple juif, son élément le plus dynamique.

De nombreux Juifs rallient la foi nouvelle, les autres s'adaptent d'autant mieux à leurs nouveaux maîtres qu'ils les délivrent de la domination chrétienne. En dépit d'un statut légal discriminatoire, les Juifs connaissent au début de l'ère islamique une réelle intégration sociale et un remarquable développement matériel. Population composée principalement de ruraux et de paysans à la veille de la conquête, ils deviennent majoritairement des citadins : ouvriers, artisans ou boutiquiers, ils peuplent les grandes villes qui se développent aux carrefours des voies commerciales ; quelques-uns parviennent à la fortune grâce au grand commerce international et à la finance. Sur le plan intellectuel, le judaïsme doit sortir de son isolement : les controverses incessantes avec les penseurs chrétiens et musulmans, la redécouverte de l'héritage grec restitué par les traducteurs arabes, l'apparition d'hérésies juives et de prétendus messies forment des conditions nouvelles qui obligent les maîtres à exposer méthodiquement leur pensée, à légitimer leur tradition, à convaincre. Pour ce faire, ils emprunteront la langue et les modèles intellectuels arabes.

Le statut des Juifs dans le monde musulman

Du VIIe au XIXe siècle, l'existence des non-musulmans en terre d'islam est régie par un statut à la fois protecteur et humiliant. S'il est discriminatoire, il laisse le non-musulman libre de sa religion, de ses activités économiques et de son lieu de résidence.

Le Coran

Si le prophète Mahomet manifeste dans le Coran une hostilité marquée à l'encontre des Juifs (plus que des chrétiens), il exprime clairement sa reconnaissance d'une pluralité de religions : « Pas de contrainte en religion » (II, 256) ; « Ceux qui croient [c'est-à-dire les musulmans], ceux qui pratiquent le judaïsme, ceux qui sont chrétiens ou sabatéens, ceux qui croient en Dieu et au dernier Jour, ceux qui font le bien : Voilà ceux qui trouveront leur récompense auprès de leur Seigneur. Ils n'éprouveront plus encore aucune crainte, ils ne seront pas affligés » (II, 62).

La dhimma *: les lois et leur application*

Le terme arabe *dhimma*, qui signifie tout à la fois garantie, foi, protection et contrat, désigne l'ensemble des dispositions juridiques qui régissent le statut des communautés non musulmanes. La *dhimma* fait partie de la *sharí'a*, c'est-à-dire de la loi sacrée de l'islam. Elle est dictée par les principes coraniques mais reflète aussi le réalisme des conquérants arabes qui vivaient au milieu d'une majorité de non-musulmans et ne pouvaient se passer du concours de leurs élites. La *dhimma* est conçue comme un pacte : en échange de la reconnaissance et de la protection dont ils jouissent, les *dhimmis*, c'est-à-dire les protégés, acceptent la primauté de l'islam et la suprématie des musulmans. Au-delà de la diversité des textes, on retrouve les règles suivantes :

— La *dhimma* garantit aux « protégés » la sécurité de leur personne et de leurs biens. Ils ont le droit à l'observance de leur religion. Ils jouissent d'une certaine autonomie interne : leur vie familiale, personnelle et religieuse est régie par leurs propres lois ; chaque communauté a ses chefs et ses juges.

— En échange, les « protégés » se soumettent à des restrictions dont la plupart ont un caractère social et symbolique : il leur est interdit de posséder des armes et de monter à cheval ; ils ont l'obligation de porter des vêtements ou des insignes distinctifs ; ils ne peuvent habiter une maison dont la hauteur dépasse celle des demeures musulmanes voisines ; ils ont le droit de conserver en bon état les lieux de culte existants mais non d'en bâtir de nouveaux ; ils doivent pratiquer leur religion avec discrétion, témoigner d'un respect sans faille envers l'islam et les musulmans. Plus tangibles et concrètes sont l'interdiction d'occuper des emplois publics et surtout l'assujettissement à l'impôt de capitation, la *djizya*.

Cette sanction fiscale s'est imposée partout sans discontinuité jusqu'au XIXe siècle. Quant aux autres dispositions, leur application connaît d'amples variations selon les lieux et les époques : il semble qu'elles aient été plus souvent négligées que rigoureusement appliquées. La tendance au laxisme prédomine dans les périodes d'expansion de l'islam et de puissance des États musulmans, tandis qu'une stricte application accompagne souvent les époques de crise et de décadence. Ces revirements souvent brutaux concourent à l'insécurité de la vie juive. Aux lois générales de la *dhimma* peuvent s'ajouter des dispositions particulières. Au Maroc, une application très sévère du statut s'accompagne de l'obligation de résider dans un quartier séparé, le *mellah*. En Iran, l'islam shî'ite classe les Juifs (comme tous les non-musulmans) dans la catégorie des choses et des êtres rituellement impurs (tels l'urine, le vin, le porc, la charogne...), dont le simple contact entraîne une souillure.

La constitution de l'Empire arabo-musulman renforce la prééminence des communautés babyloniennes, centre de gravité du judaïsme depuis la fin de l'Antiquité par leur importance numérique (peut-être un million d'habitants), l'érudition de leurs maîtres et le rayonnement de leurs académies d'étude, les *yechivot*. Avec la fondation de la nouvelle capitale, Bagdad, sur les rives du Tigre (765), elles sont au cœur de l'Empire et resserrent leurs liens avec les communautés dispersées en terre d'islam : les académies babyloniennes accueillent des étudiants venus de toutes les provinces par les routes de commerce et envoient partout des émissaires.

Parachevant l'action des souverains perses, les califes accordent aux Juifs une large autonomie interne fondée sur la reconnaissance de la législation rabbinique. Ils maintiennent l'institution de l'Exilarcat qui avait existé sans solution de continuité depuis le premier exil (voir p. 33). En accord avec les maîtres des principales *yechivot*, ils nomment l'Exilarque, littéralement le « chef de l'Exil », (en araméen : *rech Galouta*), au sein de la même famille censée descendre du dernier roi de Juda. Cette appartenance à la maison de David fonde la légitimité du Prince de l'Exil et lui confère un immense prestige. Dirigeant officiel des communautés, responsable de la collecte de l'impôt de capitation, il siège à la cour du calife. Cependant son pouvoir est contesté par les directeurs des deux principales académies de Babylonie, celles de Soura et de Poumbédita, les *geonim*[1]. Ces maîtres expriment la revendication séculaire des érudits à conduire les destinées du judaïsme.

Le Talmud de Babylone se diffuse dans tous les centres juifs du monde musulman, de même que l'autorité spirituelle et juridique des académies de Soura et de Poumbedita y est partout reconnue. Les *rabbis* de nombreuses communautés soumettent aux *geonim* des questions sur les pratiques et les doctrines religieuses. Ceux-ci répondent dans des épîtres que l'on désigne par le terme latin de *responsa*. Ces milliers de lettres constituent la production littéraire la plus abondante du judaïsme de cette période. Certaines sont brèves et traitent des questions les plus diverses : droit matrimonial ou commercial, exégèse biblique, explications du Talmud. D'autres sont de véritables traités : ainsi, Natronaï, *gaon* de Soura (853-856), compose un manuel de liturgie juive à la demande des Juifs es-

1. *Gaon* (pluriel *geonim*) est un titre honorifique que l'on peut traduire par « excellence ». Il fait référence au verset biblique : « Car Iahvé a ramené la gloire (*gaon*) de Jacob » (Nahoum, 2, 3).

pagnols de Lucena[1]. Quelques décennies plus tard, en 987, le *gaon* Cherira, répondant aux questions d'un notable de Kairouan, compose la première histoire de la littérature religieuse à partir de l'époque talmudique. Grâce à cette correspondance, le savoir accumulé en Mésopotamie est transmis à l'ensemble du judaïsme, il circule en particulier de l'Orient à l'Occident où de jeunes communautés sont en plein essor.

Si l'hégémonie babylonienne préserve la cohésion du judaïsme, son unité n'en est pas moins menacée par des dissidences internes qui mettent en cause l'autorité du Talmud. La plus puissante et la plus durable est celle des Caraïtes, qui menace même un temps l'existence du judaïsme rabbinique. Le schisme (VIIIe siècle) naît à partir du rejet du Talmud. Pour le fondateur de la secte, Anan ben David, la révélation écrite, la Bible, se suffit à elle-même et chacun peut l'interpréter par son libre examen. Les Caraïtes semblent ressusciter le parti sadducéen (voir p. 42-43). Le rejet de la Loi orale entraîne des différences dans le calendrier, l'observance des fêtes ou le déroulement de l'office synagogal.

Le caraïsme se diffuse en Palestine où il connaît son âge d'or (Xe-XIe siècle), puis il fortifie ses positions en Égypte et à Byzance[2]. Son influence est

1. Lucena, ville située au sud-est de Cordoue.

2. À partir de Byzance, le caraïsme s'est développé en Crimée, puis en Europe centrale et orientale (Lituanie principalement). Pendant la Seconde Guerre mondiale, les Caraïtes, non reconnus comme Juifs par les nazis, furent épargnés. Aujourd'hui subsistent de toutes petites communautés en Russie, à Istanbul et au Caire. Certains ont émigré aux États-Unis (environ 1 500 actuellement, en Californie), d'autres en Israël (environ 20 000 personnes).

contenue à partir de la vigoureuse réaction déclenchée par le plus éminent penseur et la plus haute autorité de l'époque gaonique, Saadiah ben Yosef (882-942).

Originaire d'Égypte, *gaon* de l'école de Poumbedita puis de celle de Soura, Saadiah engage le combat sur le terrain même de l'adversaire en effectuant une traduction en langue arabe de la Bible[1], partiellement commentée : ainsi affirme-t-il, contre les accusations des Caraïtes, que les Juifs qui observent le Talmud connaissent parfaitement l'Écriture. Cette traduction amène Saadiah à faire œuvre de linguiste en rédigeant notamment un dictionnaire hébraïque dans lequel il expose les principes de la grammaire. Surtout, contrairement aux maîtres qui l'ont précédé, le *gaon* connaît les nouvelles tendances intellectuelles de son époque. Il a étudié la philosophie grecque telle que l'enseignent les savants arabes ainsi que la théologie musulmane rationalisante des mu'tazilites[2]. Dans son œuvre majeure (rédigée en arabe), le *Livre des croyances et opinions*, il réfute les thèses hérétiques en étayant parfois les certitudes de la foi par des arguments rationnels. Pour Saadiah en effet la raison, autant que

1. Cette traduction a longtemps été en usage chez les Juifs de langue arabe.

2. « [...] Les mu'tazilites n'hésitèrent pas à adopter des règles logiques de démonstration et, par suite, à accorder à la raison humaine une valeur que l'islam dans son ensemble n'a jamais voulu lui reconnaître. [...] Selon eux, il existe des vérités rationnelles, des nécessités d'essence que la raison peut découvrir par elle-même ; il existe des valeurs de bien et de mal qui se fondent dans cette raison et que l'homme peut connaître en dehors de toute révélation particulière » (Roger Arnaldez, « Mu'tazilisme », in *Encyclopaedia universalis*, 1985).

la révélation et la tradition, est source de connaissance : il jette ainsi les fondements de la philosophie juive médiévale, seconde rencontre historique du judaïsme et de l'hellénisme. Son œuvre de traducteur, de grammairien et de lexicographe, mais aussi ses compositions de poésie liturgique font de lui le prototype du savant judéo-arabe, intellectuel bilingue dont le champ de la connaissance dépasse l'érudition religieuse traditionnelle.

À partir du xe siècle, l'Empire musulman se divise en califats rivaux et l'Irak[1] connaît un lent déclin politique, économique et démographique. Le flux d'émigration juive vers l'Occident, continu depuis le début de l'expansion arabe, s'amplifie et vivifie les antiques communautés d'Afrique du Nord, tandis que des tribus berbères judaïsées depuis l'époque romaine sont repliées au sud du Maghreb. Les principaux centres juifs sont Fès, Marrakech et surtout Kairouan : Kairouan diffuse dans tout le Maghreb les *responsa* babyloniennes et s'illustre par l'érudition de ses *rabbis*, de ses grammairiens ainsi que de ses médecins : car l'héritage grec recueilli par les Arabes et assimilé par les Juifs est aussi scientifique.

Mais c'est en Espagne que la symbiose judéo-arabe connaît son âge d'or. En 711, la conquête musulmane a délivré les Juifs de l'implacable oppression wisigothique[2]. Ici comme ailleurs, le poids numérique et l'utilité des non-musulmans (tant juifs que chrétiens) dictent aux souverains une politique de tolérance.

1. La Mésopotamie a pris le nom arabe d'Iraq.
2. Peuple germanique, les Wisigoths, après avoir pénétré dans l'Empire romain, s'établissent en Gaule puis forment un royaume en Espagne (507-711).

Toutes les activités économiques, urbaines et rurales, sont ouvertes aux Juifs. Malgré la rareté des sources, on aperçoit leur présence à la cour des califes, où ils exercent parfois de hautes responsabilités politiques[1], et dans les élites scientifiques (médecine, astronomie, mathématiques). Le bilinguisme des savants explique le développement de la grammaire et des activités de traduction. Dans le domaine de la philosophie s'illustrent Salomon ibn Gabirol de Malaga (vers 1020-vers 1057)[2] et Yehouda Ha-Lévi (vers 1075-1141) dont le *Kousari* (ou « Livre des Khazars »), occupe une place éminente dans la pensée juive[3]. Ils sont aussi de grands poètes et leur poésie sacrée est en partie intégrée à la liturgie synagogale. Enfin, l'œuvre monumentale de

1. Hasdaï ibn Chaprout exerce les fonctions de médecin, de conseiller et de diplomate auprès du calife de Cordoue Abd' ar-Rahman III (912-961). Samuel ibn Nagdela (993-1056) est le vizir du roi de Grenade.

2. Il est l'auteur d'un ouvrage de métaphysique néo-platonicienne, sans rapport avec les préoccupations du judaïsme. Le texte originel arabe est perdu ; on n'en connaît que des traductions en hébreu et en latin (*Fons vitae* : « La fontaine de vie »). Connu du monde chrétien, le livre a été attribué, jusqu'au XIXe siècle, à un auteur supposé musulman ou chrétien, Avicebron.

3. Le véritable titre du livre est « Livre de l'argument et de la preuve pour faire triompher la religion méprisée » (1140). Il marque une réaction contre l'influence de la philosophie grecque dans le judaïsme. L'ouvrage prend prétexte d'un fait historique réel, la conversion au judaïsme du roi des Khazars (p. 91). Tourmenté par le problème religieux, le souverain dialogue tour à tour avec un philosophe, un théologien chrétien, puis un docteur musulman. Déçu, il fait appel à un *rabbi* qui emporte sa conviction. Sans récuser la raison des philosophes, Yehouda Ha-Lévi place le fondement de la certitude religieuse dans la Révélation, dans la Torah. Selon lui, la communion avec Dieu ne se réalise pas par l'intellect mais par la foi, l'engagement total dans l'observance de la Loi.

Moïse ben Maïmon dit Maïmonide, rabbin et philosophe, domine toute la période et marque le judaïsme d'une forte empreinte rationaliste.

En 1136, l'invasion de l'Espagne par la secte berbère des Almohades met brutalement fin à près de cinq siècles de civilisation juive. Les nouveaux maîtres du pays lancent en effet une persécution de grande ampleur contre les non-musulmans, phénomène exceptionnel dans l'histoire de l'islam. En dépit de la *dhimma*, les synagogues sont détruites, les académies dispersées, des Juifs massacrés. La proscription du judaïsme ne laisse le choix qu'entre la fuite et la conversion feinte [1].

Maïmonide (1135 ou 1138-1204)

Fuyant l'Espagne des Almohades en 1158-1159, Maïmonide s'établit d'abord à Fès, puis à Jérusalem que les croisés et les musulmans se disputent alors âprement. La précarité de sa situation le pousse à s'établir en Égypte. À Fostat, la vieille ville du Caire, il devient le médecin de Saladin (1137-1193) et rédige d'importants traités médicaux encore étudiés au XVIe siècle. Rabbin et donc juriste, il prend conscience du fait que la littérature rabbinique est devenue pour ses contemporains un maquis inextricable : il rédige alors en hébreu le *Michneh Torah* (littéralement : *La répétition de la Loi*), aussi nommée *Yad Hazaqah* (*Main forte*). Certains maîtres avaient déjà rédigé des codes législatifs partiels, mais l'œuvre de Maïmonide éclipse toutes les tentatives antérieures car elle constitue une synthèse intégrale de la législation issue de la Torah,

1. La conversion feinte comme réponse à une persécution est caractéristique du judaïsme des pays musulmans ou fortement marqués par l'islam.

du Talmud et des derniers développements de la littérature rabbinique. Elle s'impose également par la rigueur de sa structure, par la limpidité parfaite de son style. Contrairement aux autres codes, le *Michneh Torah* ne se présente pas comme une exégèse des textes législatifs rabbiniques : il ne cite pas les sources du droit mais préfère en dégager les principes fondamentaux.

Étant la plus haute autorité rabbinique de son temps, Maïmonide adresse aux communautés en difficultés des épîtres : ainsi, sa « Lettre sur les conversions obtenues par la force », adressée aux Juifs du Maroc persécutés par les Almohades, veut réconforter les convertis en les encourageant à conserver la pratique du judaïsme en secret.

Philosophe, Maïmonide compose vers 1200 le *Guide des Égarés* qui vise à guider les Juifs troublés par la contradiction apparente entre la philosophie aristotélicienne, alors prédominante, et la foi d'Israël. Le livre, écrit en arabe, vise à concilier philosophie et religion en montrant que le raisonnement philosophique est un élément nécessaire à la connaissance de Dieu.

Moins nombreuses qu'en terre d'Islam, des communautés juives sont établies dans l'Occident chrétien depuis l'époque romaine. L'Église fixe les conditions de leur présence par la voix des papes et des conciles (voir encadré p. 66-68). Mais peu soucieux des injonctions ecclésiastiques, les Carolingiens entretiennent de bons rapports avec les Juifs : polyglottes et disposant d'un réseau de relations internationales, ils sont investis par la cour de missions diplomatiques et assurent une part importante du commerce avec l'Orient, fournissant à l'Europe des épices et des métaux précieux. Ces relations contribuent à la formation de médecins juifs dont le savoir est apprécié. Contre le paiement d'impôts élevés, les communautés disposent du privilège de se gérer selon leurs lois et coutumes. Si la tradition juive exalte le souvenir de Charlemagne, il ne faut pas oublier que l'alliance avec la dynastie dépend du bon vouloir du souverain et repose essentiellement sur l'utilité des Juifs.

À partir du IXe siècle, la dislocation de l'Empire carolingien et l'émiettement du pouvoir politique placent les Juifs sous l'autorité de multiples seigneurs, laïques ou ecclésiastiques. Dès lors leur condition varie d'une principauté à l'autre. Mis à part quelques crises (en 875 bannissement des Juifs de Senlis, en 1012 expulsion de ceux de Mayence, etc.), leur situation demeure favorable et encourage l'immigration.

Les principaux centres de la vie juive se situent le long des routes du commerce, à Narbonne, à Limoges, en Champagne et en Rhénanie (Spire, Worms, Mayence). Les Juifs exercent une grande variété d'activités : outre les commerçants et les médecins, on aperçoit des administrateurs de biens d'Église, des paysans (vignerons en particulier), des teinturiers, etc. La vie culturelle, d'abord fondée sur les études bibliques, s'épanouit avec l'introduction du Talmud dans l'Europe chrétienne (fin Xe siècle-début XIe) et la création d'écoles talmudiques dont les plus influentes se trouvent en Champagne et en Rhénanie. Contrairement à leurs coreligionnaires espagnols, les maîtres de France et d'Allemagne ne s'attachent qu'aux disciplines sacrées et écrivent exclusivement en hébreu. Deux savants modèlent le judaïsme occidental : Gerchom de Metz et Salomon ben Isaac, dit Rachi de Troyes.

Deux « Sages de France et d'Allemagne » : Gerchom ben Yehoudah (vers 960-1028) et Salomon ben Isaac dit Rachi (1039/1040-1104/1105)

Gerchom ben Yehoudah, dit Meor ha-Golah (Lumière de l'Exil), est le premier maître du Talmud et la première autorité rabbinique d'Europe du Nord. Il naît à Metz, étudie à Mayence, enseigne et forme des disciples à Worms jusqu'à sa mort. Il écrit des commentaires sur certains traités du Talmud, compose des prières et des poèmes liturgiques dont certains figurent toujours dans le rituel synagogal. Surtout, on lui attribue la paternité d'ordonnances qui, abrogeant certaines lois bibliques et talmudiques, confèrent au judaïsme occidental son originalité : interdiction de la polygamie, de l'abandon du foyer par un mari plus de dix-huit mois, du lévirat (obligation faite au frère d'un défunt d'épouser sa veuve sans enfants), nécessité du consentement de l'épouse en matière de divorce. D'autres dispositions précisent les devoirs des Juifs envers les institutions communautaires : obligation de se soumettre aux résolutions financières de la communauté et au tribunal rabbinique proche de sa résidence. Ces décisions régiront le judaïsme achkénaze.

Salomon ben Isaac (dit Rachi, acronyme de Rabbi Chlomo Yitshaki) est le plus célèbre et, peut-on dire, le plus populaire des rabbins européens du Moyen Âge. Il naît à Troyes dans le prospère comté de Champagne. Après avoir étudié à Worms et à Mayence (certains de ses professeurs ont été des élèves de Gerchom), il rentre dans sa ville natale où il passe le plus clair de son temps à enseigner sans négliger son métier de viticulteur. Il compose un commentaire de la Bible dans lequel il cherche à éclairer le sens littéral des versets. Il est surtout l'auteur d'un monumental commentaire du Talmud de Babylone qui surpasse ceux qui l'ont précédé par son exhaustivité, sa clarté et sa concision. Avec un génie de la pédagogie et de la vulgarisation, il suit pas à pas le texte et en éclaire le sens, le rendant ainsi plus accessible aux étudiants. Son commentaire présente aussi un grand intérêt pour l'historien et le linguiste : en effet les explications de Rachi sont émaillées d'indications sur les usages et les métiers de son époque. Il utilise parfois des mots français transcrits en écriture hébraïque qui portent témoignage de la langue d'oïl en une de ses plus anciennes périodes.

Rachi est consulté, par des rabbins de France et de Rhénanie, sur les conflits et les interrogations qui agitent les communautés : fiançailles rompues, divorces, litiges financiers, relations avec les chrétiens. Ses *responsa* (environ 350) témoignent de sa bonté, de sa bienveillance et de sa modestie.

Les petits-fils et les disciples de Rachi poursuivent son œuvre. Ils fondent une école de commentateurs, les tossafistes (de l'hébreu *tosafot* : compléments, ajouts), dont le travail s'étend sur deux siècles.

L'empreinte de Rachi sur la culture juive est considérable. Depuis sa première édition en 1523 à Venise, le livre du Talmud est accompagné de son commentaire, imprimé sur la colonne intérieure de chaque page, tandis que les *tosafot* sont disposés en marge extérieure. Jusqu'à nos jours, le commentaire de Rachi est resté le guide par excellence des études talmudiques.

L'influence du maître s'étend aussi au-delà du monde juif : par l'intermédiaire de la traduction latine de son commentaire sur le Pentateuque (XIVe siècle), il inspire Luther et le monde chrétien.

Avec la première croisade (1096) se clôt l'ère de sécurité relative dans laquelle vivent les communautés d'Europe du Nord depuis Charlemagne. La route de terre sainte, en Rhénanie et à Prague, est jalonnée de massacres de Juifs perçus dans le contexte d'exaltation religieuse comme des étrangers et des meurtriers du Christ. Refusant en règle générale la conversion au christianisme, les Juifs choisissent le *qiddouch ha-Chem*, le martyre pour la « sanctification du Nom » [1].

Ainsi, du VIe au XIe siècle, une part importante des communautés est passée de l'Orient à l'Occident : désormais le destin du judaïsme est lié à l'Europe. Là, le monde juif est organisé autour de deux pôles dynamiques : la péninsule Ibérique d'une part (en hébreu *Sefarad*), la France du Nord (*Tsarfat*) et l'Allemagne (*Achkenaz*) de l'autre.

L'Église et les Juifs

Au long des siècles, la politique de l'Église à l'égard des Juifs est fixée par les papes, les conciles et les théologiens.

Les Juifs portent le fardeau d'une double culpabilité :

— Ils ont refusé de reconnaître en Jésus de Nazareth le Messie annoncé par les prophètes. Aussi sont-ils appelés *perfidi* dans les prières de l'office du vendredi saint qui leur sont destinées : littéralement, l'adjectif signifie « infi-

1. Le christianisme, à travers le dogme de la Trinité, a longtemps été perçu par les Juifs comme une religion polythéiste, idolâtre. C'est pourquoi la récitation du Credo chrétien est inacceptable, tandis que la conversion feinte à l'islam pour sauver sa vie peut être tolérée : c'est notamment l'argumentation développée par Maïmonide.

dèle », « incroyant ». Mais au fil des siècles, il a été perçu comme signifiant « perfide », « pervers ».

— Ils sont coupables de la crucifixion de Jésus, d'où leur redoutable qualification de peuple déicide.

En fait, l'Église hésite et s'interroge sur l'étendue de la responsabilité juive dans le meurtre du Christ. Le concile de Trente (1545-1563) répond que les Juifs du Ier siècle et les soldats de Ponce Pilate sont bien les agents directs de son exécution, mais que la véritable responsabilité incombe à l'humanité pécheresse. Cette thèse cependant ne parvient pas à s'imposer.

Si Dieu a déjà infligé à ce peuple rebelle de cruelles sanctions (destruction du Temple, Dispersion), l'Église assure la continuité du châtiment. Les Juifs doivent donc continuer à vivre en terre chrétienne pour purger leur peine et pour témoigner, par leur déchéance, de la vérité du christianisme. Leur malheur ne s'arrêtera qu'avec leur conversion. Dans l'attente, leur présence exige qu'ils soient mis dans l'impossibilité d'exercer la moindre influence sur les chrétiens.

Plus positivement, les Juifs sont parfois perçus comme les créateurs et les porteurs des Écritures hébraïques, comme les frères charnels du Christ.

Ces considérations fondent une politique qui se développe dans quatre directions principales :

— L'Église assure la protection physique des Juifs.

— Elle les place dans une position d'infériorité par rapport aux chrétiens : les Juifs ne peuvent employer de serviteurs ou d'esclaves chrétiens, les charges officielles et certaines professions leur sont interdites, ils ne peuvent bâtir de nouvelles synagogues...

— Elle organise leur mise à l'écart de la société : ils doivent porter un vêtement ou un insigne distinctif, ils ne peuvent cohabiter ni même partager leur repas avec un chrétien ; il est interdit aux chrétiens de recourir aux services d'un médecin juif.

— Elle œuvre pour leur conversion en imposant des sermons prononcés dans les synagogues par des clercs.

Ces directives répétées de l'Église sont surtout appliquées à partir du quatrième concile de Latran (1215). La Réforme catholique (XVIe siècle) marque un nouveau durcissement. Les Juifs doivent désormais subir une stricte réclusion dans le ghetto, rue ou quartier isolé de la ville par de hauts murs.

Le judaïsme achkénaze (XIIe-XVIIIe siècle)

Si le terme *Achkenaz* s'applique initialement à l'Allemagne, il en est venu à désigner l'ensemble du judaïsme nord-européen par opposition au judaïsme espagnol.

Au Moyen Âge, l'implantation juive achkénaze s'étend vers l'Angleterre, l'est de l'Europe (Bohême, Hongrie, Pologne) et l'Italie du Nord. En France, la population juive ne dépasserait pas 50 000 personnes au XIIIe siècle[1].

Les communautés, généralement urbaines, sont indépendantes les unes des autres. Les plus petites ne regroupent que quelques familles, les plus peuplées peuvent rassembler cinq cents âmes. Leur statut, défini par l'autorité dont elles dépendent (seigneur, roi, empereur, ville, évêque), leur reconnaît une large autonomie interne qui leur permet de vivre selon la Halakhah, c'est-à-dire la législation rabbinique.

Chaque communauté (*kahal* en hébreu) est dirigée par un conseil élu selon un mode de suffrage

1. Esther Benbassa, *Histoire des Juifs de France*, Seuil, coll. Points Histoire, 1997, p. 53. S.W. Baron estime à 2 millions la population juive dans le monde au XIIe siècle (S.W. Baron, *Histoire d'Israël*, t. III, PUF, 1961).

qui favorise la classe aisée. Assurant les relations avec l'autorité chrétienne, le conseil est responsable de la répartition et de la perception des impôts qu'elle exige. Ses compétences s'étendent aussi à la gestion interne de la communauté : à l'aide d'une fiscalité propre, il organise et finance l'enseignement primaire, l'assistance aux pauvres et aux malades. Il nomme et rémunère le rabbin avec lequel il partage l'autorité judiciaire. À côté de ce gouvernement oligarchique, des saintes confréries œuvrent pour fournir une dot aux jeunes filles pauvres, visiter les malades ou accomplir les rituels funéraires.

Dans le quartier juif, ou plus généralement dans la rue juive, la synagogue est le centre de la vie sociale et religieuse : dans les petites communautés, elle sert à la fois de lieu de culte, d'école, de salle des fêtes, de lieu d'accueil pour les hôtes de passage. C'est là que siège le tribunal rabbinique. Dans une pièce attenante ou proche, se trouve le bain rituel (*miqveh* en hébreu)[1]. L'abattoir, où le *chohet* abat rituellement les animaux, et le cimetière, à la périphérie de la ville, sont les autres lieux de vie juive.

Isolat au sein d'un monde souvent hostile, la communauté cherche à satisfaire les besoins de ses membres et à les protéger. Pour maintenir la cohésion du groupe, elle exige de tous ses membres l'obéissance aux règles communautaires et aux normes de la vie juive. Pour dissuader ou punir les récalcitrants, elle dispose d'une arme puissante, le *he-*

1. La purification dans le *miqveh* est obligatoire pour la future épouse, pour la femme après ses règles ou un accouchement, pour le prosélyte. Bien que non soumis à cette obligation, les hommes ont coutume de se rendre au *miqveh* à la veille de Yom Kippour, et les *hasidim* (voir p. 77) le vendredi avant le début du *chabbat*.

rem (excommunication), qui retranche le coupable de sa communauté et le voue à une mort sociale.

La vie des communautés médiévales se déroule entre intégration et persécution, ouverture au monde extérieur et repli sur soi.

La fonction économique des Juifs constitue un premier élément d'intégration. Enrichis par le grand commerce, les plus fortunés d'entre eux se tournent vers l'activité bancaire où ils s'avèrent d'autant plus indispensables que l'Église proscrit le crédit aux chrétiens : investissant dans les défrichements, le développement commercial et urbain, ils sont aux avant-postes de l'expansion qui anime l'Occident après l'an 1000.

Entre Juifs et chrétiens se nouent des relations humaines (contacts professionnels, rapports de voisinage, d'amitié) et culturelles. Les Juifs parlent la langue du pays, même s'ils écrivent exclusivement en hébreu. Ils bâtissent des synagogues romanes ou gothiques. L'influence des manuscrits latins est patente dans la calligraphie et l'enluminure des livres hébreux. Des théologiens chrétiens et des docteurs juifs se rencontrent pour des discussions religieuses (en latin : *disputationes*) ou pour une véritable collaboration intellectuelle[1].

Cependant, le rejet de la société chrétienne et le repli sur soi du judaïsme l'emportent. Des persécutions violentes accompagnent la deuxième et la troisième croisade (1146, 1189-1190) ; les accusations de meurtre rituel et de profanation d'hosties, appa-

1. À titre d'exemple, on peut citer le travail effectué en commun par des moines de Cîteaux et des savants juifs sur le texte biblique au XIIe siècle. Voir Gilbert Dahan, « Esquisse de l'histoire du peuple juif. L'Occident médiéval », in *Dictionnaire encyclopédique du judaïsme, op. cit.*, p. 1157.

rues respectivement aux XIIe et XIIIe siècles, amènent au supplice de nombreux Juifs. Les crises du XIVe siècle (Peste noire, guerres, troubles sociaux, hérésies...) trouvent leur exutoire dans la mise à sac de juiveries et l'assassinat d'une partie de leurs habitants.

En même temps qu'elle intervient énergiquement pour empêcher ces exactions, l'Église fait prévaloir sa logique de séparation. Exclus de la propriété foncière et des corporations, distancés par leurs concurrents chrétiens dans le grand commerce et bientôt la banque (l'interdit canonique est aisément tourné), les Juifs sont réduits progressivement au prêt à court terme, l'impopulaire usure, consenti à des taux légaux très élevés. Par ailleurs, les souverains leur imposent de lourdes ponctions fiscales : devenus inutiles et indésirables, les Juifs sont finalement expulsés d'Angleterre en 1290, de France en 1306 et 1394. Dans le Saint Empire romain germanique où prévaut le morcellement politique, les expulsions, pour nombreuses qu'elles soient, gardent un caractère local. La production littéraire médiévale traduit la tendance du judaïsme à l'isolement culturel.

En Allemagne, les *hasidé achkenaz* (littéralement les pieux d'Allemagne) contribuent à implanter en Europe la mystique juive[1] apparue dès l'époque talmudique en Palestine et en Babylonie. Ce cou-

1. « La mystique désigne généralement une démarche ou une discipline spirituelle qui conduit l'homme à un contact direct et à la limite à une union intime, expérimentale avec Dieu. Le mysticisme jaillit d'une aspiration à déborder les limites de l'espace et du temps ordinaire pour réaliser cette communication avec le divin » (Roland Goetschel, *La kabbale*, PUF, coll. Que sais-je ?,1995, p. 4).

rant (entre 1150 et 1250 environ) peut être partiellement interprété comme une réponse du judaïsme aux persécutions et aux bannissements répétés. Profondément pessimiste à l'égard de ce monde, il élabore une éthique de renoncement ascétique, de sérénité et d'altruisme. L'ascèse et la prière conduisent le dévot à la contemplation du mystère de Dieu.

À partir du XIIIe siècle un flux migratoire continu conduit vers l'est de l'Europe des Juifs chassés de Bohême, de Moravie, d'Italie et surtout d'Allemagne par les expulsions ou les persécutions. Les nouveaux venus s'établissent dans le royaume de Pologne et en Lituanie où la dynastie régnante [1] leur accorde, malgré l'hostilité de l'Église, un statut d'autonomie extrêmement favorable. Amplifiée aux siècles suivants, cette migration fait du judaïsme est-européen le nouveau centre de gravité du monde achkénaze et le principal foyer de peuplement juif pour les temps modernes [2]. La présence juive est massive et visible : le Juif se distingue nettement par son mode de vie et sa langue vernaculaire, le yiddish. Écrit en caractères hébraïques, le yiddish dérive des dialectes allemands parlés autour de l'an 1000. S'y mêlent des hébraïsmes, des apports ro-

1. Les Jagellon sont grands-ducs de Lituanie et rois de Pologne depuis 1386. En 1569, les deux États sont réunis en un même royaume.

2. Les historiens proposent des estimations oscillant entre 170 000 et 450 000 personnes. C'est cette fourchette que retient Israël Bartal (« L'implantation des ashkénazes en Europe de l'Est : Pologne et Lituanie », in *Mille ans de cultures ashkénazes,* Liana Levi, 1994, p. 88). Gérard Nahon évalue à un million de personnes les communautés de Pologne-Lituanie (G. Nahon, « Histoire du peuple juif », in *Encyclopaedia universalis*, 1984).

mans et slaves. Toutes ces composantes dressent la carte des migrations achkénazes[1].

Les Juifs sont engagés dans une grande diversité d'activités économiques, tant urbaines que rurales. Certains pratiquent le commerce du bois et des fourrures, exportent vers l'Allemagne des biens agricoles. D'autres administrent les grands domaines de la noblesse, tiennent à ferme la perception des douanes ou de certains impôts. La grande masse se compose d'artisans, de colporteurs, d'aubergistes, de meuniers, d'ouvriers, etc. L'ascension économique des Juifs, leur position intermédiaire entre la grande noblesse et la monarchie d'une part, la population de l'autre, suscitent l'hostilité des corporations de métier et de la paysannerie.

Si la base de la vie juive reste le *kahal*, c'est-à-dire la communauté locale, le judaïsme polonais et lituanien innove en mettant en place des institutions supra-communautaires : le « Conseil des quatre pays » de Pologne[2] et le « Conseil de Lituanie » fédèrent les principales communautés qui y délèguent leurs représentants, notables et rabbins. Officiellement, ces conseils ne sont chargés que de répartir entre les communautés l'impôt dû au souverain. En fait, ils jouent le rôle d'une juridiction d'appel, édictent des règlements en matière économique et sociale, surveillent les impressions d'ouvrages et conduisent la lutte contre les hérésies sabbataïste et frankiste

1. Mis à part l'hébreu, aucune langue juive n'a connu une longévité, une diffusion, un degré d'élaboration comparables. À la veille de la Seconde Guerre mondiale, les deux tiers de la population juive parlaient yiddish, soit 11 millions de personnes.

2. Les quatre pays constitutifs de la Pologne sont : la Grande Pologne, la Petite Pologne, la Ruthénie et la Volhynie-Podolie.

(voir encadré p. 75-76). Les sources laissent percevoir les tensions qui agitent le judaïsme polono-lituanien : mécontentement des pauvres à l'encontre de l'oligarchie dirigeante, malaise des communautés jeunes ou rurales face à l'influence des communautés urbaines les plus puissantes, frictions entre rabbins et notables laïcs.

Si la famille reste le lieu privilégié de transmission du judaïsme, l'organisation d'un système d'enseignement est particulièrement poussé. Au *heder*[1] le petit garçon apprend la lecture et l'écriture hébraïques ; étudie la Torah avec les commentaires de Rachi (voir encadré p. 64-65), puis aborde le Talmud. Les plus doués accèdent, à partir de treize ans, à la *yechivah* où ils étudient le Talmud et l'ensemble de la littérature religieuse sous l'autorité d'un rabbin. La Pologne devient pour des générations une pépinière de talmudistes : ces érudits représentent l'idéal de la société judéo-polonaise. À côté de leur production littéraire en hébreu se développe une littérature populaire en yiddish, tant religieuse (adaptations ou traductions de la Bible et des rituels de prières, livres de morale) que profane (romans d'aventures, récits reflétant la vie quotidienne...).

En 1648-1649 se clôt brutalement l'âge de la sécurité et de la prospérité. L'invasion tartare en Crimée, la révolte des Cosaques, les interventions militaires russe et suédoise amènent en Pologne ruine et désolation : menés par Bogdan Chmielnicki, les Cosaques se livrent à de terribles massacres sur les

1. Littéralement : pièce. Cette « école » rassemble un petit nombre de garçons âgés de cinq à treize ans, soit à la synagogue, soit au domicile du rabbin.

communautés juives d'Ukraine[1] (environ 100 000 morts). Ces événements, qui auront un profond retentissement dans le monde juif, amorcent un nouveau flux migratoire à grande échelle, dirigé cette fois vers l'Allemagne et l'Europe occidentale. Le judaïsme polonais, traumatisé et appauvri, accueille avec ferveur le mouvement messianique (1665-1666) suscité par le plus célèbre des prétendants à la messianité, Sabbataï Tsevi de Smyrne. Mais la déception, à la mesure de l'espérance, débouche sur le désarroi, amplifié quelques décennies plus tard par l'aventure d'un autre « messie », le Polonais Jacob Frank.

Les mouvements messianiques aux temps modernes : Sabbataï Tsevi (1626-1676) et Jacob Frank (1726-1791)

À diverses époques troublées de l'histoire juive surgissent des personnalités charismatiques qui se proclament « messie » et rassemblent des adeptes : le mouvement, souvent local et éphémère, donne parfois naissance à une secte. Mais au XVIIe siècle, le mouvement messianique qui embrase la quasi-totalité des mondes juifs autour de Sabbataï Tsevi éclipse tous ceux qui l'ont précédé. Rabbin à Smyrne (Empire ottoman), il s'adonne à l'étude de la mystique juive, la kabbale (voir p. 84), et acquiert la conviction de son destin messianique. Son extraordinaire ascendant amène à lui des disciples. Expulsé de sa ville

1. L'Ukraine appartient alors au royaume de Pologne.

par le rabbinat, il connaît des années d'errance dans les Balkans et en Palestine où certaines communautés l'accueillent favorablement. Acclamé à son retour à Smyrne, il s'autoproclame solennellement « Oint du Seigneur » (décembre 1665) et fixe le jour de la Rédemption au 18 juin 1666. Son arrestation et son incarcération par les autorités ottomanes accroissent encore l'euphorie de ses partisans, parmi lesquels nombre de rabbins. De l'Empire turc, l'enthousiasme messianique soulève les communautés d'Amsterdam, d'Allemagne, de Pologne et d'Italie.

Sommé par le sultan de choisir entre la mort et la conversion, Sabbataï Tsevi opte pour l'apostasie, c'est-à-dire le renoncement au judaïsme, et adopte l'islam. Le mouvement retombe brutalement. Sabbataï Tsevi garde pourtant des adeptes et le sabbatianisme poursuit une existence souterraine, en Pologne notamment. En Turquie, certains de ses partisans forment la secte des *Dunmeh* : ils se convertissent à l'islam mais conservent des éléments du judaïsme. En 1908, on retrouvera des *Dunmeh* dans le mouvement libéral et réformateur des « Jeunes-Turcs ». Une toute petite communauté se maintient de nos jours à Istanbul.

Moins d'un siècle plus tard en Pologne, un personnage ambitieux et charismatique influencé par le sabbatianisme et les *Dunmeh* se présente comme la réincarnation de Sabbataï Tsevi et prétend parachever sa mission : Jacob Frank. Il élabore une théologie qui amalgame des éléments du judaïsme, de la kabbale et du christianisme. Le frankisme se développe au milieu de l'hostilité des autorités juives puis catholiques. La secte se maintient après la mort du fondateur, puis disparaît dans les premières décenies du XIXe siècle. Nombre de frankistes aisés épousent des membres de l'aristocratie polonaise. Le grand poète Adam Mickiewicz compte parmi leurs descendants.

La crise spirituelle, les tensions sociales et l'insécurité croissante de la vie juive (multiplication des accusations de meurtres rituels, massacres) expliquent la naissance et la diffusion d'un mouvement mystique populaire, le hassidisme. Fondé vers 1720 par Israël ben Eliézer, dit le *Ba'al Chem Tov* (le Maître du Bon Nom), le hassidisme emprunte à la mystique juive, la kabbale (voir p. 94-98), l'idéal de la *devéqout*, la communion en Dieu, et en fait l'essence de la vie religieuse. L'originalité de la pensée hassidique réside dans la conviction que cette communion est accessible à tous, à l'ignorant autant qu'au talmudiste érudit, à l'humble croyant autant qu'au kabbaliste. Dans cette voie, il n'est pas question d'ascèse mais de joie : on loue Dieu dans tous les actes de la vie, la prière, l'étude, mais aussi les occupations quotidiennes les plus simples. La *devéqout* n'est donc plus l'union mystique de l'initié mais l'état émotionnel qui accompagne le Juif dont toute la vie est sanctifiée. Le *hasid* est guidé dans sa quête par un *tsaddiq* (juste) librement choisi. La littérature hassidique présente les *tsaddiqim* (en yiddish *rebbes,* c'est-à-dire rabbins) comme des êtres supérieurs, tantôt thaumaturges[1], tantôt voyants ou guérisseurs. En contact avec le divin, intermédiaires obligés entre Dieu et le monde d'en bas, ils descendent parmi leurs adeptes afin d'aider à leur élévation. Chaque *rebbe* est donc une autorité charismatique, un maître vénéré par ses dévots qui le consultent pour toute affaire personnelle (mariage, travail, soins médicaux...) et mènent une vie communautaire autour de lui : ils forment sa « cour ». D'abord transmise de maître à disciple, la charge

1. Qui fait ou prétend faire des miracles.

est devenue héréditaire : d'où l'existence de dynasties, parfois rivales.

L'exaltation mystique engendrée par la prière, le chant, la danse conquiert maints adeptes et le mouvement connaît une diffusion très rapide malgré la réaction véhémente des autorités traditionnelles, opposées aux *hasidim* sur le plan doctrinal et menacées dans leurs prérogatives.

Bien différente est l'évolution du judaïsme en Europe occidentale où la déroute du messianisme engendre progressivement des attentes qui échappent à la sphère du religieux.

Aux XVIIe et XVIIIe siècles, dans de nombreux pays, la tolérance à l'égard des Juifs s'impose dans les faits, sinon en droit. En même temps, la volonté de supprimer les particularismes accompagne la construction des États modernes et centralisés. Ainsi, lorsque l'empereur d'Autriche Joseph II supprime l'impôt de capitation et l'insigne distinctif (1781), puis abolit une grande partie des incapacités juridiques qui pèsent sur les Juifs, il assortit ces mesures de dispositions intégratrices : abolition de la juridiction rabbinique, obligation du service militaire, adoption de patronymes germaniques à la place des noms bibliques, etc.

De fait, cette politique rejoint les aspirations d'une partie des élites juives qui côtoient des milieux non juifs et sont marqués par la philosophie des Lumières. En Allemagne, le philosophe Moïse Mendelssohn (1729-1786) incarne et exprime ces nouvelles tendances qui donnent naissance à la Haskalah (littéralement : instruction), c'est-à-dire au mouvement juif des Lumières : ses partisans, les *maskilim*, veulent ouvrir le judaïsme à la pensée moderne et militent pour l'intégration des Juifs à la société environnante au prix de l'abandon plus ou moins poussé de leur particularisme et de leur autonomie juridique.

Dans son livre *Jérusalem* (1783), Mendelssohn envisage une société pluraliste, fondée sur la liberté de conscience et de culte, où le judaïsme aurait sa place. Il combat la prédominance des rabbins sur les communautés (notamment leur pouvoir de prononcer le *herem*) et la primauté de l'enseignement du Talmud dans l'éducation traditionnelle[1]. Le philosophe insiste sur la nécessité pour les Juifs de connaître la langue de leur pays, en l'occurrence l'allemand, langue de raison qu'il oppose au yiddish, combattu âprement comme véhicule de l'obscurantisme. La publication par Mendelssohn d'une traduction du Pentateuque en allemand, accompagnée d'un commentaire en hébreu, constitue une étape fondamentale de ce combat : ce livre, grâce auquel toute une génération de Juifs accède à la maîtrise de l'allemand, marque le début de la littérature juive de langue allemande en même temps qu'il inaugure la renaissance de l'hébreu[2].

Moïse Mendelssohn encourage son disciple David Friedländer dans ses efforts de réforme éducative : en 1778, ce dernier ouvre à Berlin la première école juive moderne, la *Freischule* (École libre). La scola-

1. Nous suivons l'analyse de Delphine Bechtel, « La Haskalah berlinoise », in *Mille ans de cultures ashkénazes*, *op. cit.*, p. 355.

2. La notoriété de Mendelssohn dépasse le milieu juif. Il inspire au dramaturge allemand Gotthold Lessing (1729-1781) la figure centrale de sa pièce *Nathan le Sage*. Écrivain des Lumières, proche de Diderot, Lessing campe son personnage à Jérusalem au temps des croisades ; dans ce contexte délicat, Nathan, marchand et philosophe, cherche à faire coexister juifs, chrétiens et musulmans.

FIGURE 5

Les vicissitudes de la vie juive : 1000 ans de pérégrinations

Saint-Pétersbourg
Tallin
Riga
Kazan
Moscou
Orenbourg
Vitebsk
Vilnius
Minsk
EMPIRE RUSSE
Volga
Saratov
Don
Lublin
Kiev
Volgograd
Lvov
Dnepr
Chisinau
(Kichinev)
Odessa
Rostov
Mer
Caspienne
Bucarest
Mer
Noire
Danube
Sofia
EMPIRE
Andrinople
Istanbul
Salonique
Ankara
Mer
Egée
OTTOMAN
Smyrne
Mossoul
Téhéran
Athènes
Kermanchah
Tigre
Euphrate
Bagdad
Antioche
IRAK
Safed
Jérusalem
Alexandrie
Le Caire
0
500
1 000 km
D'après L'Histoire n° 212, juillet-août 1997.

rité y est gratuite et les programmes incluent des disciplines profanes (langues vivantes, sciences).

La lutte pour l'émancipation intellectuelle accompagne le combat pour l'émancipation politique qui ne connaît que de timides résultats en Allemagne.

Le judaïsme séfarade

On appelle séfarades les Juifs qui ont vécu dans la péninsule Ibérique ainsi que leurs descendants[1].

Dans la péninsule Ibérique, les persécutions almohades et la *Reconquista*[2] font passer les Juifs sous l'autorité des souverains d'Aragon, de Navarre, de Castille et du Portugal. Malgré ces bouleversements politiques, l'âge d'or judéo-espagnol se poursuit avec une remarquable continuité et l'Espagne, avec peut-être un million de Séfarades, demeure le phare du judaïsme médiéval.

Polyglottes et formés à la culture arabe, les Juifs offrent leurs compétences dans les domaines indispensables à la consolidation des nouveaux royaumes (diplomatie, administration, finances) et apportent leurs connaissances scientifiques (médicales surtout). Ainsi les élites continuent-elles d'oc-

1. Au XXe siècle le terme a pris un sens plus large : on considère comme séfarades les Juifs qui ne sont pas achkénazes. Cette définition désigne alors des communautés extrêmement diverses mais unies par un dénominateur commun, celui d'avoir vécu majoritairement en terre musulmane, au moins à un moment de leur histoire.

2. Le mot de *Reconquista* (Reconquête) désigne les guerres entreprises par les souverains chrétiens du Nord contre les musulmans, du XIe au XVe siècle. Elles s'achèvent avec la chute du royaume de Grenade, dernier bastion musulman en l'Espagne (1492).

cuper des positions sociales et politiques élevées, tandis que le peuple se compose de boutiquiers, d'artisans (tanneurs, cordonniers, relieurs, tisserands, orfèvres, apothicaires), de paysans et de petits prêteurs sur gages.

Le mot arabe *aljama* désigne toujours le quartier juif et la communauté : celle-ci conserve la large autonomie accordée par l'islam, en même temps que l'assujettissement à de lourds impôts : au XIIIe siècle et au début du XIVe, les Juifs procurent entre 20 et 35 % des revenus de Castille et d'Aragon !

Chaque *aljama* est gouvernée par un conseil de notables, les *hombres buenos*, élus ou cooptés parmi l'élite de la fortune ou du savoir. On y retrouve les mêmes institutions que dans le monde achkénaze.

La continuité s'observe aussi, au premier abord, sur le plan culturel. L'exégèse biblique et la poésie sacrée sont aussi vivantes que la philosophie et les sciences : dans les milieux savants où se préparent les Grandes Découvertes, on trouve des astronomes et des cartographes juifs.

L'ouverture des séfarades aux cultures environnantes et leur fidélité un temps maintenue à la langue arabe expliquent l'existence de dynasties de traducteurs qui font passer l'héritage judéo-espagnol et gréco-arabe à l'Europe chrétienne. Réfugiées en Provence[1] après l'invasion almohade, les familles Ibn Tibbon et Kimhi traduisent de l'arabe en hébreu les œuvres des penseurs et philosophes juifs (le *Guide des Égarés* en 1204), les grands textes de la philosophie et de la science arabes, ainsi que des écrits de l'Antiquité grecque. Plus tard ces ouvrages seront traduits en latin.

1. Dans le vocabulaire des Juifs médiévaux, la Provence couvre le sud de la France, des Pyrénées aux Alpes.

Toutefois, la création la plus originale et la plus puissante du judaïsme séfarade en terre chrétienne, la kabbale, marque une rupture avec les élaborations philosophiques des siècles précédents et se présente parfois comme une réaction contre le rationalisme maïmonidien.

La kabbale (de l'hébreu *qabbalah* : réception, transmission, tradition) est un courant de pensée mystique et ésotérique[1] qui apparaît en Provence au XIIe siècle et s'épanouit en Espagne au siècle suivant, avant de se diffuser dans les contrées les plus variées[2]. Ses adeptes cherchent à percer les secrets de la Torah, c'est-à-dire les significations cachées, non explicites, de la Bible, pour accéder à une connaissance profonde de la divinité dans ses rapports avec l'homme et la Création (voir encadré p. 94-98). Parmi la production littéraire des kabbalistes, où l'imagination la plus luxuriante se mêle à l'usage d'abstractions extrêmement subtiles, se distingue le *Sefer ha-Zohar* (*Livre de la Splendeur*), probablement écrit par Moïse de Léon (1240-1305). Cette œuvre immense impose son autorité au sein du judaïsme à partir du XVIe siècle, tandis que la philosophie maïmonidienne se marginalise lentement mais durablement[3].

1. La kabbale est un ésotérisme en tant qu'elle n'est transmise qu'à un petit nombre d'initiés (du moins avant le XIIIe siècle) et qu'elle est la science des choses cachées.

2. Nous entendons ici « kabbale » au sens restreint. Au sens large, le terme désigne l'ensemble des doctrines mystiques et ésotériques du judaïsme depuis l'Antiquité.

3. La kabbale s'est diffusée en Italie, Allemagne, Pologne, Bohême, mais son influence a été surtout décisive en Afrique du Nord et au Moyen-Orient. Aujourd'hui, il existe des kabbalistes dans tous les pays où vit une communauté juive importante. Certains ont été formés en Afrique du Nord, d'autres ont reçu un enseignement en Europe de l'Est, ou bien sont les disciples de maîtres formés en Europe de l'Est. Le regain d'intérêt pour la kabbale est très net au sein du judaïsme con-

À partir du XIIIe siècle, les logiques d'exclusion qui prévalent en Europe du Nord exercent leur influence au sud des Pyrénées. L'ascension des communautés judéo-espagnoles se heurte à l'hostilité grandissante de l'Église qui engage de virulentes polémiques contre les Juifs, en même temps qu'elle déploie une intense activité missionnaire auprès d'eux. Ce climat nourrit la haine des populations appauvries par les crises du XIVe siècle (voir p. 71). En 1391 l'*aljama* de Séville est mise à sac et ses habitants massacrés. Les violences populaires s'étendent à toute la péninsule : un tiers environ des Juifs périssent, un tiers se convertissent au catholicisme pour échapper à la mort, les autres trouvent refuge dans de petites localités.

Quelques années plus tard, une série de mesures législatives restreignent les activités économiques des Juifs, limitent leur autonomie et organisent leur mise à l'écart de la société, tandis que la poursuite des conversions affaiblit encore les communautés : le judaïsme ibérique n'est plus que l'ombre de lui-même.

Les conversions massives créent un groupe social nouveau qui pose un problème ardu à la société chrétienne. Les *conversos*, appelés marranes ou nouveaux chrétiens[1], sont tantôt des convertis

---

temporain. Par ailleurs, la kabbale est connue de la chrétienté depuis le XVe siècle et a donné naissance à un courant de pensée baptisé kabbale chrétienne.

1. Marrane (*marrano* en castillan, *marao* en portugais) vient de l'arabe *mahran* qui signifie « ce qui est interdit », et par extension « porc ». Il est utilisé pour désigner de façon insultante les Juifs et les musulmans convertis au christianisme. « Marrane » désigne le converti revenu secrètement au judaïsme. Le converti qui adopte définitivement la foi chrétienne est désigné par l'expression « nouveau chrétien ».

sincères, tantôt des catholiques de façade restés fidèles au judaïsme sans être en mesure d'en respecter les lois. Issus plutôt des élites, ils conservent des positions sociales élevées, certains accédant même à de hautes fonctions ecclésiastiques.

Les *conversos* ne s'intègrent pas à la société chrétienne. Ils conservent des liens de famille avec les Juifs et sont suspectés de judaïser clandestinement sous l'influence de leurs anciens coreligionnaires. Cette suspicion entraîne l'appel à l'Inquisition (1481) que dirige le dominicain Tomás de Torquemada. Les tribunaux font torturer et condamnent au bûcher des milliers de convertis, accusés de pratiquer le judaïsme malgré le baptême et considérés de ce fait comme hérétiques.

Finalement l'éradication du judaïsme apparaît comme la seule solution capable d'éteindre l'« hérésie » : Isabelle de Castille et Ferdinand d'Aragon signent le décret d'expulsion des Juifs à Grenade, le 31 mars 1492, après la prise de la ville sur les musulmans.

150 000 à 200 000 Juifs[1] quittent l'Espagne dans des conditions souvent dramatiques. Au Portugal, le roi signe un décret de bannissement en 1496, puis préfère contraindre les Juifs au baptême collectif assorti de l'interdiction de quitter son royaume (1497).

Une grande partie des séfarades gagnent l'Empire ottoman, alors en formation, qui réunit déjà sous son autorité des communautés juives de diverses origines[2]. Le courant migratoire s'étend sur plu-

1. Victor Malka, *Les Juifs sépharades*, PUF, coll. Que sais-je ?, 1997, p. 22.

2. Victorieux de l'Empire byzantin (1453), les Turcs étendent leur empire sur les Balkans, l'Anatolie et le bassin de la mer Noire. Dans la première moitié du XVIe siècle, ils s'appro-

sieurs décennies. Les implantations principales sont Istanbul, Salonique, qui devient pour plusieurs siècles une ville à majorité juive et hispanophone, mais aussi Édirne (Andinople), Safed en Palestine, Avlonya (Vlorë en Albanie). Face aux non-séfarades, les Espagnols ont souvent l'avantage du nombre, toujours celui de la fortune ou de la culture, joints au prestige d'un glorieux passé. Dans ces conditions, ils « séfaradisent » les Juifs autochtones là où ils sont majoritaires : ils imposent leur modèle communautaire, leur rituel et leur langue vernaculaire, l'espagnol, puis le judéo-espagnol[1].

La bienveillance des sultans, une application très souple de la *dhimma* récompensent l'utilité des élites juives accueillies à la cour, comme autrefois en Espagne, en tant que médecins, fournisseurs et diplomates[2]. Le rôle des Juifs est considérable sur le plan économique. Ils sont présents dans les échanges internationaux (où ils apportent capitaux, techniques commerciales, réseaux de relations) et dans les activités financières (prêt, change, affermage des impôts, etc.). Grâce aux savoir-faire importés d'Es-

---

prient le Moyen-Orient (Égypte, Syrie, Palestine, Irak). Deviennent donc *dhimmi* de l'Empire turc les Juifs byzantins de langue grecque (les romaniotes), les communautés arabophones, les Caraïtes, auxquels s'ajoutent des Juifs venus d'horizons divers : Italie, monde achkénaze etc.

1. Le judéo-espagnol, souvent improprement appelé *ladino*, se forme vers 1620. C'est une variété d'espagnol qui emprunte des mots à l'hébreu, au turc, mais aussi à l'arabe et au grec. D'abord langue parlée, elle donnera lieu ensuite à une abondante littérature écrite.

2. Parmi ces derniers, le plus célèbre est Don Joseph Nassi, marrane portugais revenu au judaïsme et dont l'activité diplomatique vise à affaiblir l'Espagne. Favori du sultan Selim II, il est fait duc de Naxos, titre qui lui confère l'autorité sur l'île de Naxos et d'autres Cyclades voisines.

pagne, ils développent l'industrie lainière ottomane. Sur le plan culturel, ils introduisent dans l'Empire l'imprimerie et le théâtre.

La vie juive connaît un nouvel élan sur le plan religieux et intellectuel. Dans le domaine législatif, l'œuvre la plus importante est le *Choulhan aroukh* (*La table dressée*), de Joseph Caro : cette nouvelle synthèse qui présente de façon claire et concise l'ensemble des lois juives sera désormais le code de référence de l'ensemble du judaïsme[1], l'autorité suprême en matière de Haleikhah. En Palestine, Safed devient le nouveau foyer des études kabbalistiques, grâce à Moïse Cordovero (1522-1570), Isaac Louria (1534-1572) et ses disciples.

Dès la fin du XVIe siècle, les crises qui ébranlent l'Empire, la concurrence des marchands occidentaux, grecs et arméniens, affectent les communautés juives qui, d'éléments moteurs de la société ottomane, en deviennent progressivement une des parties les plus arriérées, les plus pauvres et les plus méprisées[2].

L'appauvrissement s'ajoute à l'isolement croissant au sein d'un Moyen-Orient lui-même frappé de stagnation. L'aventure messianique de Sabbataï Tsevi laisse une trace durable dans le monde turc : la secte des *Dunmeh* (cf. encadré p. 76).

Du XVIe au XVIIIe siècle, des convertis espagnols et portugais restés après 1492 et 1497 dans la pénin-

1. En 1569-1571, Moïse ben Israël Isserles de Cracovie publie des commentaires et des notes sur le *Choulhan aroukh* sous le titre de *Ha-Mappah* (*La nappe*). Le *Choulhan aroukh* augmenté de *Ha-Mappah* fait autorité chez les achkénazes.

2. Gilles Veinstein, « L'Empire ottoman depuis 1492 jusqu'à la fin du XIXe siècle, dans *Les Juifs d'Espagne. Histoire d'une diaspora*, éd. Liana, 1992, p. 381.

sule Ibérique émigrent pour fuir les persécutions de l'Inquisition. Ils s'établissent dans diverses contrées d'Europe occidentale, en Italie (Ferrare, Livourne, Venise...), en France (dans le Sud-Ouest surtout), à Londres, Hambourg, Anvers et surtout Amsterdam, véritable « Jérusalem du Nord » qui devient le foyer le plus important du judaïsme européen à partir du XVIIe siècle[1].

Si certains convertis adoptent définitivement le christianisme et s'assimilent à la société d'accueil, d'autres au contraire entrent dans un processus de rejudaïsation, facilité par les progrès de la tolérance dans certains États. L'imprimerie juive, particulièrement florissante en Italie et à Amsterdam, facilite leur initiation à la culture juive par la publication de la littérature hébraïque en traductions espagnoles et portugaises. Polyglottes et disposant de réseaux d'affaires très étendus, les élites marranes investissent leurs capitaux dans le grand commerce international. Par leur fortune, leur culture et leur facilité d'adaptation, elles imposent leur hégémonie ou leur sentiment de supériorité aux communautés non séfarades qu'elles côtoient, Juifs italiens et achkénazes réfugiés d'Europe orientale en nombre croissant[2].

1. Des familles partent pour l'Amérique, s'établissent dans les possessions portugaises et espagnoles d'abord, puis dans les colonies hollandaises, françaises et anglaises.

2. À Amsterdam, à la fin du XVIIe siècle, on compte approximativement 2 500 marranes, 2 500 Juifs allemands auxquels s'ajoute une nouvelle communauté de *polacos*, en réalité des Lituaniens. Séfarades et achkénazes fondent des institutions communautaires séparées ; chaque groupe dispose de son propre cimetière. À la fin du XVIIIe siècle, 2 000 marranes sont établis à Londres, 20 000 achkénazes dans toute l'Angleterre.

En Europe occidentale, la culture marrane crée un nouveau type de Juif, plus apte à s'insérer dans la société d'accueil grâce à sa connaissance de la culture occidentale. Dans son chef-d'œuvre paru en 1553 à Ferrare, *Consolaçao as tribulaçoes de Israël*, le Juif portugais Samuel Usque, en homme de la Renaissance, exprime son optimisme et annonce un avenir radieux pour le judaïsme au sein des nations éclairées. En Toscane ou à Amsterdam, les familles riches envoient leurs fils étudier dans les universités. Au XVIIIe siècle, l'espagnol, le portugais, l'arithmétique et la comptabilité sont enseignés dans les écoles juives de Livourne. À Amsterdam, les bibliothèques des séfarades cultivés contiennent la littérature classique espagnole et portugaise, ainsi que des ouvrages de philosophie et de politique ; intellectuels juifs et chrétiens entretiennent des relations suivies.

Le marranisme débouche parfois sur l'éloignement de la tradition juive, sur le dépassement des certitudes d'une religion révélée[1]. Dans la seconde moitié du XVIIe siècle, une grave crise secoue la communauté d'Amsterdam. Le médecin Daniel de Prado affiche son déisme[2]. Avec le jeune Baruch Spinoza (1632-1677), il entre en rebellion contre les autorités rabbiniques qui prononcent le *herem* contre les deux hommes. Philosophe rationaliste marqué par Descartes, Spinoza défend le principe de la

1. Si la pensée de Montaigne (1533-1592) n'appartient pas au judaïsme, il faut cependant rappeler que sa mère était une marrane d'origine espagnole. Faut-il établir un lien entre cette ascendance et l'esprit de doute (le fameux « Que sais-je ? ») et de tolérance de l'écrivain ?

2. Croyance en l'existence d'un Être suprême en dehors de toute religion.

liberté individuelle et religieuse. Son système récuse l'idée de Révélation, rejette la nécessité de la Loi. Dieu n'est plus le Dieu personnel et vivant, créateur du monde : il est le monde même, l'Être, la Substance, la Nature, la Vérité. Considérant la Bible comme une création humaine, Spinoza pose les bases de la critique moderne (établissement de l'histoire des textes à partir de l'étude de la langue hébraïque, connaissance des auteurs, du contexte historique et culturel, etc.). Spinoza est un intellectuel juif de type nouveau : élevé dans la tradition juive, il s'en sépare et sa philosophie s'inscrit dans le cadre général de la culture européenne.

Ainsi, en Europe occidentale, le marranisme ibérique et la Haskalah allemande inventent une culture juive nouvelle, avant que la Révolution française ne fasse voler en éclats l'isolat communautaire.

Les communautés isolées

Quoique connues par des savants ou des voyageurs, certaines communautés vivent isolées des principaux foyers juifs jusqu'au XIXe siècle. Leur connaissance du judaïsme est partielle et leur observance religieuse comporte bien des particularités.

Le royaume juif des Khazars

Peuple d'origine turque, les Khazars étaient établis sur la basse Volga, entre la mer Noire et la mer Caspienne. Après la conversion de leur roi (641) le royaume s'est judaïsé, avant de disparaître en 1237.

Les Juifs noirs d'Éthiopie

Les Éthiopiens les appellent *fallachas* (« étranger » en guèze, c'est-à-dire en vieil éthiopien), mais eux-mêmes se reconnaissent comme *Béta Israël*, la Maison d'Israël. Leur origine est discutée par les historiens. Très malmenés par les vicissitudes de l'histoire, convertis, massacrés, réduits en esclavage, les *fallachas* étaient peut-être 1 million au XIIIe siècle, 200 000 au XIXe, 20 000 avant 1974.

En 1973, le rabbinat de l'État d'Israël finit par reconnaître leur origine juive. Les *fallachas* furent amenés en Israël en 1984-1985 (opération Moïse), puis en 1991 (opération Salomon).

Les Juifs indiens

Ils se répartissent en trois groupes. Les *Béné Israël* (les Enfants d'Israël), probablement arrivés au Ve ou VIe siècle du sud de l'Arabie ou de Perse, vivaient au sud de Bombay, s'adonnant à l'agriculture et à la production d'huile de coco. Les Juifs de Cochin formaient une communauté très ancienne qui s'étaient développée avec l'arrivée des Juifs hispano-portugais au XVIe siècle. Les *bagdadi* (littéralement : Juifs de Bagdad) sont arrivés d'Irak, de Syrie et du Yémen à partir de la fin du XVIIIe siècle. Ils s'établirent principalement à Calcutta et conquirent de fortes positions dans la vie économique. On comptait 27 000 Juifs en Inde en 1948, 4 400 en 1993 : beaucoup ont émigré en Israël, en Australie, aux États-Unis, au Canada.

Les Juifs chinois

Le plus ancien document attestant une présence juive date du VIIIe siècle. Grâce au témoignage des jésuites, on connaît la communauté de Kaïfeng (actuelle province du

Henan), florissante entre le XVe et le XVIIIe siècle. Totalement isolée, elle s'est progressivement assimilée. (Mort du dernier rabbin probablement en 1810.) En 1989, sept familles chinoises se considéraient comme juives. Selon un éminent spécialiste américain, l'ancien président Liu Shaoqi (1898 ?-1969) serait un descendant des Juifs de Kaïfeng.

La kabbale
Entretien avec
M. Charles Mopsik[1]
chargé de recherches au CNRS

Quels secrets les kabbalistes cherchent-ils à percer ?

Ils cherchent à pénétrer les mystères recelés par le texte biblique. Déjà, aux yeux du judaïsme rabbinique, la Torah contient virtuellement toutes les connaissances, toutes les sagesses. Mais la tradition rabbinique ancienne avait surtout interrogé le texte révélé pour en extraire des réponses qui concernaient les pratiques religieuses, la législation, le destin d'Israël et du monde. Elle posait la question du « comment » : comment traduire en lois les 613 commandements bibliques ? Comment rendre un culte à Dieu après la destruction du Temple ? Bref, comment faire pour œuvrer au salut d'Israël ?

Les kabbalistes, eux, cherchent à percer les secrets des commandements, ils veulent en connaître l'origine et la signification. Ils s'attachent au « pourquoi » : pourquoi les sacrifices du Temple ? Mais aussi pourquoi l'interdiction de l'adultère, de l'inceste et du meurtre ? La deuxième orientation des kabbalistes vise la recherche des voies qui permettent d'accéder directement à un contact avec la divinité : rejoindre la Source est leur but ultime. Or la connaissance du monde divin est la clé de toute approche, de toute union (en hébreu *devéqout*) avec lui.

1. Charles Mopsik dirige la collection « Les dix paroles » aux éditions Verdier. Il a entrepris une traduction complète du *Zohar* publiée dans cette même collection (6 volumes déjà parus depuis 1981). Il est également l'auteur de *Cabale et cabalistes*, Bayard Éditions, coll. L'aventure humaine,1997.

Comment connaître le monde divin ?

On peut distinguer deux méthodes. Une forme de kabbale, dite prophétique ou extatique, a cherché les voies d'un contact direct par l'extase. Ces kabbalistes ont repris les exercices physiques et mentaux classiques du mysticisme : répétition de formules, concentration, esseulement, méditation sur des lettres, contrôle de la respiration... On peut dire que les techniques mystiques employées par les kabbalistes sont essentiellement actives, voire activistes : il ne s'agit pas pour eux de recevoir passivement l'Esprit divin mais d'activer, d'hyperactiver leur énergie, leur pensée, pour parvenir à la limite de ce qui est intelligible, pour accéder à la réception de l'Esprit.

La deuxième méthode est d'ordre exégétique. Les kabbalistes mettent en œuvre des techniques d'interprétation des textes, déjà utilisées dans une certaine mesure par les maîtres du Talmud : rapprochement de versets, coupure d'un mot en deux, rapprochement de lettres (initiales ou finales des mots qui composent une phrase par exemple), permutation des lettres d'un même mot. Ils s'appuient aussi sur les spécificités de l'hébreu : ainsi, chaque lettre correspondant à un chiffre, on peut calculer la valeur numérique d'un mot (en hébreu *guematria*) et rapprocher des mots de même valeur ; l'écriture hébraïque ne transcrivant que les consonnes, on peut vocaliser diversement un mot écrit. Par ces techniques d'extraction de sens, de permanente remise en mouvement du sens, les kabbalistes découvrent les significations cachées et infinies de la Bible : ainsi entrent-ils en contact avec la Source, l'Infini, l'Esprit divin qui a inspiré la Torah, qui s'est en quelque sorte matérialisé en elle, qui s'est fait Livre. Prenons un exemple d'exégèse qui s'appuie sur les caractéristiques de la syntaxe hébraïque. La première phrase de la Genèse dit : « Au commencement, Dieu créa le ciel et la terre. » Or en hébreu, le verbe précède le sujet et ce dernier peut être en ellipse, c'est-à-dire non exprimé. Des kabbalistes explicitent un sujet sous-entendu, un IL, transforment de ce fait Dieu en complément d'objet et déplacent la pause dans la lecture. La phrase devient : « Au commencement IL créa Dieu, le ciel et puis la terre. » Ce retournement de la phrase, ce remplacement du sujet qui devient complément d'objet, fait de Dieu un objet d'étude, un objet de science. Attention, je ne parle pas de l'*Eyn Sof*, c'est-à-dire l'Infini (IL) qui reste inconnaissable, mais du Dieu manifesté, du monde divin.

On doit donc distinguer l'Infini du monde divin ?

Oui. L'Infini, appelé aussi le Néant, est la transcendance absolue. Les kabbalistes préfèrent ces termes au vocable « Dieu » qui leur semble définir encore de façon trop précise ce quelque chose qui est conceptuellement insaisissable. Par contre, leur démarche les conduit à une connaissance du monde divin, c'est-à-dire du monde émané de l'originateur mystérieux.

En quoi consiste ce monde émané ?

Le monde de l'émanation est constitué de dix entités appelées *sefirot* (singulier *sefira*) qui sont émanées l'une de l'autre et qui procèdent de l'*Eyn Sof*. Elles sont les dix aspects de la divinité, ses modes d'action, de perception ou de réaction par rapport à ce qui se produit ici-bas. Ensemble, elles composent une forme gigantesque de type humain. Prenons quelques exemples. Le pôle de droite de ce corps cosmique anthropomorphe est la *sefira Hessed*, la Grâce, la Bonté ou la Générosité : c'est Dieu qui se manifeste avec son bras droit, c'est-à-dire pour sauver, pour répandre ses bienfaits. Face à elle, la main gauche est la *sefira Guevourah*, la Puissance ou la Rigueur. C'est par là que l'homme est puni ou que les ennemis d'Israël sont châtiés. C'est la dimension de la sévérité, c'est un lieu appelé parfois le Tribunal d'En-Haut. *Hessed* et *Guevourah* sont en relation permanente l'une à l'autre. Il y a une lutte pour la prédominance qui s'exerce entre l'une et l'autre selon les interactions qui se produisent avec les autres *sefirot* et avec le monde d'En-

Bas. Une synthèse entre les deux pôles advient toujours au niveau de la *sefira* suivante, *Tiferet*, la Beauté, qui correspond au cœur ou au tronc. Dans la *sefira Tiferet*, la *sefira Hessed* et la *sefira Guevourah* se mêlent, leurs influx s'unissent et s'équilibrent : d'ailleurs elle est souvent appelée Balance.

On peut aussi évoquer la première *sefira*, *Keter*, la Couronne : son statut est très particulier car elle est considérée comme la source des émanations et non comme une *sefira* émanée. D'ailleurs les kabbalistes l'identifient parfois avec l'Infini. Quand ils l'en distinguent, ils définissent une zone intermédaire entre l'Infini qui est absolument impensable et le monde divin qui commence à être perceptible, intelligible à partir de la seconde *sefira*, *Hokhmah*, la Sagesse : cette entité est la première qui ait un sens pour nous. *Keter*, *Hokhmah* ainsi que la *sefira Binah*, le Discernement, forment le sommet, la tête du corps sacré.

Quant à la dernière *sefira*, *Malkhout*, la Royauté, elle dirige le monde inférieur. Par là il faut entendre le monde des anges, bienfaisants et malfaisants, et celui des hommes. Elle est parfois identifiée à la notion rabbinique de *Chekhina*, la présence de Dieu près des hommes.

Les kabbalistes se sont-ils intéressés à l'homme ?

Bien sûr. Reprenant à leur compte la maxime socratique « Connais-toi toi-même », les kabbalistes ont cherché à connaître l'homme, l'homme créé à l'image de Dieu selon la Genèse (1, 26-27). Cette formulation, ils l'entendent dans son sens le plus fort : pour eux, l'homme est théomorphe, c'est-à-dire qu'il a la forme de Dieu, la forme concrète de son corps, de ce corps cosmique dont nous avons parlé précédemment. L'homme est un microcosme qui récapitule en lui le monde divin tout entier. Et quand je dis l'homme, je parle de l'homme et de la femme. L'homme donc, avec son pôle masculin et son pôle féminin, constitue une espèce de divinité ou de système de *sefirot* en miniature. Par là il est le roi de la Création et interagit avec le monde divin en tant que macrocosme. Sa mauvaise conduite provoque un dysfonctionnement de la structure des *sefirot* : les puissances de sévérité se déchaînent, la présence divine s'éloigne du monde des hommes. Au contraire, la bonne conduite de l'être humain accroît l'émission des influx d'amour et attire la présence de Dieu ici-bas : elle rapproche le temps de la Rédemption.

CHAPITRE III

DE L'ÉMANCIPATION À LA SHOAH[1]

Dès la fin du XVIIIe siècle, les communautés juives en Europe sont entraînées dans une série de bouleversements. Elles accèdent à la citoyenneté dans les États où elles sont établies : c'est l'émancipation. Elles s'ouvrent largement à l'influence occidentale et tendent — à l'instar des sociétés environnantes — à s'éloigner de la tradition religieuse et du mode de vie qui en découle. Émancipation et sécularisation obligent le judaïsme à se redéfinir. Il doit repenser son identité et ses relations avec les nations. Les XIXe et XXe siècles sont l'histoire de ce questionnement, de la fécondité intellectuelle et politique exceptionnelle qu'il engendre, des réponses qui sont apportées. Mais dans sa quête d'une modalité d'existence nouvelle, le judaïsme n'est jamais maître de son

1. Plusieurs termes sont utilisés pour désigner la mise à mort organisée des Juifs européens pendant la Seconde Guerre mondiale. L'expression « génocide des Juifs » est apparue immédiatement après la guerre. « Holocauste », qui est emprunté à la Bible et désigne un type de sacrifice par le feu, a fait son apparition en Israël à la fin des années 50 et est toujours utilisé dans les pays anglo-saxons. Shoah (ou Choah), terme hébraïque signifiant catastrophe, tend à s'imposer en Europe.

sort. Il est fondamentalement tributaire des idéologies et des politiques produites par les nations. Aussi notre siècle est-il celui des plus grandes défaites : étouffé par le communisme soviétique, presque entièrement détruit par le nazisme, le judaïsme européen, au tournant des années 50, n'est plus que l'ombre de lui-même : des communautés disparues ou exsangues, des survivants meurtris et silencieux.

Le judaïsme émancipé en Europe occidentale et centrale. Les incertitudes de l'identité et de l'intégration

C'est aux États-Unis que s'ouvre l'ère de l'émancipation : dès 1776, la Déclaration d'indépendance pose le principe de la tolérance religieuse et de l'égalité civile. La Constitution de 1787 récuse tout critère religieux pour la nomination aux emplois publics : c'est reconnaître *de facto* aux 2 000 Juifs américains l'égalité des droits. Cependant beaucoup d'historiens considèrent la France comme le pays de la première émancipation. Le débat sur la nécessaire transformation du statut des Juifs, ouvert par la philosophie des Lumières, y est clos par la Révolution : la citoyenneté est accordée par l'Assemblée nationale constituante en 1791. Aux communautés juives autonomes, régies par leurs propres lois, administrées par leurs propres institutions mais soumises à de sévères contraintes, se substituent des individus juifs, citoyens à part entière de la nation française.

L'ère de l'affranchissement des Juifs s'élargit avec les conquêtes de la Révolution et de l'Empire : elle s'étend à la Hollande, à Venise, à Rome, à la Rhénanie et à la Westphalie. Dans les territoires sous influence française, des restrictions sont levées ; l'émancipation complète est même accordée à Francfort[1], et dans le royaume de Prusse.

L'émancipation des Juifs de France (1790-1791)

Les Juifs en France à la fin du XVIIIe siècle

Bien que l'édit d'expulsion du royaume n'ait jamais été levé, 40 000 Juifs environ vivent en France, misérablement pour la plupart.

— Les « Juifs du pape » habitent les localités qui relèvent de l'autorité papale depuis le Moyen Âge : le Comtat Venaissin (Carpentras, Cavaillon, L'Isle-sur-la-Sorgue) et Avignon. Ils sont environ 2 500, confinés dans des ghettos. Ces territoires sont rattachés à la France en septembre 1791.

— Les marranes espagnols et surtout portugais sont d'abord reconnus comme « marchands portugais appelés nouveaux chrétiens » (lettres patentes d'Henri II, 1550), puis acceptés en tant que Juifs par Louis XV en 1723. Établis surtout à Bordeaux (1 500-2 000 âmes) et à Saint-Esprit-lès-Bayonne où ils constituent entre un tiers et la moitié de la population (2 500 personnes), ils ont essaimé à Lyon, Marseille, Nantes, Rouen et Paris.

1. Francfort est la capitale de la Confédération du Rhin. Constituée par Napoléon Bonaparte qui en est le Protecteur (1806), elle rassemble trente-six États du centre et du sud de l'Allemagne.

— Les achkénazes de Metz et de Lorraine sont environ 7 500. À Metz devenue française en 1552, les Juifs ont été autorisés à résider en 1567. Dans l'ancien duché de Lorraine rattaché à la France en 1766, de petites communautés sont établies à Nancy, Thionville, Lunéville, etc.
— Les achkénazes d'Alsace constituent le groupe numériquement le plus important. Dans cette terre allemande jusqu'en 1648, 20 000 à 25 000 Juifs sont disséminés en zone rurale, l'accès aux villes demeurant interdit.
— À Paris, malgré l'interdiction légale, un peu plus de 500 Juifs sont tolérés, venant du royaume ou de l'étranger (Allemagne, Angleterre, Pologne, Hollande).

Ces groupes, ces « nations », comme les appellent les textes de l'époque, sont extrêmement divers par leur condition juridique, leur langue, leur rite et leur niveau d'insertion dans la société française. Le sentiment d'unité paraît peu développé : les achkénazes dénoncent la pratique religieuse peu rigoureuse des Portugais, tandis que ces derniers mettent en avant leur intégration et leur modernité en taxant les Juifs de l'Est d'arriération.

La Révolution française et l'émancipation

Dans les dernières décennies du siècle, les philosophes des Lumières et une frange des élites juives débattent d'une réforme de la condition des Juifs. Louis XVI, qui vient de promulguer un édit en faveur des protestants, charge son ministre Malesherbes de préparer cette réforme (1788). Les nations juives consultées souhaitent l'élargissement de leurs libertés dans le cadre traditionnel de leur autonomie communautaire. Les Portugais refusent de faire cause commune avec les achkénazes.

Après l'éclatement de la Révolution, les Juifs de Paris envisagent la réforme sous un angle neuf : l'obtention de la citoyenneté au prix de l'abandon de l'autonomie. Cette option rejoint l'action de l'Assemblée constituante qui abolit les ordres, les corporations et tous les corps constitués de l'Ancien Régime au nom de l'égalité de tous les citoyens. Le 23 décembre 1789, le député Clermont-Tonnerre expose la problématique nouvelle : « [...] il faut refuser tout aux Juifs comme Nation dans le sens de corps constitué et accorder tout aux Juifs comme individus [...] Il faut qu'ils ne fassent dans l'État ni un corps politique, ni un ordre, il faut qu'ils soient individuellement citoyens. » Ainsi définie, l'émancipation est accordée aux Juifs du Sud-Ouest le 28 janvier 1790, aux Avignonnais et Comtadins lors du rattachement à la France. Le 27 septembre 1791, elle est étendue à tous les Juifs de France.

Après la chute de Napoléon et le Congrès de Vienne (1815)[1], les lois émancipatrices des Juifs sont invalidées en Europe à l'exception de la France et de la Hollande. Dès lors en Allemagne, dans l'Empire autrichien et en Italie, les Juifs sont à l'unisson des mouvements libéraux qui inscrivent à leur programme l'égalité de tous les citoyens. Les progrès et les reculs de la lutte pour l'émancipation épousent le flux et le reflux des révolutions. Finalement l'accès à la citoyenneté est obtenu en Autriche-Hongrie en 1867, il accompagne la réunification de l'Allemagne (1869-1871) et de l'Italie (1870). Au Royaume-Uni, il est le fruit d'un long processus ; symboliquement on retient l'année 1858 : le baron Lionel de Rothschild est le premier Juif à siéger au Parlement[2]. La Suisse accorde l'émancipation en 1874.

1. Organisé par les puissances victorieuses de la France, le Congrès redessine la carte de l'Europe de façon à assurer la domination des principaux vainqueurs (Angleterre, Russie, Prusse, Autriche) et le rétablissement de l'ordre ancien.
2. Les ultimes restrictions à l'égalité complète sont levées en 1890.

Citoyens à part entière ou non, les Juifs opèrent une métamorphose radicale en deux ou trois générations, s'intégrant à la société européenne, s'adaptant à son évolution rapide. Ils migrent vers les grandes villes : en 1897 Paris regroupe 55 % des Juifs français[1], la communauté juive de Vienne passe de 41 000 personnes en 1870 à 150 000 en 1 900 (10 % de la population de la ville)[2]. Une élite, transformant les traditionnelles professions juives, prend une part active à la révolution économique. Des prêteurs d'argent se muent en banquiers modernes qui investissent dans le développement des villes, des chemins de fer, des nouvelles industries (les frères Pereire en France, les Goldsmid (ou Goldsmith) en Grande-Bretagne, les Bischoffsheim en Allemagne, etc.). Les Rothschild surpassent leurs coreligionnaires par l'exceptionnelle étendue de leurs ramifications internationales et leur cohésion familiale. À la fin du XIXe siècle, on remarque de puissants capitaines d'industrie : André Citroën en France, Emil Rathenau, créateur de l'*Allgemeine Elektrizitäts Gesellschaft* (AEG, Société générale d'électricité), etc. Passant du petit commerce à la grande distribution, Théophile Bader fonde en 1895 les Galeries Lafayette.

Tout aussi importante est l'entrée des Juifs dans la presse et l'édition : en Allemagne Leopold Ullstein et ses fils possèdent quatre quotidiens, treize périodiques et publient d'innombrables livres. En Grande-Bretagne, le baron Julius von Reuter[3] crée

1. Doris Bensimon-Donath, *Socio-démographie des Juifs de France et d'Algérie : 1867-1907*, éd. de l'INALCO, 1976.
2. Dominique Bourel, « Juifs d'Allemagne », in *Mille ans de cultures ashkénazes, op. cit.*, p. 185.
3. D'origine allemande, né Israël Beer Josaphat, puis converti au christianisme.

en 1851 l'agence qui porte son nom. En France sont fondées les éditions Fernand Nathan, Calmann-Lévy, Alcan.

La vie politique s'ouvre également aux élites juives. Lionel de Rothschild et Moses Montefiore sont des personnalités en vue de la vie publique britannique[1] ; en France Adolphe Crémieux (1796-1880), d'origine comtadine, plusieurs fois ministre de la Justice, député puis sénateur, appartient à la génération fondatrice de la IIIe République. En Italie, Luigi Luzzati devient Premier ministre en 1910. Des personnalités juives allemandes sont engagées dans les mouvements libéraux (Gabriel Riesser, Eduard Lasker) et socialistes (Ferdinand Lassalle, Karl Marx).

La visibilité sociale et l'influence de ces élites ne doivent pas faire oublier le sort moins brillant de la plupart des Juifs et la pauvreté de certains. En France, dans le Bas-Rhin, en 1856-1857, 12,8 % des Juifs sont indigents (contre 8,3 % des catholiques, 5,3 % des protestants). À Paris en 1851 la proportion s'élève à 20 %[2].

Cependant, la tendance est, partout, à une remarquable ascension sociale : à Paris, la population occupée à des emplois non qualifiés tombe de 45 % en 1809 à 10 % en 1872 et poursuit ensuite son recul[3].

1. Le grand homme d'État conservateur Benjamin Disraeli (1804-1881), issu d'une famille séfarade, est baptisé dans son enfance. Sa foi anglicane ne l'empêche pas d'exprimer la fierté qu'il tire de ses origines « orientales » et de faire en maintes occasions l'apologie du judaïsme. Certains de ses romans mettent en scène des personnages juifs et évoquent des thèmes juifs

2. Esther Benbassa, *Histoire des Juifs de France*, *op. cit.*, p. 160 et 168.

3. *Ibid.*, p. 168.

En 1815 en Allemagne, à peine 25 % des Juifs appartiennent à la moyenne bourgeoisie ; ils sont 80 % en 1868[1]. En 1895, 23,6 % des étudiants viennois fréquentant l'université sont des Juifs, alors que ceux-ci ne forment que 10 % de la population[2]. Les études supérieures ouvrent l'accès aux professions libérales, à l'enseignement, à la recherche. Les Juifs tendent à devenir un groupe de classe moyenne, surreprésenté dans les élites.

Sur le plan démographique et culturel, le judaïsme de l'aire germanique impose sa primauté. En Allemagne vivent environ 500 000 Juifs en 1871. Dans l'Empire austro-hongrois, la partie autrichienne compte moins de 200 000 Juifs, essentiellement établis à Vienne, en 1900 ; à la même date, ils sont 150 000, fortement germanisés, en Bohême-Moravie[3] ; en Hongrie, une partie seulement des 850 000 Juifs est germanophone[4].

Les Juifs de l'aire germanique, premiers à être sortis du ghetto intellectuel grâce à la Haskalah (voir p. 78), sont tardivement émancipés sur le plan politique[5]. Ce paradoxe exaspère le désir d'intégra-

1. Dominique Bourel, *op. cit.*, p. 180.
2. Enzo Traverso, « Les marxismes et leur diffusion dans le monde ashkénaze d'Europe centrale et orientale », in *Mille ans de cultures ashkénazes*, *op. cit.*, p. 222.
3. La germanisation des Juifs est une politique voulue par l'Empire pour renforcer l'élément « allemand » face aux nationalismes locaux.
4. Concernant la Galicie, province orientale de l'Empire à forte population juive, voir p. 126 et suite. Le judaïsme galicien se rattache socialement et culturellement au judaïsme russe, donc à la *yiddishkeit*.
5. En Allemagne et en Autriche-Hongrie, après l'émancipation, le service de l'État leur reste légalement fermé. De plus ils sont écartés de fait des emplois universitaires, militaires et de toutes les instances officielles jusqu'à la république de Weimar (1918-1933).

tion. À défaut d'accéder à la pleine citoyenneté, les Juifs entrent de façon massive et spectaculaire dans la culture allemande — la culture fonctionnant comme citoyenneté de substitution[1]. Ils nourrissent une volonté de transformer le judaïsme afin qu'il soit « recevable » par la prestigieuse culture environnante.

En 1821, de jeunes intellectuels (parmi lesquels Heinrich Heine[2]) lancent un puissant mouvement qui rayonnera pendant plus d'un siècle sur l'Europe, la *Wissenschaft des Judentums*, la « Science du judaïsme ». C'est un projet scientifique : il s'agit de développer la connaissance du judaïsme sous ses différents aspects (Bible, Talmud, littérature rabbinique, histoire...) en mobilisant les méthodes critiques de l'histoire et de la philologie, à l'exclusion de tout recours à l'exégèse traditionnelle. Mais le mouvement est aussi partie prenante de la lutte pour l'émancipation et l'intégration : en élevant le judaïsme au statut d'objet de science, en l'étudiant au moyen des outils scientifiques en usage dans les universités allemandes, la *Wissenschaft* cherche la mise en valeur du patrimoine juif et sa reconnaissance par les milieux intellectuels germaniques. Elle se veut enfin un moyen de préserver la culture juive alors que la tradition vivante tend à disparaître.

Les recherches entreprises portent sur les grands textes littéraires, la liturgie, la langue hébraïque[3].

1. Dominique Bourel, *op. cit.*, p. 179.

2. Heinrich Heine (1797-1856) se convertit en 1825 au luthérianisme, cette conversion n'étant à ses propres yeux qu'un « billet d'entrée dans la société ». Ses rapports avec sa judaïté restent tourmentés et ambivalents. Des thèmes juifs sont présents dans son œuvre.

3. Les érudits de la *Wissenschaft des Judentums*, tenants des « Lumières » et du rationalisme, négligent l'étude de la kabbale.

Heinrich Graetz compose une monumentale *Histoire des Juifs* écrite entre 1853 et 1876 : cette première tentative de proposer une histoire globale présuppose un *peuple juif* dont l'histoire se poursuit au-delà de la destruction de son entité politique et malgré sa dispersion.

La carrière universitaire étant fermée aux Juifs, la « Science du judaïsme » crée ses propres institutions : le Séminaire de théologie juive de Breslau (1854) et une école supérieure, la *Hochschule für die Wissenschaft des Judentums* (Berlin, 1872). La multiplication des sociétés savantes, le haut niveau des publications, la diffusion du mouvement[1] témoignent de la vitalité de la « Science du judaïsme » jusqu'à l'avènement du nazisme.

À la *Wissenschaft* est étroitement liée la Réforme religieuse qui bouleverse et divise le judaïsme en Europe centrale. À partir de 1810 en effet, en Allemagne, certaines communautés modifient le culte synagogal pour lui conférer la solennité du culte protestant ou catholique, pour atténuer les différences entre liturgies juive et chrétienne et souligner l'appartenance des Juifs à la société allemande. Ainsi sont introduits l'orgue, les prières en allemand, etc. Abraham Geiger (1810-1874), tenant de la « Science du judaïsme » et rabbin, articule ces pratiques nouvelles en une théorie qui s'appuie sur les progrès de l'érudition, en particulier sur la prise de conscience de l'historicité du judaïsme.

Pour lui, le monothéisme et son éthique consti-

1. En Autriche-Hongrie, la *Wissenschaft* est illustrée par d'éminents érudits (Nachman Krochmal, Salomon Judah Rapoport) qui, à la différence de leurs collègues allemands, écrivent en hébreu. En Italie, elle est principalement représentée par David Luzzatto.

tuent le sens profond, l'élément éternel, intangible du judaïsme. Mais la Bible, le Talmud, la philosophie médiévale et la kabbale sont des élaborations historiques : elles sont de l'ordre du transitoire, de l'évolutif. Il convient donc de revisiter, de retravailler leur contenu afin de l'adapter à la culture moderne (comme en leur temps les maîtres du Talmud ont interprété les données bibliques selon l'esprit et les nécessités de leur époque). Ces principes conduisent à une révision profonde du judaïsme : la pratique religieuse, simplifiée, n'engage plus la totalité de l'existence ; on peut être citoyen allemand de « confession mosaïque » comme d'autres observent le culte protestant ou catholique : c'est la confessionnalisation du judaïsme.

Face aux progrès de la Réforme, les traditionalistes, désormais appelés « orthodoxes », crient au blasphème. Alors que les orthodoxes hongrois brandissent l'étendard de la tradition exclusive et de l'isolat communautaire, une riposte différente se fait jour en Allemagne : le rabbin Samson Raphaël Hirsch fonde la « néo-orthodoxie » qui veut allier fidélité à la tradition et ouverture au monde moderne. Devenus rapidement très minoritaires[1], les néo-orthodoxes s'opposent farouchement aux Réformés.

1. Ils représentent 5 % de leurs coreligionnaires sous la république de Weimar (1918-1933).

La crise religieuse du XIXe siècle : Réforme, orthodoxie, judaïsme conservateur

Le judaïsme réformé ou libéral

La Réforme rapproche le culte juif du modèle protestant : elle introduit le sermon, l'orgue et le chœur pour conférer à l'office une dimension esthétique ; elle rejette l'hébreu et adopte l'allemand dans la liturgie. Certaines prières sont éliminées (pour le retour à Sion, pour la restauration du Temple de Jérusalem) car elles se réfèrent au destin d'Israël en tant que nation séparée : or les Réformés se considèrent comme appartenant à la nation allemande et à elle seule.

La révision du judaïsme s'étend au domaine législatif : certaines restrictions concernant le *chabbat* sont levées ; Abraham Geiger, théoricien de la Réforme, exprime ses réserves sur la circoncision. Dans le rituel de prières qu'il publie en 1854, toutes les références aux anges et à la résurrection des morts sont supprimées : ainsi, les croyances traditionnelles sont elles aussi remises en cause.

Le judaïsme orthodoxe

Confronté à la Haskalah, à l'émancipation puis à la Réforme, l'orthodoxie, c'est-à-dire le judaïsme traditionnel, doit se redéfinir dès l'extrême fin du XVIIIe siècle. Sont orthodoxes les Juifs qui considèrent comme révélées, et donc éternelles, immuables, la Loi écrite (Bible) et la Loi orale (Talmud et commentaires) : le Juif suit donc les enseignements et les prescriptions intangibles de la tradition quelle que soit l'évolution de la société environnante. Le judaïsme reste pour lui une culture qui modèle tous les aspects de son existence et il doit préserver le particularisme de son mode de vie : particularisme linguistique, éducation strictement religieuse de la *yechivah*, costume traditionnel et port de la barbe, observance méticuleuse de la législation codifiée par le *Choulhan aroukh* (voir p. 88). Israël demeure une nation séparée en attente des temps messianiques. Le chef de file de l'orthodoxie est Moïse Sofer (1762-1839), rabbin hongrois de Presbourg (Bratislava). Sa maxime : « Le nouveau est partout prohibé par la Torah » résume le combat de cet érudit qui s'allie aux *hasidim* contre les tenants des Lumières et de la Réforme. Il se désolidarise de la lutte pour l'émancipation qu'il considère comme un désaveu du mode de vie communautaire traditionnel et un désir d'assimilation. D'autres leaders orthodoxes acceptent l'émancipation à condition que persiste l'autarcie sociale et culturelle.

Mais cette orthodoxie traditionaliste, qui s'appuie sur les masses juives d'Europe orientale et sur une partie des communautés hongroises, ne peut répondre aux besoins religieux et culturels des Juifs émancipés ou en voie de l'être. D'où l'émergence en Allemagne d'une nouvelle orientation dont le plus éminent penseur est le rabbin Samson Raphaël Hirsch (1808-1888). Cette « néo-orthodoxie » s'appuie sur une formule talmudique : « Torah et ouverture sur le monde. » Elle observe une attitude tout à fait positive vis-à-vis de l'émancipation et de la culture occidentale : le néo-orthodoxe allemand se vêt à l'européenne, a reçu une culture allemande, s'intéresse à la littérature profane et à la science, fréquente la société non juive. En même temps, il adhère sans réserve à la tradition, obéit scrupuleusement aux lois du *Choulhan aroukh*.

La Réforme modérée ou le judaïsme conservateur

Né d'une scission avec le courant réformateur provoquée en 1845 par le rabbin érudit Zacharias Frankel

(1801-1875), le judaïsme conservateur cherche un moyen terme entre l'orthodoxie jugée dépassée et la Réforme perçue comme trop radicale. Avec les Réformés, Frankel analyse le judaïsme comme résultant de processus historiques. Cependant, la tradition conserve pour lui une position centrale (par exemple l'hébreu reste la langue de la liturgie), en même temps que le principe d'une évolution est acceptée (mais le courant conservateur ira moins loin que la Réforme). Très attaché à la conception du judaïsme comme nation, Frankel encourage l'établissement de Juifs en Palestine bien avant l'émergence du sionisme politique.

Dans les décennies suivantes, la pensée juive s'enrichit des travaux de plusieurs philosophes : Hermann Cohen (1842-1918), Franz Rozenzweig (1886-1929) et Martin Buber (1878-1965), sioniste de la première heure[1]. En même temps émerge une intelligentsia éloignée de la tradition, totalement investie dans la culture allemande, et de ce fait en situation de rupture, de « flottement », dans une société de plus en plus gangrenée par l'antisémitisme : d'où sa disponibilité pour la contestation de l'ordre établi, son exceptionnelle créativité, son engagement dans des aventures de l'esprit qui dépassent largement le cadre du judaïsme. En littérature, Arthur Schnitzler (1862-1931), Stefan Zweig (1881-1942), Franz Kafka (1883-1924), Joseph Roth (1894-1939)[2] expriment, à travers leur œuvre et leur vie, la souffrance et la solitude du Juif émancipé en proie à son acculturation, à sa crise

1. Il émigre en Palestine en 1938 et occupe une chaire de philosophie sociale à l'université hébraïque de Jérusalem.
2. Dans les années 30, Roth affirme s'être converti au catholicisme.

identitaire et à la déferlante antisémite. Bien qu'éloignés eux aussi de la tradition, Albert Einstein (1879-1955) et Sigmund Freud (1856-1939) témoignent de leur identité juive. En musique s'illustrent Gustav Mahler (1860-1911) et Arnold Schönberg (1874-1951) [1] dont l'attachement au judaïsme ne se dément pas, malgré leur conversion au christianisme [2].

Être juif dans l'aire germanique au temps de l'émancipation

L'identification totale à l'Allemagne

« Je n'ai et ne connais aucun sang que l'allemand, sans aucune autre ethnie, aucun autre peuple que l'Allemand. Si l'on m'expulse de ma terre allemande, je continuerai à être allemand, et rien n'y changera [...] Mes ancêtres et moi-même, nous nous sommes nourris de la terre allemande et de l'esprit allemand [...] et nous n'avons eu aucune pensée qui ne fût pour l'Allemagne et allemande [...] » (Walter Rathenau, *Correspondance*, 1916, cité par Michael Löwy, « L'Europe centrale de la fin du XIXe siècle jusqu'à la Seconde Guerre mondiale », in *Mille ans de cultures ashkénazes*, *op. cit.*, p. 231 [3]).

1. Voir la dernière œuvre — inachevée — de Schönberg, *Survivant de Varsovie*.

2. Les savants et intellectuels juifs fuient l'Allemagne et l'Autriche à partir de 1933 : Roth meurt en exil à Paris, en 1939, emporté par l'alcool. Stefan Zweig se suicide au Brésil en 1942. Einstein et Schönberg se réfugient aux États-Unis, Freud à Londres.

3. W. Rathenau devint ministre des affaires étrangères sous la République de Weimar et fut assassiné par l'extrême droite en 1922.

Le questionnement identitaire

« Pourrais-tu me dire aussi qui je suis en fait. Dans le dernier numéro de *Die Neue Rundschau*, on parle de *La Métamorphose*, on la récuse pour des raisons sensées et on dit à peu près : "L'art de K. comme conteur a quelque chose de foncièrement allemand." En revanche, dans l'article de Max [Brod] : "Les récits de K. font partie des documents les plus juifs de notre temps." Un cas difficile. Suis-je un écuyer de cirque monté sur deux chevaux ? Malheureusement, je n'ai rien d'un écuyer, je gis par terre » (Franz Kafka, lettre à Felice Bauer, cité par Enzo Traverso, *Les Juifs et l'Allemagne. De la « symbiose judéo-allemande » à la mémoire d'Auschwitz*, La Découverte, coll. Textes à l'appui, 1993, p. 9).

« Juif sans Dieu », ainsi se qualifie Freud en 1918. Plus tard, il développe ainsi sa définition : « qui ne comprend pas la langue sacrée, qui est étranger à la religion des pères (comme à toute autre), qui ne peut partager les idées nationalistes et qui cependant n'a jamais nié l'appartenance à son peuple, qui éprouve sa particularité comme juive et qui ne la veut pas autre » (Sigmund Freud, préface à l'édition hébraïque de *Totem et tabou*, cité par Enzo Traverso, *op. cit.*, p. 27).

En Grande-Bretagne et en France, les Juifs sont moins nombreux qu'en Europe centrale : 65 000 Juifs sont établis dans les îles Britanniques en 1880 ; le flux migratoire issu d'Europe orientale porte leur nombre à 300 000 en 1914. Au tournant du XXe siècle ils sont environ 130 000 en France, parmi lesquels 60 000 Juifs d'Algérie, français depuis 1870, et des immigrants venus d'Europe de l'Est et de l'Empire turc.

En France l'émancipation ne connaît pas les restrictions qui barrent la route aux élites juives en Europe centrale[1]. L'attachement des Juifs à la France est un acte de reconnaissance, renforcé à la fin du XIXe siècle par la conviction que les idéaux universalistes de la République (Liberté, Égalité, Fraternité) sont en pleine harmonie avec l'éthique juive. Les citoyens français de confession israélite peuvent donc affirmer leur appartenance à la nation et à la culture françaises, leur amour de la patrie. Le principe de la laïcité de l'État relègue le judaïsme comme les autres cultes dans la sphère de la vie privée.

La Réforme, après une brève percée en Angleterre et en France, exerce finalement une influence réduite ; les autorités rabbiniques adoptent un judaïsme en principe orthodoxe, mais modéré, tout en concédant certaines mesures aux libéraux (présence d'un orgue dans certaines synagogues en France...)[2].

Le judaïsme français

Dans son livre *L'étrange défaite* rédigé en 1940, l'historien et résistant Marc Bloch (1886-1944) se présente : « Je suis Juif, sinon par la religion, que je ne pratique point, non plus que nulle autre, du moins par la naissance. Je n'en tire ni orgueil ni honte, étant, je l'espère,

1. La IIIe République (1875-1940) accueille largement les Juifs dans la haute fonction publique. Toutefois certains secteurs (armées, affaires étrangères) les promeuvent avec réticence aux postes les plus élevés.

2. En France, les Réformés forment néanmoins en 1907 l'Union libérale qui inaugure sa synagogue rue Copernic à Paris.

assez bon historien pour n'ignorer point que les prédispositions raciales sont un mythe et la notion même de race pure une absurdité [...]. Je ne revendique jamais mon origine que dans un cas : en face d'un antisémite. Mais peut-être les personnes qui s'opposeront à mon témoignage chercheront-elles à le ruiner en me traitant de "métèque". Je leur répondrai, sans plus, que mon arrière-grand-père fut soldat, en 93 ; que mon père, en 1870, servit dans Strasbourg assiégée ; que mes deux oncles et lui quittèrent volontairement leur Alsace natale, après son annexion par le IIe Reich ; que j'ai été élevé dans le culte de ces traditions patriotiques, dont les israélites de l'exode alsacien furent toujours les plus fervents mainteneurs ; que la France, enfin, dont certains conspireraient volontiers à m'expulser aujourd'hui et peut-être (qui sait ?) y réussiront, demeurera, quoi qu'il arrive, la patrie dont je ne saurais déraciner mon cœur. J'y suis né, j'ai bu aux sources de sa culture, j'ai fait mien son passé, je ne respire bien que sous son ciel, et je me suis efforcé, à mon tour, de la défendre de mon mieux. »

Marc Bloch, *L'étrange défaite*,
Gallimard, coll. Folio Histoire, 1990.

L'étude du judaïsme est active en France mais elle n'a pas l'éclat de la culture judéo-allemande. Elle est le fait d'universitaires, tels que Salomon Munk (1803-1864), titulaire de la chaire d'hébreu et d'araméen au Collège de France. Le Séminaire israélite de France, qui dispense depuis 1830 une formation modernisée aux rabbins, fonde la Société des études juives. Des écrivains et des artistes, tel Jacques Offenbach (1819-1880), participent à la vie culturelle française.

La montée de l'antisémitisme, l'affaire Dreyfus

(1894-1906)[1] et la forte présence d'immigrants de culture yiddish[2] ou séfarade renouvellent la vie juive. Des intellectuels et des artistes affirment davantage leur identité et la questionnent. Parmi les nombreux peintres et sculpteurs juifs immigrés à Paris au début du XXe siècle[3], Marc Chagall (1887-1985) et Mané-Katz (1894-1962) empruntent largement leurs thèmes à la vie traditionnelle et d'autres, groupés autour de la revue *Machmadim* (*Les Précieux*), tentent de donner naissance à un nouvel art juif. En littérature, Albert Cohen (1895-1981), issu d'une famille séfarade de Corfou, exprime le déchirement du Juif émancipé séduit par la modernité occidentale mais attaché à jamais au monde de son enfance[4].

L'affaire Dreyfus marque un tournant décisif dans la vie de certains intellectuels qui prennent alors conscience de leur judéité : elle inspire leur pensée, leur action, et les engage vers la mouvance

1. En 1894, la condamnation — sans preuves — du capitaine Alfred Dreyfus, pour espionnage au profit de l'Allemagne, déchaîne les passions antisémites avant de tomber dans l'oubli. En 1898 cependant, grâce à l'acharnement de quelques hommes convaincus de l'innocence du capitaine, l'erreur judiciaire est établie : l'affaire Dreyfus éclate, provoquant une profonde crise politique. Dreyfus est réhabilité en 1906. La victoire des « dreyfusards » est celle d'une certaine conception de la République, fille de la Révolution française, protectrice des droits de l'homme et définissant le citoyen comme un être politique au-delà de toute appartenance éthnique ou religieuse.

2. Entre 1899 et 1914, 120 000 Juifs d'Europe orientale s'établissent en Grande-Bretagne, 30 000 en France. (Ils sont environ 60 000 en Allemagne vers 1900.)

3. Sonia Delaunay, Amedeo Modigliani, Ossip Zadkine, Chaïm Soutine, etc.

4. On retrouve la même tension chez Israël Zangwill (1864-1926), écrivain et dramaturge anglais d'origine russe.

sioniste : c'est le cas de Bernard Lazare (1865-1903), journaliste et écrivain de tendance anarchiste, un des plus ardents défenseurs du capitaine Dreyfus, ou encore des poètes André Spire (1868-1966) et Edmond Fleg (1874-1963).

En retrait sur le plan intellectuel, les Juifs français et britanniques, forts de la position hégémonique de leurs États dans le monde, affirment leur leadership dans l'action internationale en faveur des communautés déshéritées et persécutées du monde musulman et de l'Europe orientale.

Tandis que les Juifs algériens sont l'objet de toute la sollicitude de leurs coreligionnaires français, les communautés du Moyen-Orient sont redécouvertes à l'occasion de l'affaire de Damas : en 1840 disparaissent un moine et son serviteur ; accusés de crime rituel, des Juifs sont arrêtés et torturés. Une mission composée de notables et de savants juifs (Moses Montefiore, Adolphe Crémieux, Salomon Munk...) se rend sur place. Elle obtient la libération et la réhabilitation des personnes incarcérées, ainsi qu'un édit du sultan proclamant l'inanité de l'accusation de meurtre rituel.

Cette affaire, parmi d'autres, conduit un groupe de jeunes intellectuels imprégnés des idéaux de la Révolution française à créer l'Alliance israélite universelle (1860) : l'AIU se donne pour but de combattre pour les droits des Juifs et leur émancipation dans le monde. Dans l'esprit de ses fondateurs, le relèvement des communautés orientales passe par l'éducation. D'où l'implantation d'un réseau d'écoles primaires et professionnelles en Algérie, au Maroc, en Tunisie, dans l'Empire turc (y compris en Palestine), en Perse, etc. Ces établissements dispensent en langue française un enseignement qui suit les programmes scolaires français. Par cette immense œuvre éducative, l'AIU contribue puissamment à exporter le modèle français au sein du judaïsme séfarade.

Les Juifs en terre d'islam de l'affaire de Damas au début du XXe siècle

À l'époque de l'affaire de Damas (vers 1840)

Quelques rares documents laissent entrevoir le dénuement des communautés juives et l'insécurité de leur existence. À Istanbul, par exemple, « leur expression a quelque chose de soumis et d'éteint qu'un Européen peut difficilement imaginer tant qu'il ne l'a pas vue [...]. Il est impossible de décrire le mépris et la haine dont font preuve les [Turcs] à l'égard du peuple juif. À peine sait-il marcher que le marmot turc qui rencontre un membre de cette nation déchue a sa part d'insultes à ajouter aux malheurs de cette race errante de parias. Même devant un ennemi aussi faible, l'opprimé n'ose se révolter, lui dont le seul nom suffit à provoquer l'injure » (Julia Pardoe, *The City of the Sultan, and Domestic Manners of the Turks in 1836*, cité par Bernard Lewis, *Juifs en terre d'islam*, Calmann-Lévy, 1986, p. 190).

L'émergence de la modernité

À la fin du XIXe siècle la pénétration occidentale dans le monde musulman en déclin (colonisation française au Maghreb, occupation britannique de l'Égypte et d'Aden, pénétration allemande dans l'Empire ottoman, etc.) s'appuie sur les minorités (chrétiennes et juives) à qui elle offre aides et protection. Il en résulte pour les Juifs une meilleure sécurité, une élévation du niveau d'instruction, un modeste relèvement économique et un progrès dans les statuts juridiques : en Algérie par exemple, les Juifs obtiennent la nationalité française en 1870. Le judaïsme en terre d'islam, soit 500 000 personnes environ de l'Afrique du Nord à l'Asie centrale, sort alors de son immobilité et de son effacement, au prix d'une rupture avec son environnement social et culturel. S'il ne redevient pas créateur de culture comme il l'avait été au Moyen Âge, il s'ouvre néanmoins aux influences extérieures juives et non juives. Du Maroc au Moyen-Orient émerge une élite issue des écoles de l'Alliance israélite universelle qui adopte la langue et la culture françaises. Dans l'Empire ottoman, en particulier dans l'imposante communauté de Salonique (90 000 personnes en 1908, soit plus de la moitié de la population totale), pénètre la Haskalah. La presse, en judéo-espagnol, diffuse les idées des Lumières, puis introduit le sionisme et le socialisme.

La montée des nationalismes et ses menaces

Après la Première Guerre mondiale, les Juifs se heurtent à la montée du nationalisme en Grèce et dans la jeune république turque : la politique et les campagnes de presse antijuives, ainsi que des violences populaires sporadiques induisent un mouvement d'émigration.

Le nationalisme arabe rejette les Juifs (comme les chrétiens) en raison de ses liens privilégiés avec l'Occident. L'antisémitisme moderne prend le relais de la haine et du mépris traditionnel à contenu surtout religieux : ainsi, en 1927 au Caire, la première édition arabe des *Protocoles des Sages de Sion* remporte un prodigieux succès.

Analysant le judaïsme d'Europe occidentale et centrale, de l'émancipation au début du XXe siècle, certains historiens contemporains concluent à un judaïsme assimilé[1] — qualification qui présente une connotation nettement péjorative. Mais le terme d'assimilation — même s'il est utilisé par les protagonistes de l'époque — rend-il compte de la réalité ?

Certes, dès le XIXe siècle, l'émancipation s'accompagne de l'acculturation des Juifs : ils adoptent la langue et la culture de la nation dont ils sont citoyens ; la connaissance du judaïsme se trouve confinée dans d'étroits milieux rabbiniques ou érudits. Parallèlement, un processus de sécularisation transforme la vie juive : les actes et les pensées des individus ne se situent plus dans la dimension religieuse mais sont dictés par la culture non juive et les conditions sociales. La pratique religieuse accuse un net recul.

Mais si assimilation signifie perte de toute identité juive, abandon de tout signe d'appartenance au groupe et donc dilution dans la nation-hôte, on répondra à la question posée par la négative. En effet, les Juifs émancipés conservent un ensemble de références au judaïsme et ne rompent pas avec lui. En France, on constate dans la plupart des familles la conservation du patronyme, le maintien fréquent d'un prénom juif, même s'il est accolé en seconde position au prénom français ; une conscience de groupe et un sentiment de responsabilité à l'égard des coreligionnaires se perpétuent. Dans toute l'aire de l'émancipation prédomine le mariage endogame, et le recul de la religiosité n'exclut pas la célébration

1. Voir par exemple Gérard Nahon, « Histoire du peuple juif », *op. cit.*

des principales fêtes. Quant aux conversions, elles sont peu nombreuses en France[1], moins fréquentes qu'on ne l'a prétendu en Allemagne (20 000 cas au XIXe siècle) et en Autriche.

Le terme d'intégration rend mieux compte de la position du judaïsme émancipé. L'intégration paraît plus conflictuelle dans les pays germaniques où les barrières juridiques ne tombent que lentement, où l'identification des Juifs à l'Allemagne — passionnément affirmée — se heurte à la conception allemande de la nation comme communauté de langue, d'histoire, de sang et bientôt de race, où l'antisémitisme conquiert de solides bastions institutionnels (université, armée) et politiques. En France, la nation repose sur le libre consentement des citoyens, sur leur adhésion aux valeurs universelles de la République ; l'appartenance ethnique ou religieuse étant reléguée à l'arrière-plan, voire suspectée, l'insertion des Juifs y est plus aisée. L'heureuse conclusion de l'affaire Dreyfus légitime la confiance des israélites français dans les institutions républicaines et renforce leur engagement à les défendre[2].

Judaïsme intégré donc, mais en crise car à la recherche d'une nouvelle définition, d'un reposition-

1. Quelques exemples célèbres : l'actrice Sarah Bernhardt (1844-1923), le poète Max Jacob (1876-1944) qui, considéré comme juif par les Allemands, meurt à Drancy quelques jours après son internement.

2. Pour beaucoup d'intellectuels juifs, tels Léon Blum (1872-1950), le sociologue Émile Durkheim (1858-1917), le philosophe Victor Basch (1863-1944), la défense du capitaine Dreyfus s'identifie avec celle de la République. Ils ne sont pas mobilisés en tant que Juifs mais en tant que citoyens attachés à des valeurs politiques universelles. Leur combat se prolonge dans l'engagement politique : Blum au Parti socialiste, Basch et Durkheim à la Ligue des droits de l'homme fondée en 1898.

nement au sein des nations. L'isolat communautaire a éclaté ; pour les Juifs émancipés, la représentation du judaïsme comme « nation sainte », séparée, exilée de Sion jusqu'à l'avènement du Messie, a vécu. Le judaïsme est-il une culture fossile, un objet d'étude puisque la tradition vivante tend à disparaître ? La spécificité juive se réduit-elle à la confession religieuse, dans la mesure où les Juifs ont adopté la culture de la nation-hôte en même temps qu'ils ont acquis la citoyenneté ? Cette doctrine — dominante — est résumée par le grand rabbin Liber : « [...] les Juifs sont devenus des citoyens comme les autres — c'est ce qu'on appelle l'émancipation — et ils doivent naturellement ressembler à leurs concitoyens — c'est ce qu'on appelle l'assimilation — pour tout ce qui n'est pas leur religion, car le judaïsme est essentiellement une religion et se conserve à ce titre[1]. » Pour une minorité d'intellectuels, les Juifs forment une nation, au sens moderne du terme, qui doit chercher à renaître dans le cadre d'un État — l'émancipation l'ayant conduit à une impasse (voir chapitre IV).

Mais cette quête de définition est tout sauf un libre exercice, car, dans toute l'aire de l'émancipation, les principales forces politiques positionnent elles-mêmes la minorité juive : la tradition des Lumières, de la révolution de 1789 et de la République française demande l'effacement du particularisme juif au sein de la nation en échange de l'émancipation : devenu un citoyen égal aux autres, le Juif doit devenir un citoyen semblable aux autres.

1. Cité par Régine Azria, « Esquisse de l'histoire du peuple juif. La France », in *Dictionnaire encyclopédique du judaïsme*, *op. cit*.

Les droites nationalistes et antisémites, au contraire, construisent une identité juive mythologique, mettent en avant une altérité — entièrement négative — contre laquelle la nation se soude.

De l'antijudaïsme religieux à l'antisémitisme moderne

La permanence de l'antijudaïsme religieux

En 1840, au plus fort de l'affaire de Damas (voir p. 118), Adolphe Thiers, chef du gouvernement, accrédite la thèse du meurtre rituel, appuyé par la presse catholique. *L'Ami de la religion* propose un « témoignage » du meurtre du père Thomas : « Une fois les préparatifs finis, cette réunion de bourreaux diaboliquement religieuse se jette sur la victime, l'étend sur une natte et le plus pieux d'entre eux [...] se mit à lui scier la gorge et à faire couler le sang dans un vase destiné à le recevoir. La victime ayant expiré, le sang fut mis dans une bouteille et envoyé au grand rabbin [...]. »

Au XXe siècle, en Europe orientale, la haine antijuive garde encore une forte dimension religieuse, comme en témoigne, en Russie, l'affaire Beylis (1911-1913), un procès pour « meurtre rituel ».

Les premiers socialismes et le renouvellement de l'antijudaïsme économique

La place éminente de certains Juifs dans la banque, l'industrie ou le commerce réactualise l'identification médiévale du Juif à l'argent et semble autoriser l'équation judaïsme = capitalisme. Cette identification court dans une grande partie de la littérature socialiste au XIXe siècle. Elle est centrale dans *La question juive* du jeune Karl Marx (1843) qui s'y montre néanmoins un partisan résolu de l'émancipation, contrairement à certains socialistes français. Pour Charles Fourier (1772-1837) l'émancipation est une mesure honteuse : le Juif est un concurrent économique, toujours victorieux parce que malhonnête, et le judaïsme une secte ennemie des chrétiens. On retrouve une haine comparable chez Pierre Joseph Proudhon (1809-1865), qui mêle critique de la religion juive et accusation de parasitisme : « Le Juif est par tempérament antiproducteur, ni agriculteur ni industriel, pas même vraiment commerçant. C'est un entremetteur toujours frauduleux et parasite [...]. » Dans ses *Carnets*, il envisage l'expulsion ou l'extermination de ce qu'il appelle la « race » juive.

L'invention de l'antisémitisme

La référence à une « race » juive annonce le nouvel avatar de la haine antijuive : l'antisémitisme racial. Le mot « sémite » est forgé en 1781 par un linguiste allemand pour désigner une famille de langues (hébreu, araméen, arabe...). En 1873, le mot « antisémite » apparaît dans le pamphlet de Wilhelm Marr, *La victoire du judaïsme sur le germanisme*. Entre ces deux dates sont intervenues d'importantes découvertes scientifiques : la parenté entre les principales langues européennes et le sanscrit en linguistique, en biologie les théories de Darwin sur l'évolution des espèces et la sélection naturelle.

Aux travaux scientifiques succèdent les dérives de la pensée. Glissant de la langue à la race, du constat des différences au verdict de l'inégalité, des auteurs, tel Joseph Arthur de Gobineau (1882-1916), exaltent les vertus de la « race » indo-européenne, ou aryenne, et lui opposent fréquemment l'infériorité de la « race » sémite. L'appartenance à une race est censée déterminer tous les caractères d'un individu et d'une civilisation. Le « darwinisme social » discourt sur l'aptitude des races les mieux douées à triompher dans la « lutte pour la vie » et à dominer les plus faibles. Ces doctrines qui imprègnent les milieux intellectuels et scientifiques, surtout en Allemagne, constituent une véritable révolte contre l'héritage des Lumières et l'idéologie démocratique. Elles construisent l'image d'une « race juive » à travers des publications au succès parfois immense : *La France juive*, d'Édouard Drumont (1886), *Les Protocoles des Sages de Sion* rédigés à l'instigation de la police tsariste (1903), *Mein Kampf* d'Adolf Hitler (1923).

La « race juive » se définit par un ensemble de caractères physiques et moraux : laideur, odeur tenace, immoralité. Cosmopolite, le Juif est nécessairement un traître, un espion ou un révolutionnaire internationaliste. L'influence de la « race juive » est décrite comme considérable, néfaste, corruptrice : les Juifs ont fait main basse sur les États dont ils sont citoyens et ourdissent une conspiration à l'échelle internationale qui fera d'eux les maîtres du monde.

Un autre judaïsme : le monde yiddish. Vers la constitution d'un judaïsme national

Si les Juifs émancipés vivent en Europe centrale et occidentale, les masses juives, elles, sont à l'est. Depuis les partages de la Pologne [1], elles se trouvent essentiellement dans l'Empire russe, en Galicie (Autriche-Hongrie) et en Roumanie : soit environ 2 millions de personnes vers 1825, plus de 6 200 000 à la fin du XIXe siècle, qui forment la *yiddishkeit*, c'est-à-

1. Après les partages de 1772, 1793, 1795, la Pologne disparaît au profit de la Prusse, de l'Autriche et de la Russie.

dire l'aire culturelle yiddish[1]. Les communautés russe et roumaine restent soumises à une législation particulière, répressive et humiliante.

Depuis la fin du XVIIIe siècle la Russie administre la communauté juive la plus nombreuse du monde. Influencés par les Lumières et le modèle autrichien (voir p. 78), Catherine II (1762-1796) et Alexandre Ier (1801-1825) amorcent une politique d'intégration. Mais l'autocratie tsariste n'envisage qu'une intégration autoritaire, de plus en plus répressive et brutale, qui s'inscrit dans le cadre général de la politique de russification des peuples allogènes de l'Empire (Polonais, Baltes, Kazakhs, etc.).

En 1804, Alexandre Ier promulgue le premier statut des Juifs. Il prévoit l'admission des Juifs dans les écoles russes, polonaises et allemandes ; il soumet le maintien des établissements scolaires juifs à l'adoption de ces langues pour l'enseignement et subordonne à leur pratique l'exercice des fonctions rabbiniques et la participation aux élections municipales ; l'usage de l'hébreu et du yiddish est interdit pour la rédaction des actes officiels. En même temps, le statut fixe les limites de la zone de résidence en dehors de laquelle l'implantation des communautés n'est pas autorisée. À l'intérieur même de la zone, il interdit aux Juifs d'habiter les villages et de vendre des boissons alcoolisées aux paysans. Sous couvert de lutte contre l'alcoolisme, ces mesures visent à casser les puissantes positions économiques que détiennent les Juifs dans l'économie rurale polonaise. L'expulsion des campagnes est tardivement et diversement appliquée.

1. La Hongrie, région intermédiaire entre le judaïsme acculturé de l'Ouest et le judaïsme de l'Est, compte aussi des communautés de langue yiddish.

Nicolas Ier (1825-1855) réduit la zone de résidence, ordonnant en particulier l'expulsion des Juifs de Kiev en 1827. Mais surtout, il étend aux Juifs l'obligation du service militaire afin de hâter leur assimilation et leur conversion[1]. Contrairement aux autres sujets de l'Empire, recrutés entre dix-huit et vingt-cinq ans, les Juifs sont enrôlés à partir de douze ans : ils subissent les pires brimades destinées à obtenir leur conversion. De plus, en 1844, le tsar casse l'autonomie communautaire en abolissant l'institution du *kahal* (voir p. 68) et prohibe le port des papillotes[2]. Des écoles russes dont les enseignants ne sont pas tous juifs, et deux séminaires rabbiniques sont ouverts par le gouvernement à destination de la jeunesse. On en attend l'émergence d'une élite capable d'encadrer un judaïsme contrôlé, soumis et compatible avec la russification[3].

Pendant les années réformatrices d'Alexandre II (1855-1881)[4], les Juifs bénéficient d'un assouplissement de la législation. Mais après l'assassinat du tsar par des révolutionnaires, ils entrent dans la période la plus sombre de leur histoire : le triomphe de la réaction s'accompagne d'un antisémitisme érigé en politique d'État. Il s'agit, pour Alexandre III (1881-1894) et Nicolas II (1894-1917), de détourner contre les Juifs le profond mécontentement de la population. Leur inscription aux universités est étroitement contingentée ; déjà exclus de la fonction

1. Les Juifs en étaient jusque-là exemptés moyennant le paiement d'un impôt.
2. Cheveux des tempes qui pendent en mèches car la tradition interdit de les couper.
3. En fait, c'est une élite de Juifs modernes, promoteurs des Lumières, qui sortira de ces écoles (p. 133).
4. Alexandre II abolit le servage, réforme l'administration et la justice, développe l'enseignement.

publique, ils voient se restreindre leurs possibilités d'accès à d'autres professions. La zone de résidence est rétrécie, des autorisations exceptionnelles de résider dans des villes interdites sont annulées ; les accusations de meurtre rituel resurgissent ; des flambées de violence, les pogroms [1], éclatent, souvent à l'instigation du gouvernement ou de milieux proches de la cour ; ils ensanglantent les communautés (1881-1884, 1903-1906).

Sous influence russe, l'État roumain surpasse peut-être son puissant voisin : considérés par la Constitution comme des « étrangers non soumis à une protection étrangère » (1879), les Juifs sont exclus des écoles ou admis à grand-peine, expulsés du pays par simple décret administratif ; de nombreuses professions leur sont interdites. Une série de pogroms éclatent en 1907.

La paupérisation des masses juives de l'Est accompagne l'insécurité croissante de leur existence. La structure socio-professionnelle des communautés s'est modifiée depuis le XVIIIe siècle. Évincés des campagnes, les Juifs vivent principalement dans les bourgs, en yiddish les *shtetles* [2], et les grandes villes. Les expulsions, la terreur antisémite et la concurrence du nouveau capitalisme industriel plongent la grande majorité d'entre eux dans la misère. Ils sont relégués dans le commerce local (boutiquiers, colporteurs) et le petit artisanat. L'artisan travaille généralement avec un ouvrier ou un apprenti — la différence de condition entre eux étant insignifiante.

1. Nom russe qui signifie littéralement : destruction totale.
2. Nom yiddish, au singulier *shtetl*, qui signifie : petite ville. Un *shtetl* compte de 3 000 à 10 000 ou 20 000 habitants, selon les auteurs. Dans certains, la majorité de la population est juive.

FIGURE 6

La *yiddishkeit* à la fin du XIXe siècle

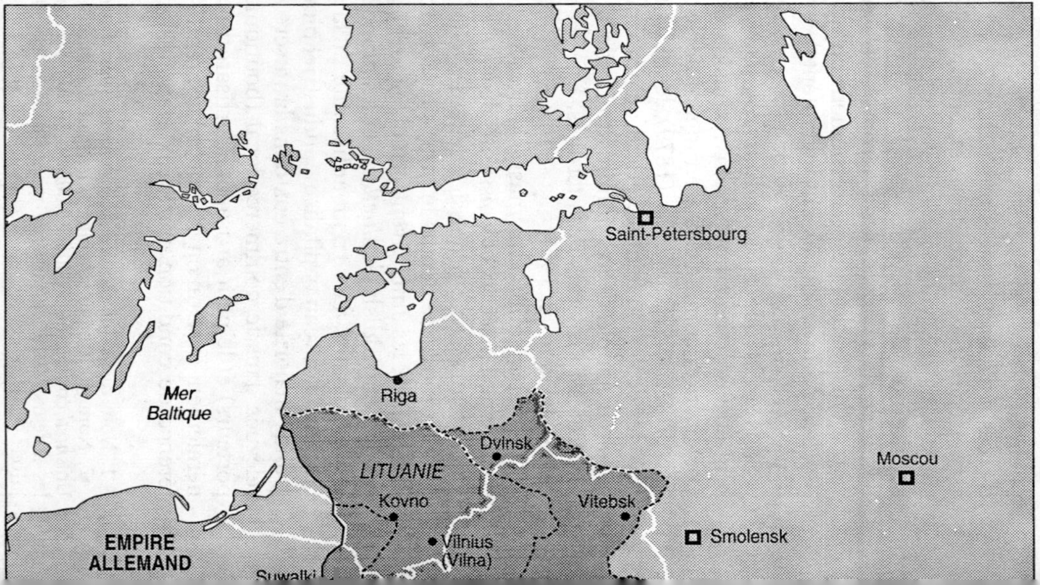

Grodno
Minsk
Moghilev
Lomza
Plotsk
Varsovie
Bialystok
BIELORUSSIE
Kalisz
Lodz
Brest
Pinsk
Gomel
POLOGNE
Kursk
Czestochowa
Radom
Lublin
Tchernikov
Kielce
EMPIRE RUSSE
Cracovie
GALICIE
Jaroslav
Lemberg
Kiev
Jitomir
Berditchev
Karkov
HONGRIE
UKRAINE
Krementchoug
EMPIRE
AUSTRO-HONGROIS
Elisabetgrad
Jekaterinoslav
BESSARABIE
Iasi
NOUVELLE RUSSIE
Zone de résidence imposée par les Russes au XIXe s.
Kichinev
Kherson
MOLDAVIE
Principales communautés juives
Odessa
Mer d'Azov
Galati
Mer Noire
Villes interdites aux juifs sur ordre de Nicolas 1er (règne de 1825 à 1855)
ROUMANIE
Bucarest
Sébastopol
VALACHIE
Yalta
Les traits blancs représentent les frontières actuelles.
0
250 km

La formation d'un véritable prolétariat juif se limite à quelques secteurs industriels (tabac, textile, alimentation). Le nombre des *luftmentshn* [1], ceux qui vivent sans domicile ni occupation fixe, s'accroît (17 %).

L'écart se creuse entre cette masse appauvrie, sans avenir, et une élite restreinte. Les professions libérales n'occupent que 5 % des Juifs [2], tandis qu'a émergé un groupe de banquiers et d'entrepreneurs modernes dans les secteurs des chemins de fer, du pétrole, de l'industrie sucrière.

Si les nouvelles conditions politiques, économiques et sociales modifient le judaïsme de l'Est, les courants idéologiques qui le traversent renouvellent sa physionomie de façon plus frappante encore et témoignent de son étonnante vitalité.

Le judaïsme traditionnel est transformé par l'essor fulgurant du hassidisme (voir p. 77) qui gagne la majorité des populations juives d'Europe orientale : vers 1850, les *hasidim* sont majoritaires en Ukraine, Pologne centrale, Galicie et constituent de fortes minorités en Hongrie et Biélorussie. La dynastie des rabbins de Loubavitch [3] connaît un vif rayonnement. L'opposition entre le hassidisme et le judaïsme rabbinique s'atténue progressivement. Finalement, l'union des deux courants religieux s'impose devant l'arrivée d'un ennemi commun : la

1. Mot yiddish qui signifie littéralement : homme qui vit d'air.

2. Les pourcentages avancés proviennent du recensement de 1897. Voir Claudie Weill, « Dans l'Empire tsariste, des partages de la Pologne à la révolution d'Octobre », in *Mille ans de cultures ashkénazes*, *op. cit.*

3. Loubavitch est le nom du village de Russie où réside la dynastie jusqu'en 1917. La cour hassidique s'établira ensuite à Leningrad, puis Riga, Varsovie, enfin New York en 1940.

philosophie des Lumières, la Haskalah. Importée d'Allemagne dans la première moitié du XIXe siècle, ses objectifs sont conformes à la pensée des disciples de Moïse Mendelssohn : l'émancipation intellectuelle des Juifs par leur ouverture à la culture occidentale et leur intégration à la société environnante. Le combat est donc d'abord porté sur la question scolaire : les *maskilim* mènent une réflexion sur la rénovation de l'enseignement par l'introduction de disciplines non religieuses (langues russe et allemande, sciences, histoire et géographie).

La question linguistique est l'autre débat fondamental des Lumières en Europe orientale. En quelle langue exprimer les idées et la culture nouvelles ? Amplifiant la renaissance de la langue hébraïque amorcée en Allemagne, certains penseurs et écrivains choisissent d'écrire en hébreu : ils veulent, à travers cette langue prestigieuse, renouer avec la grandeur antique d'Israël pour rendre fierté et dignité aux Juifs opprimés. Cependant, une partie de l'étroite intelligentsia juive qui a accédé aux écoles et aux universités russes sous le règne d'Alexandre II cherche à diffuser la langue et la culture russes dans l'optique d'une intégration qui paraît alors possible. Mais s'exprimer en hébreu ou en russe, c'est se condamner à ne toucher qu'une minorité de Juifs. C'est pourquoi certains *maskilim* adoptent le yiddish, transformant par là même leurs idées en mouvement populaire. Ainsi le yiddish, considéré avant tout comme un outil de communication orale, méprisé par la Haskalah allemande, perçu comme la langue de l'exil, de la déchéance ou de l'obscurantisme, devient paradoxalement le véhicule de la modernité et de la lutte pour l'émancipation. Il se mue en langue littéraire et journalistique, en espace d'expression où se rencontrent intellectuels et milieux populaires.

En trois langues donc, les Lumières génèrent une vie culturelle intense qui rompt avec la production intellectuelle antérieure à caractère essentiellement religieux : cette sécularisation de la culture ne s'accompagne d'aucun processus massif d'intégration à la société environnante, d'aucune dilution de l'identité juive. C'est par là que la Haskalah de la *yiddishkeit* se sépare du mouvement allemand : elle se saisit de la modernité pour féconder une culture nouvelle, laïcisée, mais toujours spécifiquement juive.

Dans leurs journaux et leur production littéraire, les *maskilim* livrent bataille contre la discrimination et l'oppression. Ils engagent une lutte tout aussi sévère contre la domination des rabbins et des notables au sein des communautés : un courant littéraire se livre à la satire des rabbins accusés d'exploiter la piété du peuple, de le maintenir dans l'ignorance et l'obscurantisme, d'entraver son bonheur par une application rigoriste et aveugle de la législation. Ainsi le poète Yehoudah Loeb Gordon (1830-1892) raconte le malheur d'une jeune femme qui ne peut se remarier avec l'homme qu'elle aime. Son époux, en effet, un talmudiste érudit antipathique et intéressé, a disparu en mer alors qu'il se rendait en Amérique. Sa mort ne peut être prouvée. Avant son départ, il avait bien accordé à son épouse — contre argent — le divorce. Mais l'acte est nul car, en signant, il a oublié une lettre de son nom ! Pour le rabbin, l'héroïne, ni veuve ni divorcée, n'a pas droit au remariage[1].

1. D'où le titre du poème, « La queue du yod ». Le yod est une lettre de l'alphabet hébraïque.

Cependant, avec le durcissement du tsarisme et les pogroms de 1881, les perspectives d'intégration sociale et d'émancipation progressive qui portaient le mouvement des Lumières s'évanouissent. La Haskalah laisse place à de nouvelles recherches intellectuelles et à une radicalisation du combat politique. Les Juifs assimilent et refaçonnent les idéologies venues de l'Ouest, l'idée nationale et le socialisme.

La littérature affirme son ancrage dans le patrimoine juif. Les auteurs renouvellent et magnifient l'hébreu et le yiddish, redécouvrent les trésors de la tradition.

Mendélé Mokher Seforim (1836-1917) est considéré comme le fondateur de la littérature yiddish moderne. Ses premiers romans véhiculent les thèmes de la Haskalah. Ainsi, dans *Les voyages de Benjamin III*, il raille le monde clos, immobile et misérable du *shtetl.* Sa protestation s'élève ensuite contre les persécutions tsaristes. Mendélé réécrit souvent ses œuvres en hébreu — un hébreu qui emprunte à la langue des poètes médiévaux, de la littérature rabbinique et des traités kabbalistiques[1]. Isaac L. Peretz (1852-1915) compose des poèmes, des nouvelles (*Contes populistes, Contes hassidiques*), des pièces de théâtre (*La chaîne d'or, La nuit sur le vieux marché...*) en hébreu et surtout en yiddish. Engagé dans le mouvement des Lumières, puis proche des socialistes, il est cependant attiré par le mysticisme et le fantastique : d'où sa redécouverte du folklore juif et du hassidisme. Mais l'auteur le plus populaire de l'époque est Sholem

1. Parmi les œuvres les plus connues de Mendélé, on peut citer *Fishke le Boiteux, L'homoncule, L'anneau magique, La dîme...*

Aleikhem (1859-1916). Ses œuvres (*Tevie le Laitier, Menahem-Mendl...*) décrivent avec humour et tendresse la société juive en plein bouleversement. Au-delà des héros et de leurs aventures, c'est la langue yiddish — savoureuse, émouvante, maniée avec une inimitable virtuosité — qui est au centre de sa création.

En hébreu s'illustre le grand poète Hayyim Nahman Bialik (1873-1934) qui chante l'amour renaissant de Sion, la tension entre la tradition et les attraits de la vie sécularisée ; le pogrom de Kichinev (1903) lui inspire le célèbre poème « Dans la ville du massacre[1] ».

Dans la ville du massacre

[...] Lève-toi et va dans la ville du massacre,
Et tu verras de tes yeux et tu palperas de tes mains,
Sur les haies et les murs, les arbres et les pierres,
Du sang coagulé et des cervelles durcies.
Et tu traverseras les ruines et les décombres,
Et les murs éventrés et les fours assommés,
Là où la hache creusa, amplifia les trous et les brèches,
Pareils à des plaies béantes, noires, incurables...
Et tu passeras, plongeant les pieds dans les plumes,
Butant contre des tas de bris et de débris,
Trébuchant sur des hécatombes de livres et de parchemins... [...]

Et tu monteras dans les mansardes sombres
Et tu demeureras là dans l'obscurité...
La frayeur de la mort plane encore sur les ombres,
De tous les trous jaillissent des yeux

1. Bialik émigrera en Palestine en 1924.

Qui posent sur toi un regard silencieux...
Ce sont les esprits des martyrs
Accroupis dans ce coin-là, sous le plafond bas...
Là, l'arme les avait atteints,
Ils y reviennent pour sceller de leur regard
Toute la douleur de leur mort inutile,
Toute la détresse de leur existence.
Ils s'y cramponnent en tremblant, et, dans leur cachette,
Ils protestent, leurs yeux demandent : pourquoi ?...
Mais qui, sauf Dieu, pourrait supporter un tel silence ?...

Et tu lèveras les yeux au toit...
Même les tuiles sont attentives...
Et tu interrogeras les araignées,
Ces témoins oculaires et vivants.
Elles te diront ce qui se passa :
L'histoire du ventre ouvert et rembourré de plumes,
L'histoire des narines et des clous,
L'histoire des crânes et des marteaux,
L'histoire des pendus sur des poteaux,
L'histoire du nourrisson trouvé tétant encore
Le sein refroidi de sa mère morte transpercée,
L'histoire, enfin, de l'enfant écartelé
Qui cria : « Maman ! » en expirant...
Et d'autres histoires horribles, de quoi ronger
Ton âme et ton cerveau pendant toute la vie...
Mais tu résisteras, tu étoufferas dans ta gorge ton cri,
Tu le refouleras avant qu'il n'éclate, et tu sortiras :
Voici la terre vivre comme à son habitude.

Bialik, *Poèmes hébraïques*,
trad. par O. Camhy, Paris, 1938,
cité par Renée Neher-Bernheim,
Histoire juive. De la Renaissance à nos jours,
t. II, Klincksieck, 1974, p. 357-358.

Au tournant du XXe siècle naît la recherche ethnographique dont la nécessité s'impose devant la disparition inéluctable de la culture populaire traditionnelle, essentiellement orale. S. An-Ski (1863-1920)[1] conduit en 1911 la première expédition visant à collecter œuvres d'art, objets de culte, croyances religieuses marginales, légendes populaires. Fondateur de l'ethnographie juive en langue yiddish, il est aussi l'auteur d'une pièce de théâtre passée à la postérité, *Le Dibbouk* (1920)[2].

Dans la même période, une remarquable école historique poursuit des recherches sur le judaïsme d'Europe orientale. Parmi les ouvrages et les revues — en yiddish, hébreu, russe et polonais — s'impose la monumentale *Histoire universelle du peuple juif* de Simon Doubnov (1860-1941).

Une telle production intellectuelle implique et nourrit une véritable conscience nationale. La *yiddishkeit*, qui dispose d'une culture spécifique, d'une langue de communication et d'une forte assise démographique, se définit désormais comme une nation au sens moderne, laïc du terme. En cela, elle récuse de façon radicale les options des communautés juives d'Europe occidentale et centrale.

La dynamique culturelle est inséparable du combat politique : l'année 1897 symbolise la triple forme que revêt la revendication d'existence nationale. C'est l'année du premier Congrès sioniste : le but du mouvement est la création d'un État-nation pour les Juifs sur l'antique terre d'Israël (voir chapitre IV). La Russie sera l'épicentre du sionisme

1. Engagé dans le mouvement révolutionnaire russe, An-Ski fut député socialiste-révolutionnaire à la Douma, puis à l'Assemblée constituante de janvier 1918.

2. *Le Dibbouk* a été adapté au cinéma en 1938 par le réalisateur Michael Waszynski.

jusqu'au début des années 20, relayée ensuite par la nouvelle Pologne[1].

Cependant, la volonté d'exister en tant que nation emprunte aussi une autre voie, celle de l'autonomisme. En 1897, Simon Doubnov publie ses *Lettres sur l'ancien et le nouveau judaïsme*. Bouleversant les idées contemporaines qui admettent l'État-nation comme le cadre idéal de l'existence nationale, il voit au contraire dans le dépassement de ce cadre l'accomplissement suprême de la vie nationale. Ce shéma fait de l'existence diasporique non plus une déchéance mais la phase la plus élevée de l'histoire juive. Car les Juifs ne sont plus liés, comme dans l'Antiquité, par leur concentration territoriale sous l'autorité d'un État, mais par une réalité bien supérieure, la volonté consciente de former un peuple. Dès lors, comment organiser l'autonomie juive ? Doubnov imagine dans chaque État-hôte une assemblée élue, responsable devant ses électeurs juifs, gérant les institutions éducatives, culturelles, religieuses et sociales. Des instances supranationales, également élues, légiféreraient sur l'ensemble de la diaspora.

Si l'influence de Doubnov[2] se limite à des cercles intellectuels restreints, le thème autonomiste marque de façon déterminante le socialisme juif. En 1897, plusieurs cercles marxistes juifs fondent clandestinement à Vilnius l'Union générale des travail-

1. Au lendemain de la Première Guerre mondiale (1919-1921), la Pologne est reconstituée.

2. Simon Doubnov fonde en 1907 le Parti populaire juif qui lutte pour l'égalité des droits et l'autonomie, sans rejeter le sionisme. Notons que le grand historien a péri assassiné par un nazi letton lors de la « liquidation » du ghetto de Riga en décembre1941.

leurs juifs de Lituanie, Pologne et Russie (*Algemayner Bund fun di yiddishe Arbeter fun Russland, Poyln un Lite*), communément appelée Bund. Le parti cherche à organiser le prolétariat juif en vue d'un double but : l'égalité des droits et la révolution socialiste. Les bundistes envisagent le combat à l'échelle de l'Empire, au côté des peuples qui le composent. C'est pourquoi ils jouent un rôle de premier plan dans la création du Parti ouvrier social-démocrate russe le 1er mars 1898 à Minsk (3 délégués sur 9 sont bundistes). Progressivement le Bund définit une politique nationale. Pour Vladimir Medem, un de ses principaux dirigeants, la nation est une entité culturelle et linguistique qui n'implique pas nécessairement une assise territoriale. Son programme envisage le futur État socialiste, à naître sur les ruines de l'Empire, comme une fédération de peuples. Les Juifs y seront considérés comme une nation extraterritoriale. À l'égal des autres, ils bénéficieront d'une large autonomie fondée sur des institutions spécifiques et la reconnaissance du yiddish comme langue nationale. Ces objectifs s'opposent radicalement au projet sioniste.

La révolution de 1905 démontre la force du Bund à travers l'ampleur des grèves et de l'agitation qui embrasent la zone de résidence. Elle marque cependant aussi ses limites et amorce son déclin : le prolétariat juif, dispersé dans l'artisanat ou la petite fabrique, est absent des grandes concentrations industrielles et urbaines (Saint-Pétersbourg, Moscou) qui sont les centres névralgiques de la révolution.

À partir de 1906, la répression tsariste et l'émigration affaiblissent encore le parti bundiste qui oriente ses activités vers le domaine culturel yiddish (création de sociétés musicales, de cercles d'art dramatique, de cours du soir...). Intervenant aussi, en cas de pogrom, avec ses groupes d'autodéfense, il reste un des piliers de la vie juive.

Vilnius, la Jérusalem de Lituanie, dans l'entre-deux-guerres

Vilnius, Wilno, Vilna : cette ville, successivement lituanienne, polonaise, russe, est pour les Juifs *Vilnè*, haut lieu des études talmudiques et, à partir du XIXe siècle, un des fiefs de la Haskalah, du socialisme et du sionisme.

C'est une cité prospère et cosmopolite de 250 000 habitants environ en 1910. Coexistent, sans se mêler, un peu moins de 100 000 Polonais, 63 800 Juifs (dont quelques centaines de Caraïtes), des Lituaniens, des Russes et des Tatars. De 1914 à 1920, la Vilna tsariste est ravagée par la guerre : occupée par les Allemands, revendiquée par les nationalistes lituaniens et polonais, brièvement investie par l'Armée rouge, elle est finalement annexée par la nouvelle Pologne née du traité de Versailles en 1919.

Le nationalisme polonais triomphe aux dépens des minorités qui peuplent la nouvelle république (Biélorusses, Ukrainiens, Lituaniens, Juifs) : la première entrée des troupes polonaises à Wilno s'accompagne d'un pogrom (19-21 avril 1919). L'antisémitisme, virulent et obsessionnel dans le pays, est le fait de l'Église, de la droite, de la majorité des intellectuels, de larges couches de la population et de l'État : malgré ses engagements internationaux, la Pologne applique à l'encontre des Juifs une politique de discrimination législative, de terreur — les pogroms sont un phénomène endémique — et d'asphyxie économique (boycott des entreprises, éviction de la fonction publique et de certaines professions). À Wilno l'antisémitisme se manifeste en permanence : insultes, attaques dans la rue de Juifs isolés, piquets installés devant les boutiques juives pour en interdire l'accès, organisation dans les universités de « journées sans Juifs » et mise en place de « bancs-ghettos », c'est-à-dire de places séparées pour les Juifs en 1938.

Dans ce contexte, le déclin économique brutal de Wilno — désormais décentrée dans un étroit couloir entre les frontières fermées de la Lituanie et de l'URSS — frappe particulièrement les Juifs (faillites, chômage...).

La communauté réagit par la lutte politique et culturelle, le plus souvent isolée de la société polonaise. À côté de *l'Agoudat Israël*, mouvement orthodoxe et antisioniste, recherchant le compromis avec le pouvoir, les partis politiques juifs engagent un combat énergique contre l'antisémitisme (débats parlementaires, grèves, manifestations). Vers 1936, le Bund est le plus puissant à Wilno, malgré la concurrence du parti communiste, des autonomistes et surtout des mouvements sionistes vers lesquels bascule une grande partie du judaïsme. Avec leurs sections de jeunesse et de femmes, leurs camps de vacances, leurs associations d'entraide et coopératives, leur presse, ces partis encadrent la vie juive. Des fermes collectives, fondées aux alentours de la ville, préparent à l'émigration en Palestine (premier départ de sionistes vilnois en 1920). Le développement des réseaux d'écoles est remarquable : écoles religieuses traditionnelles et modernisées, écoles laïques d'obédience socialiste (enseignement en yiddish) ou sioniste (cours en hébreu). L'hébreu et le yiddish sont désormais concurrents : l'hébreu marque la volonté des sionistes de refonder la nation juive en Israël ; ceux qui combattent pour l'autonomie nationale et culturelle d'un judaïsme essentiellement diasporique parlent yiddish. À Wilno, c'est le yiddishisme qui triomphe, dans l'édition, la presse, le théâtre et la création littéraire. Il marque aussi le YIVO (*Yidisher Visenschaftlikher Institut*), institut scientifique juif fondé en

1925, où des érudits effectuent des recherches de haut niveau sur le judaïsme passé et contemporain.

Pour beaucoup de Juifs, fuir la misère et la terreur requiert une solution immédiate : l'émigration. Ainsi se forme le plus vaste mouvement migratoire de toute l'histoire du judaïsme. Entre 1881 et 1914, plus de 2 500 000 Juifs quittent l'Europe orientale à destination de l'Europe occidentale et centrale, de la Palestine, de l'Afrique du Sud et de l'Amérique. La *yiddishkeit* se transplante principalement aux États-Unis, où la population juive passe de 250 000 personnes en 1880 à 4 500 000 en 1937[1]. Les États-Unis deviennent un pôle majeur du judaïsme.

Les immigrants s'installent surtout dans le Nord-Est (44 % vivent à New York en 1927). Ils reproduisent les caractéristiques du judaïsme est-européen : la pauvreté, la ferveur religieuse des orthodoxes, la passion des engagements politiques, surtout socialistes, et l'usage du yiddish : fondé en 1897, *Forvets*[2] est le quotidien le plus populaire dans le Lower East Side de Manhattan, le quartier juif de New York. À l'origine de la création de syndicats puissants dans les métiers de la confection, les travailleurs juifs, une fois devenus citoyens américains, apportent leurs voix aux candidats socialistes jusque dans les années 20.

1. Avant l'arrivée massive des Juifs de l'Est, le continent américain avait accueilli des séfarades d'origine portugaise et espagnole à partir du XVIe siècle, puis des achkénazes d'Allemagne à partir du premier quart du XIXe siècle.

2. Signifie « En avant ». Le titre anglais du journal est *Jewish Daily Forward*.

Les nouvelles synagogues, en majorité orthodoxes, recherchent rapidement un compromis avec la modernité américaine ; le judaïsme réformé et surtout le judaïsme conservateur, importés d'Allemagne des décennies plus tôt, gagnent en influence. En fait, les synagogues tendent à devenir des centres culturels et sociaux plus que des lieux de prière et de haute spiritualité. Les Juifs américains disposent aussi de réseaux d'écoles, de séminaires rabbiniques, d'universités, d'associations multiples.

La culture yiddish s'implante en Amérique. Le besoin de se retrouver et de se distraire explique l'extraordinaire fréquentation des théâtres (20 troupes à New York en 1918). La production d'œuvres dramatiques est cependant moins riche que la création romanesque et poétique. Joseph Opatoshu (1886-1954), Sholem Asch (1880-1957), Israël Yoshoua Singer (1893-1943) et son frère Isaac Bashevis Singer (1904-1991) poursuivent leur œuvre commencée en Europe de l'Est. Les poètes, très influencés par la culture occidentale contemporaine, engagent des recherches sur la forme. Les plus marquants sont peut-être Moïshé-Leïb Halpern (1886-1932) et H. Leivick (1888-1962).

Une promotion sociale très rapide amène l'entrée massive de la deuxième génération, née aux États-Unis, dans les classes moyennes. En 1937 à New York les Juifs représentent un quart de la population, mais 65 % des avocats et des juges, 64 % des dentistes, 55 % des médecins[1]. Certains explorent des domaines nouveaux : ils créent les grandes compagnies de production cinématographiques, la Me-

1. André Kaspi, « Aux États-Unis », in *Mille ans de cultures ashkénazes*, *op. cit.*, p. 313.

tro-Goldwyn-Mayer, la Twentieth-Century Fox et la Warner.

Cette ascension sociale s'accompagne d'un abandon des idéaux socialistes, relayés par le soutien au New Deal du président Roosevelt (1933-1938), et d'une acculturation progressive que ne freine pas la montée de l'antisémitisme dans les années 30-40. En 1930, un tiers seulement des Juifs sont affiliés à une synagogue, un quart des enfants reçoivent une instruction religieuse. Le sionisme rencontre un écho limité. La rareté des mariages mixtes (3 % en 1940) maintient la cohésion.

La communauté juive américaine n'est donc plus le simple prolongement, en Amérique, de la *yiddishkeit* d'Europe orientale. Elle se rapproche du judaïsme occidental par son mode d'insertion dans la société environnante et par un sentiment aigu de responsabilité à l'égard des Juifs défavorisés. Une association symbolise, plus que toute autre, l'aide immense apportée par les Juifs américains aux communautés d'Europe : le Joint (*American Joint Distribution Committee*)[1].

1. Les actions les plus marquantes du Joint sont les secours distribués aux victimes de la Première Guerre mondiale et des pogroms de Pologne et de Russie (1919-1921), l'assistance financière et technique apportée aux Juifs de Pologne et d'Union soviétique (1921-1933) pour leur insertion sociale et professionnelle, l'aide aux victimes du nazisme et aux survivants de la Shoah.

Le judaïsme à l'épreuve du communisme soviétique. Le piège

Depuis le XIXe siècle, des liens étroits se sont tissés entre le judaïsme et le marxisme. L'ascendance juive de Karl Marx mérite-t-elle d'être rappelée ? Doit-on interpréter le combat pour une société sans classes comme la sécularisation de l'espérance messianique ? Les intellectuels juifs, marginalisés en Europe centrale et orientale, cherchent-ils dans les valeurs universalistes du marxisme un espace où exister[1] ? Toujours est-il que nombre d'entre eux, souvent coupés de leur culture d'origine, ont lié leur destin à la social-démocratie allemande et autrichienne (Eduard Bernstein, Victor Adler...) ; certains se sont engagés dans la lutte révolutionnaire en Pologne (Rosa Luxemburg, Karl Radek), en Hongrie (Béla Kun) et en Russie (Léon Trotski, Grigori Zinoviev, Lev Kamenev...). Mais d'autres militants, fortement insérés dans la *yiddishkeit*, ont choisi le Bund. Il existe donc au sein de la mouvance marxiste deux types de militants, et surtout deux positions radicalement opposées sur la question juive : les sociaux-démocrates et les communistes prônent l'assimilation du judaïsme, les bundistes luttent

1. L'année 1890 marque un tournant décisif dans les relations entre les marxistes et le judaïsme : un article d'Engels publié dans l'*Arbeiterzeitung* (quotidien des socialistes autrichiens) condamne clairement toutes les formes d'antisémitisme. Pour la première fois, les Juifs ne sont pas identifiés au capitalisme. Au contraire, ils sont considérés comme des alliés potentiels dans la lutte pour le socialisme, et la lutte contre l'antisémitisme s'inscrit désormais comme un des combats prioritaires du mouvement ouvrier international.

pour l'autonomie nationale et le développement culturel.

Quelles que soient leurs options politiques, tous les Juifs accueillent la révolution de février 1917[1] avec un enthousiasme extraordinaire. Un des premiers décrets du Gouvernement provisoire proclame l'égalité de tous les citoyens, quelle que soit leur nationalité ou leur religion : les Juifs sont émancipés. Avec la liberté conquise, les partis et groupements juifs agissent au grand jour. Loin de se satisfaire de l'égalité civile, ils revendiquent la reconnaissance du judaïsme comme nation et l'obtention de droits nationaux, à l'égal des autres peuples, dans une Russie démocratique et fédérale. En même temps, l'opinion juive s'avère majoritairement acquise au sionisme.

Quelques mois plus tard, la révolution d'Octobre reçoit un accueil réservé, voire hostile. Le Bund condamne la prise du pouvoir par les bolcheviks et l'influence de ces derniers dans le milieu juif est presque nulle. Pourtant, pendant la guerre civile (1918-1920)[2], la communauté juive évolue vers l'adhésion au nouveau régime. Celui-ci en effet s'avère le seul rempart contre l'antisémitisme auquel s'identifie, à l'opposé, la contre-révolution. En Ukraine tout particulièrement, l'armée blanche con-

1. Mouvement spontané, la révolution de Février porte au pouvoir un Gouvernement provisoire composé de libéraux et de réformateurs qui veulent établir un régime parlementaire à l'occidentale. Le tsar abdique.

2. Elle oppose aux communistes les « Blancs » qui lancent l'offensive depuis l'Ukraine, les pays Baltes et la Sibérie. Les blancs sont appuyés par les anciens alliés de la Russie (Britanniques, Français, Japonais) qui lui reprochent le non-respect de ses engagements (en particulier la signature d'une paix séparée avec l'Allemagne à Brest-Litovsk en mars 1918).

tre-révolutionnaire déclenche une vague de pogroms d'une rare violence[1]. Les bolcheviks ripostent énergiquement par un appel à la lutte contre l'antisémitisme et par des sanctions sévères contre les pogromistes. L'élection de Yakov Sverdlov, dirigeant bolchevik juif, à la présidence de la République (novembre 1917) confirme avec éclat l'orientation nouvelle. De plus, pour reconstruire l'État et l'administration, les communistes se recrutent massivement dans l'intelligentsia juive, vaste réservoir de diplômés largement sous-employés à l'époque tsariste[2].

Dans l'esprit des communistes, le ralliement des Juifs implique la disparition de leurs organisations propres. À cette volonté centralisatrice fait écho l'enthousiasme de nombreux militants marxistes juifs pour la révolution, la conviction de son extension imminente à l'Europe et au monde. Or, si la révolution mondiale est sur le point de triompher, tout attachement à une spécificité nationale devient, selon eux, réactionnaire car elle empêche la fusion de tous les peuples dans une vaste entité internationaliste. Dans ce nouveau contexte, le socialisme juif traverse une crise profonde et se divise ; une partie significative de ses militants rejoint le parti communiste, et bientôt les organisations indépendantes disparaissent (le Bund en 1921). Les militants ralliés intègrent la section juive du PC, la *Yevsektsiya* (1918-1930) ou travail-

1. 2 000 pogroms touchent environ un million de Juifs et font entre 75 000 et 150 000 victimes. Voir Enzo Traverso, *Les marxistes et la question juive*, Kimé, 1997, p. 168.

2. En 1927, les Juifs constituent 1,8 % de la population de l'URSS. Selon un responsable communiste, ils forment 10,3 % de l'administration à Moscou, 22,6 % en Ukraine, 30 % en Biélorussie. Voir Enzo Traverso, *op. cit.*, p. 169.

lent au sein du gouvernement, au Commissariat aux nationalités dans la Division des affaires juives, le *Yevkom* (1918-1924) ; d'autres œuvrent au COMERD ou au GESERD[1], deux institutions, fondées en 1924, chargées d'organiser l'établissement des Juifs dans l'agriculture. Ces instances et leur presse incarnent le nouveau judaïsme soviétique né sur les ruines de l'ancien mouvement ouvrier juif. On y retrouve l'anticléricalisme et l'antisionisme ; le credo leniniste de l'assimilation devient celui des « nouveaux communistes ».

Les bolcheviks, la question nationale et le problème juif

Avant 1917

L'oppression subie dans l'Empire tsariste par les peuples non Russes (Polonais, Ukrainiens, Géorgiens...) oblige les bolcheviks à lier émancipation sociale et émancipation nationale. C'est dans le cadre général du problème des nationalités que s'inscrit pour eux la question juive. Pour fonder une politique, les communistes doivent répondre à plusieurs questions : les Juifs constituent-ils une nation ? Quelle est, à long terme, la solution au problème juif ?

Lénine aborde souvent la question juive, sans qu'elle soit jamais l'objet d'une élaboration théorique. Dans la plupart de ses écrits, l'idée de nation ou de peuple juif

1. COMERD : Comité pour l'établissement de travailleurs juifs dans l'agriculture. GESERD : Société pour l'établissement de travailleurs juifs dans l'agriculture.

est vigoureusement récusée. Il rejette le mot d'ordre bundiste de sauvegarde et de développement de la culture nationale juive. Cette orientation lui paraît aller au rebours de l'histoire, car l'histoire, selon lui, va dans le sens de l'assimilation des Juifs comme de toutes les nations : « À la place de tout nationalisme, le marxisme met l'internationalisme, la fusion de toutes les nations, dans une unité suprême qui se développe sous nos yeux avec chaque nouvelle verste de chemin de fer, avec chaque nouveau trust international, à chaque association ouvrière (internationale par son activité économique et aussi par ses idées, par ses tendances) » (*Notes critiques sur la question nationale*, 1913). En même temps, Lénine reconnaît aux minorités le droit à un enseignement dispensé dans la langue maternelle. Il condamne avec la plus grande fermeté la barbarie antisémite, parce qu'elle détourne la classe ouvrière de ses véritables ennemis, parce qu'elle dresse une barrière contre l'assimilation.

Staline a l'ambition d'élaborer une véritable théorie dans son étude *Le marxisme et la question nationale* (1913) : « Une nation est une communauté d'hommes, stable, historiquement constituée, basée sur la communauté de langue, de territoire, de vie économique, de formation psychique, qui se traduit dans la communauté de culture. » Cette définition prive les Juifs du statut de nation. Comme Lénine, Staline condamne l'orientation bundiste au nom de l'assimilation, tout en acceptant le principe de l'enseignement en langue maternelle. Le texte frappe cependant par son indifférence envers l'antisémitisme. Ce désintérêt reflète l'antisémitisme personnel de Staline, attesté par des témoignages convergents.

Après 1917

La réalité des différences nationales est pleinement acceptée, la fusion est repoussée à un avenir radieux mais lointain. Néanmoins, pour arrêter une politique vis-à-vis des Juifs, il convient de les définir, de les classer. La solution est apportée par la résolution sur la politique nationale du Xe Congrès du PC en 1921. Les Juifs sont inclus dans la catégorie des « minorités nationales qui n'ont pas de territoire en Union soviétique [...] groupes nationaux fluctuants, [...] minorités nationales parsemées parmi d'autres majorités nationales ». Dans ce groupe sont rangés les Lettons, Estoniens, Polonais, etc., autrement dit des populations sans assise territoriale en URSS, mais... dotées d'un territoire ailleurs.

Le judaïsme soviétique engage une lutte implacable contre le judaïsme religieux. Cette lutte utilise plusieurs méthodes : la loi tout d'abord puisque le décret du 23 janvier 1918 sur la séparation de l'Église et de l'État stipule l'interdiction de l'enseignement religieux. La propagande et l'intimidation sont des armes tout aussi efficaces : la *Yevsektsiya* intente à grand renfort de publicité des « procès communautaires » où les inculpés sont tantôt le *heder* ou la *yechivah*, tantôt les fêtes religieuses et les rites[1].

La plupart des synagogues sont fermées. L'interdiction de l'hébreu, langue jugée cléricale et réactionnaire (en tant que véhicule du sionisme), s'impose à la fin des années 20, sans que cette interdiction ait jamais été inscrite dans la loi[2]. Victime d'une discrimination légale et d'une véritable terreur, le personnel religieux (rabbins, bouchers rituels, circonciseurs...) est décimé par les arrestations et les déportations, ou contraint à la démission.

1. Le dernier procès connu est intenté à la circoncision en 1928 à Kharkov. Voir Joshua Rothenberg, « La religion juive en URSS », *in* Lionel Kochan (dir.), *Les Juifs en Union soviétique depuis 1917*, Calmann-Lévy, coll. Diaspora, 1971.

2. La littérature hébraïque n'en survit pas moins clandestinement. Voir Yehoshua Gilboa, « La littérature hébraïque en URSS », *in* Lionel Kochan (dir.) *op. cit.*

Le judaïsme religieux — si fervent en Russie au début du siècle — est quasiment éradiqué deux décennies plus tard.

Les communistes juifs mènent avec une égale vigueur le combat contre le sionisme, condamné dès 1919 comme mouvement bourgeois lié à l'impérialisme occidental. L'influence persistante des organisations sionistes, passées à la clandestinité, oblige le gouvernement à une action de démantèlement radical qui s'opère au moyen d'arrestations et de déportations massives en Sibérie.

Si la lutte contre la religion et le sionisme frappe par sa cohérence et sa conformité avec la doctrine soviétique, la politique nationale juive est au contraire marquée par des incertitudes et des revirements qui témoignent de l'incapacité des communistes à penser la spécificité juive dans le cadre de leur politique des nationalités.

Reconnus comme minorité nationale (voir p. 150-151), les Juifs bénéficient du droit au développement national et culturel : mais que signifie l'exercice de ce droit pour un judaïsme amputé, défiguré, dont une partie des cadres disparaît dans les camps sibériens ? Il se réduit à l'autorisation de produire une culture laïque et socialiste en langue yiddish. Malgré cette base étroite et ambiguë, la culture juive connaît un remarquable épanouissement en URSS, troisième centre de la *yiddishkeit* à côté de la Pologne et des États-Unis.

Un immense réseau d'établissements scolaires yiddish, des jardins d'enfants aux instituts universitaires, se met en place ; les maisons d'édition gouvernementales publient les grandes œuvres littéraires. Des compagnies théâtrales sillonnent le pays. La plus prestigieuse est celle du Théâtre national yiddish de Moscou, de réputation internationale. Le yiddish est « langue officielle » en républiques d'Ukraine et de Biélorussie.

La vitalité de la presse est étroitement liée à la vigueur des débats politiques et littéraires dans les années 20. Des écrivains sympathisants d'Octobre mais indépendants se groupent autour de revues littéraires de haut niveau : David Bergelson, Der Nister, Leïb Kvitko, Perets Markish, David Hosfstein, Moïshé Kulbak défendent l'autonomie de la littérature par rapport à la politique et la liberté de création. De violentes polémiques les opposent aux écrivains communistes juifs (Itzik Fefer et Izi Kharik) et non juifs, ainsi qu'à la *Yevsekstsiya*.

À la fin des années 20, le camp « prolétarien » reproche à ses adversaires leur « individualisme », leur « refus de s'engager » et leur « nationalisme »[1]. Soumis à une pression de plus en plus forte, les écrivains indépendants s'autocensurent et adaptent leurs œuvres aux normes du « réalisme socialiste ».

Les années 20 sont aussi marquées par la recherche de solutions aux problèmes économiques et sociaux des communautés. Des centaines de milliers de Juifs sont réduits à la misère par les ravages de la guerre, les pogroms de la guerre civile et l'abolition de l'entreprise privée. Leur reclassement s'engage par la mise en place d'un programme de colonisation agricole dans le sud de l'Ukraine et de la Crimée. Démarrée avec enthousiasme et succès[2], l'entreprise bute sur le manque de terres disponibles et l'hostilité des populations locales. Le « projet

1. Ch. Shmeruk, « La littérature yiddish en Union soviétique », *in* Lionel Kochan (dir.), *op. cit.*, p. 336-337.

2. À partir de 1925, environ 150 000 Juifs se reclassent dans l'agriculture, avec l'aide financière du Joint.

criméen », cher à l'opinion juive, envisage l'extension de la colonisation à la Crimée septentrionale et aux régions avoisinantes. Mais les autorités soviétiques imposent en 1928 le projet du Birobidjan pour des raisons stratégiques : il faut très vite peupler et développer l'Extrême-Orient face à la menace japonaise[1]. Cette terre sauvage et inexplorée, éloignée des centres traditionnels de la vie juive, est un territoire vaste comme les Pays-Bas, situé le long de la frontière chinoise et peuplé d'environ 27 000 habitants[2].

Mais un ambitieux projet de colonisation, appelé à rassembler une population juive sur un territoire continu, peut-il ne revêtir qu'une signification économique ou porte-t-il nécessairement une dimension nationale ? Autrement dit, va-t-on vers la construction d'une entité nationale juive ? Cette question fondamentale plonge les institutions juives officielles — assimilationnistes — dans l'embarras. Elle reçoit une réponse de l'État soviétique, en la personne du président de la République Mikhaïl Kalinine (1919-1946), autorité essentiellement symbolique. En 1934, alors que le « district du Birobidjan » est promu « Région autonome juive », il déclare que la nationalité juive doit disposer, comme les autres, d'un État, et que la Région est appelée à devenir une république au sein de l'URSS.

Cet engagement apporte l'élan qui manquait à la

1. De fait, après l'invasion de la Mandchourie (septembre 1931), les troupes japonaises stationnent sur la rive droite de l'Amour, c'est-à-dire à la frontière de l'URSS.

2. Principalement des Cosaques venus au XVIIe siècle, mais aussi des Coréens, Chinois, Toungouses. Voir Henri Slovès, *L'État juif de l'Union soviétique*, Les Presses d'aujourd'hui, 1982, p. 109.

construction du Birobidjan, le sentiment national restant très vivace dans les communautés, malgré les progrès de l'acculturation[1] : 14 000 Juifs sont établis dans la Région autonome fin 1935. Dans des conditions particulièrement éprouvantes, ils bâtissent des kolkhozes, des sovkhozes, des industries, des routes, un réseau d'écoles et d'institutions culturelles yiddish. Le 20 août 1936, le Présidium du Comité central exécutif de l'URSS met en perspective le développement du Birobidjan, posé implicitement en alternative au sionisme : « Au cours de plusieurs siècles, le peuple juif opprimé lutta contre l'autocratie tsariste, pour sa culture nationale propre, pour le droit à l'instruction, pour le droit de vivre libre. Pour la première fois de son histoire, le peuple juif a vu réalisé son ardent désir de fonder une patrie, de bâtir un État national[2]. »

Mais les années 1936 marquent un revirement dramatique. La ligne stalinienne de « lutte contre le nationalisme » s'impose[3]. Les « grandes purges » (1936-1938)[4] s'abattent sur l'URSS. Le judaïsme so-

1. L'acculturation et l'intégration accompagnent l'exode des Juifs vers les grandes villes, surtout Kiev, Odessa, Leningrad et Moscou.

2. Cité par Henri Slovès, *op. cit.*, p. 216.

3. Dans le discours stalinien « nationalisme » signifie : sentiment national, affirmation nationale des peuples non russes, refus du retour de la domination des Russes sur les autres nationalités, refus de la centralisation de plus en plus poussée de l'État.

4. Cette expression désigne l'élimination d'une grande partie des cadres du PC et de l'État, ennemis de Staline ou supposés tels. Ils sont victimes d'accusations telles que : trotskisme, préparation d'attentats contre Staline, participation à la contre-révolution, espionnage au profit des pays capitalistes, nationalisme bourgeois... L'épuration frappe les dirigeants comme les militants de base. On estime à deux millions le nombre de personnes exécutées, auxquelles s'ajoutent de 5 à 8 millions de déportés dans les camps sibériens.

viétique est lourdement frappé. Ses vieux militants — presque tous issus des anciens partis juifs qui défendaient des mots d'ordre nationaux — sont accusés de « nationalisme ». Au Birobidjan, certains sont même convaincus d'espionnage au profit du Japon ! Presque tous les dirigeants de l'ancienne *Yevsektsiya* sont exécutés. Le COMERD et le GESERD sont dissous, des journaux fermés, ainsi que des centaines d'écoles en Ukraine et en Biélorussie. Des écrivains arrêtés disparaissent : Isaac Babel, écrivain de langue russe, Moïshé Kulbak, Izi Kharik.

Les « purges » désorganisent le Birobidjan. La Région est déyiddishisée, ses institutions culturelles démantelées ; l'émigration s'ouvre aux non-Juifs. Partout s'opère la « dénationalisation ».

Ainsi, après avoir conduit la destruction de pans entiers de la vie juive et s'être incliné devant les revirements idéologiques ou les intérêts supérieurs de l'État, le judaïsme soviétique périt.

Pourtant l'État soviétique, durant les tragiques années de la guerre (1941-1945)[1], a de nouveau besoin des Juifs. Il desserre donc le carcan dans lequel il avait enfermé les intellectuels et encourage leur union en un Comité antifasciste juif pour contribuer à l'effort de guerre. Autorisés à nouer des contacts avec les communautés occidentales, à se rendre aux États-Unis, au Canada, en Grande-Bretagne et même en Palestine, les leaders du Comité se font les propagandistes de l'Union soviétique, collectent

1. Le 23 août 1939, l'URSS et l'Allemagne ont conclu un pacte de non-agression valable pour dix ans. Le traité est complété d'un protocole secret reconnaissant les droits de l'URSS sur la Finlande, les pays Baltes et la Bessarabie et prévoyant le partage de la Pologne entre les deux contractants. L'Allemagne envahit l'URSS en juin 1941.

des fonds au nom de la solidarité juive internationale. Plus libres de leur création littéraire, ils expriment leur sentiment d'appartenance au judaïsme : leurs textes, parcourus de références à la tradition et à l'histoire juives, décrivent de façon vibrante les persécutions nazies (sujet strictement interdit de 1939 à 1941) et la lutte des Juifs contre leurs bourreaux.

Mais en 1947, avec le début de la guerre froide, les alliés d'hier deviennent les ennemis d'aujourd'hui. Le réveil du sentiment national juif, la sympathie manifeste suscitée par le jeune État d'Israël inquiètent les autorités. D'utiles, les Juifs deviennent suspects.

Amorcé dans les démocraties populaires, le revirement de la politique communiste est brutal : l'élite intellectuelle juive est décapitée. Accusés de « nationalisme », les plus grands écrivains yiddish périssent entre 1948 et 1952, épuisés par la vie des camps, fusillés ou assassinés. Les écoles[1], instituts, maisons d'édition démantelés pendant l'occupation ne sont pas rouverts, la presse disparaît. Le judaïsme russe, soit plus de 2 millions de personnes, est condamné au silence et à l'assimilation totale, coupé de la diaspora comme de l'État d'Israël. Cette ultime « dénationalisation » clôt dans le sang le vieux conflit entre les bolcheviks et le Bund. Elle marque peut-être surtout le retour de la haine antijuive : antisémitisme populaire ravivé par l'occupation nazie dans les régions occidentales, antisémitisme de Staline et des nouveaux cadres communistes qui devient une composante de la politique soviétique.

1. En 1940, les écoles yiddish d'Ukraine et de Biélorussie accueillent encore 20 % de la population scolaire.

Le judaïsme face au nazisme. La défaite et la destruction des Juifs européens (1933-1945)

« Ce fut un combat contre une puissance satanique, qui s'était emparée de notre peuple entier, qui avait occupé toutes les positions clés de la vie spirituelle et intellectuelle, aussi bien que politique ou économique, et, du haut de ces positions, contrôlait toute la nation. [...] À cette époque, la juiverie toute-puissante nous a déclaré la guerre[1]. » Ainsi Hitler retrace-t-il l'histoire de son combat. S'il projette sur les Juifs — diabolisés — sa position d'agresseur, il donne à la confrontation entre nazisme et judaïsme son exacte dimension : une guerre.

Cette guerre est une entreprise considérable. Contre les populations juives désarmées, elle mobilise l'ensemble de l'État allemand : les ministères, le parti national-socialiste, les services publics comme la *Reichsbahn*. Elle nécessite la collaboration étroite de la Wehrmacht, des grands intérêts privés (entreprises industrielles, banques). Au total, environ 100 000 Allemands concourent au meurtre de masse, à des niveaux variés de responsabilité, auxquels s'ajoutent divers personnels des pays occupés ou alliés : fonctionnaires des administrations, polices auxiliaires recrutées sur place. Par-delà la pluralité des organes de décision et d'exécution, s'impose le RSHA, Office central de la sécurité du Reich, soit la SS et la Gestapo, dirigé par Reinhard Heydrich.

Dès 1933 l'État nazi a posé les premiers jalons

1. Discours de Hitler publié par la presse allemande (10-11 novembre 1940). Cité par Raul Hilberg, *La destruction des Juifs d'Europe*, Gallimard, coll. Folio Histoire, 1992, p. 26.

d'un processus dont l'objectif se fixera ultérieurement sur la destruction physique de tous les Juifs d'Europe. Les Juifs allemands, puis autrichiens et tchèques[1] sont mis au ban de la société. Ils sont définis (est juif celui qui a au moins trois grands-parents juifs), privés de leurs droits de citoyens, dépossédés de tous biens et moyens de vivre. Cette spoliation, dite « aryanisation », revêt plusieurs aspects : vente forcée à bas prix des entreprises et de l'ensemble des biens, lourds impôts sur la fortune et sur les revenus, révocation de la fonction publique, éviction de nombreuses professions (médicales, juridiques, artistiques...), licenciements massifs des entreprises privées, travail forcé, cartes d'alimentation autorisant un ravitaillement très inférieur à celui de la population allemande. Tout aussi fondamentales sont les mesures d'isolement et de concentration : interdictions des unions mixtes, expulsion des établissements scolaires, relogement dans des immeubles ou quartiers particuliers, entraves à la circulation, marquage des papiers d'identité et des personnes (l'étoile jaune)[2].

Le but de ce dispositif est de chasser les Juifs du Reich. De fait en 1939, près de 250 000 Juifs (soit environ la moitié de la communauté) ont fui l'Allemagne, 126 000 (sur 191 000) ont quitté l'Autriche[3].

À partir de septembre 1939, les 2 millions de Juifs vivant sur le territoire de la Pologne occupée subis-

1. Le 13 mars 1938 est proclamé l'*Anschluss*, c'est-à-dire le rattachement de l'Autriche au Reich. Le 16 mars 1939 la Bohême-Moravie devient un protectorat du Reich.

2. Voir la monumentale étude de Raul Hilberg, *La destruction des Juifs d'Europe*, *op. cit*.

3. Georges Bensoussan, *Histoire de la Shoah*, PUF, coll. Que sais-je ?, Paris, 1997, p. 28-29.

sent à leur tour un processus d'étranglement qui se déroule ici avec une rapidité et une violence inouïes. Sur la recommandation du RSHA, les Juifs sont concentrés dans de vastes ghettos (1940-1941) dont les plus importants sont à Lodz et Varsovie. La confiscation des biens, le travail forcé, le rationnement alimentaire à un très bas niveau réduisent les Juifs polonais à la plus extrême misère. Malgré la peur, la famine, les épidémies, la survie s'organise.

Les victoires allemandes en Europe mettent progressivement la majeure partie du judaïsme européen à la merci du nazisme. Pour l'Allemagne, cette situation, nouvelle et complexe, rend caducs les projets d'expulsion des Juifs : le plan le plus élaboré qui prévoyait une déportation massive à Madagascar est abandonné vers février 1941[1]. Mais les possibilités d'action sont désormais immenses : la voie est ouverte à une radicalisation des objectifs.

Au printemps 1941, alors que se prépare l'attaque contre l'URSS, la mise à mort des Juifs soviétiques (et des cadres communistes) est décidée[2]. La méthode retenue par le RSHA prévoit des unités mobiles, les *Einsatzgruppen*, se déplaçant avec rapidité vers les lieux de peuplement juif, surprenant les victimes et les tuant à l'arme à feu : telle sera la première modalité de l'anéantissement des Juifs.

1. L'Allemagne aurait souhaité que la France vaincue lui cède sa colonie de Madagascar. Cette cession ne se réalise pas. De plus la poursuite de la guerre contre la Grande-Bretagne rend impossible le transport par voie maritime des expulsés.

2. Pour les nazis, judaïsme et bolchevisme sont indissociables. Voir l'ordre du maréchal von Reichenau, le 10 octobre 1941 : « Le but le plus important de la guerre contre le système judéo-bolchevique est la destruction complète de ses moyens d'action et l'élimination de l'élément asiatique dans la culture européenne » (cité par Georges Bensoussan, *Histoire de la Shoah, op. cit.*, p. 39).

Quatre unités (environ 3 000 hommes), placées sous l'autorité du RSHA et de la Wehrmacht, franchissent la frontière soviétique derrière les armées en juin 1941. Elles s'avancent dans un territoire peuplé de 4 millions de Juifs[1] sur lesquels 1 500 000 réussissent à fuir ou sont évacués vers l'est par l'Armée rouge. Il reste, pris au piège, surtout des femmes, des enfants, des personnes âgées. Les « opérations mobiles de tuerie[2] » se déroulent selon le schéma suivant : les Juifs d'une ville ou d'une bourgade sont regroupés par ruse ou par force. Ils sont ensuite acheminés vers un lieu proche mais isolé où une fosse commune a été creusée. Après avoir remis leurs bijoux et parfois leurs vêtements, ils doivent s'avancer par groupes au bord de la fosse : ils sont abattus à la mitraillette ou assassinés un à un par une balle dans la nuque. Une variante consiste à faire s'étendre au fond de la tombe un premier groupe, à le mitrailler d'en haut, à obliger un second groupe à descendre se coucher en quinconce sur les cadavres et à répéter l'opération jusqu'au remplissage de la fosse.

Le meurtre ainsi perpétré pendant des mois ne donne que des résultats partiels. Pour mettre systématiquement la main sur *tous* les Juifs, les autorités décident leur concentration en ghettos, à la manière polonaise. La deuxième vague des massacres (fin 1941-1942) se déroule avec une efficacité maximale, tout en s'opérant suivant les mêmes modalités techniques que la première. Fin 1942, plus d'un million de Juifs ont péri.

1. Après l'annexion des États baltes, des territoires orientaux de la Pologne, de la Bukovine et de la Bessarabie, l'URSS compte une population juive totale de 5 millions de personnes.
2. Raul Hilberg, *La destruction des Juifs d'Europe*, *op. cit.*

C'est pendant l'été 1941 que mûrit le projet d'extermination de tous les Juifs d'Europe. La décision, prise probablement à l'automne, est exposée par Heydrich aux principaux responsables intéressés lors de la « conférence de Wannsee[1] » tenue à Berlin le 20 janvier 1942. À cette date, le premier camp d'extermination fonctionne déjà à Chelmno (voir carte p. 174-175). On y met au point la deuxième modalité de l'anéantissement des Juifs : déjà identifiés, dépossédés et regroupés en ghettos ou camps de transit dans leurs pays, ils sont acheminés par transport ferroviaire vers des centres où leur mise à mort s'effectue par gazage (d'abord au monoxyde de carbone), suivant une procédure inspirée de l'organisation industrielle.

Comme Chelmno, Belzec, Sobibor et Treblinka[2] sont de petits camps uniquement dévolus à la mise à mort des déportés. Dès leur descente du train, les Juifs perdent leur statut de personne humaine. Épuisés, désorientés, en proie à l'incertitude et à l'angoisse, ils sont accueillis par des ordres hurlés et des coups. Un petit nombre d'hommes robustes est sélectionné pour la maintenance du camp. Quant aux autres, quelques heures seulement les séparent de leur mort. Hommes et femmes se rendent au déshabillage dans des baraques séparées où l'encadrement SS leur tient parfois des propos rassurants, promettant une douche et même un repas.

1. Elle se déroule dans les bureaux du RSHA, Am Grossen Wannsee, n° 50-58.

2. Chelmno fonctionne de décembre 1941 à septembre 1942, puis en juin-juillet 1944. Belzec fonctionne de mars à décembre 1942, Sobibor d'avril à juin 1942, puis d'octobre 1942 à octobre 1943, Treblinka de juillet 1942 à octobre 1943. Voir Raul Hilberg, *La destruction des Juifs d'Europe*, *op. cit.*, p. 774.

On saisit les objets de valeur ; on coupe les cheveux des femmes. Rangés en colonne, les Juifs s'avancent vers les installations de gazage où ils pénètrent groupe par groupe ; leur agonie dure plus d'une demi-heure. Quand le silence s'est fait dans la chambre ou le camion à gaz, on ouvre les portes et les *Sonderkommando*, les commandos spéciaux juifs, traitent les cadavres : fouille des orifices naturels à la recherche d'objets précieux dissimulés, arrachage des dents en or. On procède enfin à l'inhumation des cadavres dans d'immenses fosses.

Les camps de Lublin (Maïdanek), puis l'immense complexe d'Auschwitz-Birkenau [1] sont des camps « mixtes », à la fois centres de mise à mort et camps de travail. Auschwitz bénéficie de perfectionnements techniques (gazage rapide au Zyklon B, crémation des cadavres dans des fours). Les déportés sélectionnés pour le travail forment une main-d'œuvre esclave dont le sursis est de courte durée : l'espérance de vie pour un « travailleur » de l'entreprise IG Farben est de trois ou quatre mois.

« La démolition d'un homme »

Primo Levi (1919-1987) a été détenu à Auschwitz de janvier 1944 à la libération du camp en janvier 1945. Il fait le récit de son expérience dans *Si c'est un homme*, publié en 1947. Sélectionné pour le travail à son arrivée

1. Maïdanek fonctionne de septembre 1942 à septembre 1943, puis en novembre 1943 ; à Auschwitz périssent un million de Juifs entre février 1942 et novembre 1944. Voir Raul Hilberg, *La destruction des Juifs d'Europe, op. cit.*

au camp, il est dépouillé de ses vêtements et objets personnels, tondu, puis obligé de revêtir des loques et de chausser des souliers à semelle de bois.

« Cette opération terminée, chacun est resté dans son coin, sans oser lever les yeux sur les autres. Il n'y a pas de miroir, mais notre image est devant nous, reflétée par cent visages livides, cent pantins misérables et sordides. Nous voici transformés en ces mêmes fantômes entrevus hier au soir.

Alors, pour la première fois, nous nous apercevons que notre langue manque de mots pour exprimer cette insulte : la démolition d'un homme. En un instant, dans une intuition quasi prophétique, la réalité nous apparaît : nous avons touché le fond. Il est impossible d'aller plus bas : il n'existe pas, il n'est pas possible de concevoir condition humaine plus misérable que la nôtre. Plus rien ne nous appartient : ils nous ont pris nos vêtements, nos chaussures, et même nos cheveux ; si nous parlons, ils ne nous écouteront pas, et même s'ils nous écoutaient, ils ne nous comprendraient pas. Ils nous enlèveront jusqu'à notre nom : et si nous voulons le conserver, nous devrons trouver en nous la force nécessaire pour que derrière ce nom, quelque chose de nous, de ce que nous étions, subsiste. [...]

Qu'on imagine maintenant un homme privé non seulement des êtres qu'il aime, mais de sa maison, de ses habitudes, de ses vêtements, de tout enfin, littéralement de tout ce qu'il possède : ce sera un homme vide, réduit à la souffrance et au besoin, dénué de tout discernement, oublieux de toute dignité : car il n'est pas rare, quand on a tout perdu, de se perdre soi-même ; ce sera un homme dont on pourra décider de la vie ou de la mort le cœur léger, sans aucune considération d'ordre humain, si ce n'est, tout au plus, le critère d'utilité. »

Primo Levi, *Si c'est un homme*, Laffont, 1947.

La réaction des victimes face à leur destruction a fait l'objet de douloureuses polémiques. Les leaders juifs ont-ils manqué de capacité d'analyse[1] et d'action ? Faut-il incriminer un esprit de soumission, ancré dans les consciences juives par des siècles de persécutions ? Des soulèvements organisés n'auraient-ils pas sauvé les populations ? Déjà, au cœur du ghetto de Varsovie, l'historien Emmanuel Ringelblum lance la question : « Pourquoi nous sommes-nous laissé conduire à l'abattoir comme des moutons ? Pourquoi l'ennemi a-t-il eu la partie si belle[2] ? »

Mais les Juifs, dans le tumulte et la confusion apparente des événements, comprennent-ils qu'on les conduit à l'« abattoir » ? Près des lieux de mise à mort, des informations très précises parviennent rapidement. Rescapés des *Einsatzgruppen* et évadés des camps d'extermination avertissent des notables ou des militants politiques. Dès 1942, certains de ces responsables saisissent la nouveauté radicale des événements en cours : non pas une persécution ordinaire, des pogroms, des exactions locales, mais une entreprise visant à l'anéantissement total des Juifs. La presse clandestine diffuse ces informations, le Bund les fait parvenir à Londres, *via* la résistance polonaise[3]. Mais la plupart des diri-

1. Pour Raul Hilberg, « il semble en effet que les Juifs aient manqué de leaders clairvoyants » (« De la révolte du ghetto de Varsovie et de la singularité de la Shoah », in *L'insurrection du ghetto de Varsovie*, textes réunis autour de Raul Hilberg par Joël Kotek, Complexe, 1994, p. 33).

2. Emmanuel Ringelblum, *Chronique du ghetto de Varsovie*, cité par Georges Bensoussan, *Histoire de la Shoah, op. cit.*, p. 99.

3. Walter Laqueur, *Le terrifiant secret. La « solution finale » et l'information étouffée*, Gallimard, coll. Témoins, p. 168. Le message du Bund commence ainsi : « Dès le jour où a com-

geants et la population dans son ensemble demeurent dans une vision confuse des choses : entre les mille rumeurs qui circulent et une vérité absolument inédite, littéralement impensable, inimaginable, ils se réfugient dans l'incrédulité et le refus de la réalité.

Plus loin, au sud et à l'ouest de l'Europe, les rares informations précises qui parviennent troublent quelques esprits mais laissent la masse dans l'ignorance[1].

Ainsi, entre ignorance et refus de la réalité, la majorité des Juifs s'avèrent dans l'impossibilité d'accéder à une perception globale de l'engrenage qui s'est saisi d'eux. Les dirigeants des communautés fondent leur stratégie sur la conviction que les Juifs, ou des Juifs, survivront, même si beaucoup ont déjà péri.

Ces directions juives, imposées partout par les nazis, leur sont totalement assujetties : en Europe orientale, chaque ghetto est administré par un Conseil juif (*Judenrat*). Ailleurs, toutes les institutions juives ont dû se fédérer en une association unique, telles la *Reichsvereinigung der Juden in Deutschland*

---

mencé la guerre russo-allemande, les Allemands se sont lancés dans une entreprise d'extermination totale de la population juive vivant sur le sol polonais [...]. » Il est partiellement diffusé par la BBC le 2 juin 1942, puis publié en Amérique en août.

1. À titre d'exemple, on peut évoquer l'épisode suivant : un détenu polonais ayant travaillé comme pharmacien à Auschwitz est transféré au camp juif de transit de Vught (Pays-Bas). Il fournit à un médecin juif du camp des informations détaillées sur la procédure d'extermination. Le médecin, qui diffuse autant que possible ces données, dit de ses interlocuteurs juifs : « [...] ils refusaient tout simplement de [le] croire, tout en étant visiblement secoués par la nouvelle » (cité par Walter Laqueur, *Le terrifiant secret, op. cit.*, p. 188).

(Union nationale des Juifs d'Allemagne) ou l'UGIF, Union générale des israélites de France. Choisis à la hâte, les dirigeants sont des notables le plus souvent modérés, laïcs ou rabbins, quelquefois des sionistes ou des bundistes.

Les jugements les plus sévères ont été portés sur ces directions qui assurent la transmission des ordres nazis aux communautés. L'historien Raul Hilberg les analyse comme un simple rouage du processus de destruction. Quant à la philosophe Hannah Arendt, elle qualifie leur action de « chapitre le plus noir de la tragédie juive[1] ».

De fait, pour s'en tenir à quelques exemples, la *Reichsvereinigung* dresse les listes de déportés, distribue les convocations, fournit les locaux de regroupement (souvent un hospice communautaire), assure le ravitaillement nécessaire au transport vers l'est ; ses employés encadrent les partants jusqu'au train. Dans le ghetto de Salonique, le grand rabbin Koretz transmet aux Juifs les propos rassurants des Allemands sur leur « réinstallation » à Cracovie : les Juifs partent donc calmes et consentants. Dans le ghetto de Varsovie, le *Judenrat* constitue une véritable administration municipale avec sa police, ses sapeurs-pompiers, ses services d'hygiène et d'assistance sociale : il décharge l'occupant de la difficile gestion des 445 000 Juifs[2] enfermés puis apporte le concours de sa police aux rafles qui débutent en juillet 1942.

1. Hannah Arendt, *Eichmann à Jérusalem. Rapport sur la banalité du mal*, Gallimard, 1991, cité par Nicolas Weill, « Les *Judenräte*. Que pouvaient-ils savoir ? », *Cahiers de la Shoah, Conférences et séminaires sur l'histoire de la Shoah*, Université Paris I, 1995-1996.

2. Raul Hilberg, *La destruction des Juifs d'Europe*, *op. cit.*, p. 199.

Cependant, la soumission des directions juives ne saurait être assimilée à une « collaboration ». Elle répète, en plein XXe siècle, la séculaire stratégie de survie des Juifs devant la persécution : plier, mais chercher l'allégement des souffrances et le sauvetage de ce qui peut être sauvé, en appeler à la générosité, à la compassion ou au bon sens des autorités. Ainsi les dirigeants juifs demandent-ils sans cesse des sursis, des exemptions pour certaines catégories de personnes. Ils prennent en main l'organisation des départs pour que ceux-ci s'effectuent dans des conditions moins violentes. S'ils développent le travail forcé, c'est qu'ils pensent fournir aux Juifs réquisitionnés un véritable « passeport pour la survie[1] ». Jacob Gens, à la tête du *Judenrat* de Vilnius, accepte de « sélectionner » pour la déportation les inaptes au travail afin de sauver les éléments jeunes et vigoureux pour l'avenir.

La population juive peut-elle envisager une révolte organisée lorsque ses dirigeants entretiennent les illusions ? Peut-elle organiser une résistance alors qu'elle se trouve isolée, dispersée dans un environnement hostile ou indifférent, abandonnée à son sort par les Alliés[2] ? Plus simplement encore, comment se révolter quand la ration alimentaire quotidienne, à Varsovie, se réduit en moyenne à 1 200 calories ?

Cependant, en dépit de ces obstacles, une résis-

1. Raul Hilberg, *Exécuteurs, victimes, témoins. La catastrophe juive, 1933-1945*, Gallimard, coll. NRF Essais, 1994, p. 137.

2. Dès 1942, les Alliés, mais aussi les neutres (Suisse, Suède), le Vatican et le Comité international de la Croix-Rouge, disposaient d'informations précises sur l'extermination des Juifs.

tance juive se forme. En Europe de l'Est, elle est encadrée par les anciens partis politiques juifs entrés dans la clandestinité. Malgré l'extrême difficulté de se procurer des armes, ils tentent parfois d'engager une lutte armée contre l'occupant : c'est le cas à Vilnius, à Bialystock et surtout à Varsovie où se déroule le plus grand affrontement entre Juifs et Allemands. En Galicie, en Biélorussie et dans les pays Baltes des milliers de Juifs forment des groupes de partisans dans les forêts. Dans les centres de mise à mort eux-mêmes s'organisent des tentatives d'évasion, rapidement noyées dans le sang (à Treblinka en août 1943, Sobibor en octobre 1943 et Auschwitz en octobre 1944).

Pour les Juifs de l'Ouest ou des Balkans, la résistance revêt plusieurs formes. Certains rejoignent les rangs des résistances nationales pour mener le combat général contre le nazisme. D'autres, généralement issus de la *yiddishkeit*, combattent dans les réseaux communistes et entreprennent parfois des actions spécifiques de défense juive : ainsi en Belgique, un commando détruit des dossiers pouvant faciliter les déportations (juillet 1942), tandis qu'en France les communistes juifs diffusent des informations, appellent au sabotage dans les ateliers de confection travaillant pour la Wehrmacht, cachent des enfants. Il existe aussi une résistance proprement juive, non armée, qui se consacre à l'entraide et au sauvetage. En France, elle est assurée par plusieurs organisations dont l'OSE (Œuvre de secours à l'enfance) : on « planque » des enfants, on fournit des faux papiers, on distribue une aide matérielle aux internés des camps de transit tels que Drancy[1].

1. On ne doit pas systématiquement opposer les directions juives aux résistants. Certains *Judenräte* travaillent avec la Ré-

L'insurrection du ghetto de Varsovie

Si l'insurrection du ghetto de Varsovie n'infligea que des dommages dérisoires à la machine de guerre allemande, elle tient une place considérable dans la mémoire juive où elle symbolise la transformation de la victime en un combattant héroïque qui, s'il ne peut vaincre son adversaire, se saisit de la seule liberté possible, le choix de sa mort.

Pourquoi l'insurrection ?

À la mi-septembre 1942, la grande majorité des Juifs de Varsovie a été déportée et mise à mort à Treblinka. Il reste peut-être 70 000 personnes dans le ghetto, des jeunes pour la plupart, dont la moitié seulement est officiellement recensée. Les peurs et les illusions qui paralysaient la volonté de résistance tombent : la certitude que tous les Juifs seront tués s'impose. Dès lors, la crainte de représailles sur la population en cas d'action armée perd tout sens.

L'organisation

Le 20 octobre, presque tous les partis juifs s'unissent en un Comité de coordination. Les groupes de combat formés par chacun de ces partis se fédèrent en une Organisation juive de combat dirigée par Mordechaï Anile-

sistance, comme à Minsk et Bialystock, ou la laissent temporairement agir comme à Vilnius. En France, l'UGIF « couvre » pendant un certain temps les activités clandestines de plusieurs associations résistantes.

witcz, un sioniste d'extrême gauche âgé de vingt-quatre ans. Restent à l'extérieur de cette structure l'Agoudat, qui ne participe pas à la résistance, et l'extrême droite sioniste qui dispose de sa propre force militaire, l'Irgoun.

La lutte armée

Les premières balles de l'OJC, en août, visent l'appareil du *Judenrat* : le chef de la police juive est abattu, puis de simples policiers, des administrateurs... En même temps, on construit des casemates, on noue des relations avec la Résistance polonaise dont on obtient la livraison de quelques armes ; des pistolets sont achetés à des Polonais.

Le 19 avril 1943, les Allemands encerclent le ghetto pour procéder à sa « liquidation » totale. Ils sont 2 000 ou 3 000, soldats, SS, policiers, puissamment armés. L'OJC et l'Irgoun, soit 750 combattants mal équipés, leur tiennent tête pendant trois semaines. Les Allemands progressent en incendiant les maisons une à une, en faisant sauter les égouts et les casemates où des Juifs s'abritent. Le 15 mai l'insurrection est écrasée. Des milliers de Juifs ont péri dans les combats, les incendies, sous les éboulements. Les rescapés sont abattus ou dirigés vers Treblinka, Lublin et divers camps de travail. 200 Juifs peut-être survivent cachés à l'arrivée de l'Armée rouge en janvier 1945.

Cependant, pour la grande majorité des Juifs, l'objectif est simplement de « tenir » jusqu'à la fin de la guerre. Dans ce but, ils s'adaptent jour après jour à la dégradation continue de leur existence et adoptent diverses stratégies de survie. À l'Est, la marge de manœuvre est presque inexistante. Dans les ghettos certains se cachent, au moment des rafles, dans les caves ou les greniers, quelques-uns parviennent à s'évader, par les réseaux d'égouts notamment. Le travail forcé constitue le sursis le plus efficace, tandis que des groupes tentent de survivre dans les forêts. En Yougoslavie et en Grèce, les montagnes servent de refuges. À l'Ouest, beaucoup de Juifs vivent clandestinement, grâce à l'aide de la Résistance, d'institutions religieuses ou de la population.

À la Libération, les survivants se cherchent et se comptent : entre 5 et 6 millions de Juifs ont péri[1]. Les principaux centres de la vie juive sont rayés de la carte européenne : le foyer judéo-allemand et la *yiddishkeit* ont sombré. Traumatisme majeur pour les survivants et toutes les communautés, la Shoah sonne le glas des anciennes certitudes : le socialisme juif a disparu avec ses militants, la confiance dans les États démocratiques est ébranlée, l'hostilité au communisme s'accroît à mesure que filtrent d'URSS des informations sur la répression antijuive[2]. Israël et la communauté juive américaine s'imposent comme les deux pôles d'une vie juive à rebâtir. L'État juif emporte une adhésion massive, empreinte d'une charge émotionnelle considérable : il incarne de façon pathétique le besoin de sécurité et de réparation. Des Juifs américains, on attend l'aide matérielle et politique indispensable à la reconstruction. Enfin, face à l'effondrement démogra-

1. Les estimations divergent : 5 100 000 victimes selon Raul Hilberg, *La destruction des Juifs d'Europe, op. cit.* Entre 5 596 000 et 5 860 000 selon E. Jäckel, P. Longerich, J. H. Schoeps (dir.), *Enzyklopädie des Holocaust*, Argon, 1993, 1re édition israélienne, Israel Gutman (dir.), 1990.

2. Aux événements déjà mentionnés, s'ajoutent l'exécution sur ordre personnel de Staline des deux dirigeants du Bund polonais réfugiés en URSS, H. Erlich et V. Alter.

phique des achkénazes européens, se profile la relève séfarade. Durant les années d'après-guerre, la mémoire de la Shoah et la construction du jeune État d'Israël constituent les deux références autour desquelles se forge la nouvelle unité du judaïsme mondial.

FIGURE 7

Le bilan de la Shoah

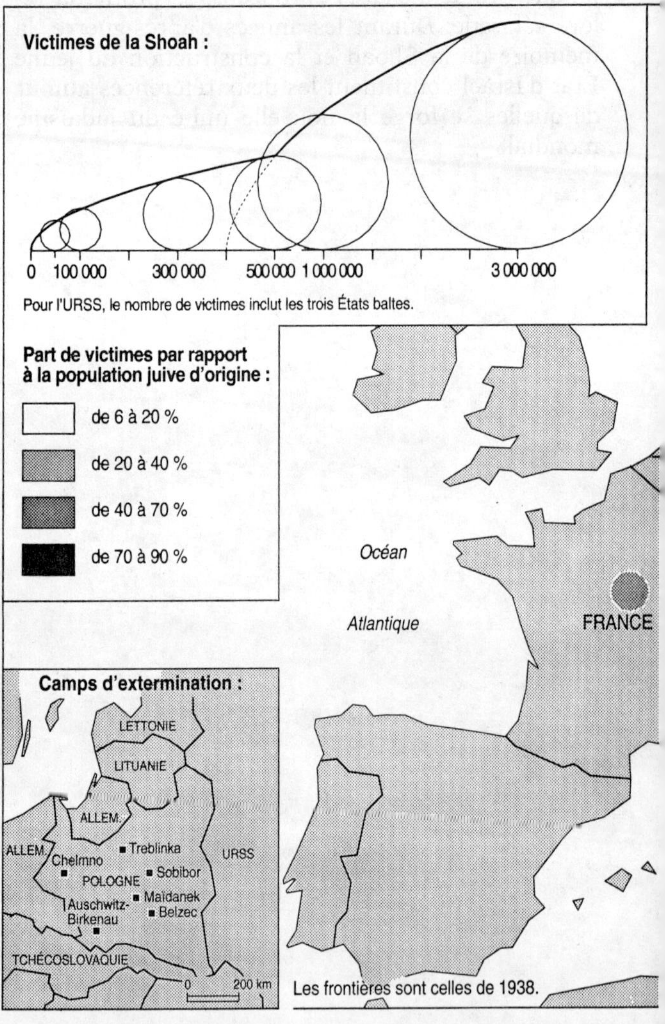

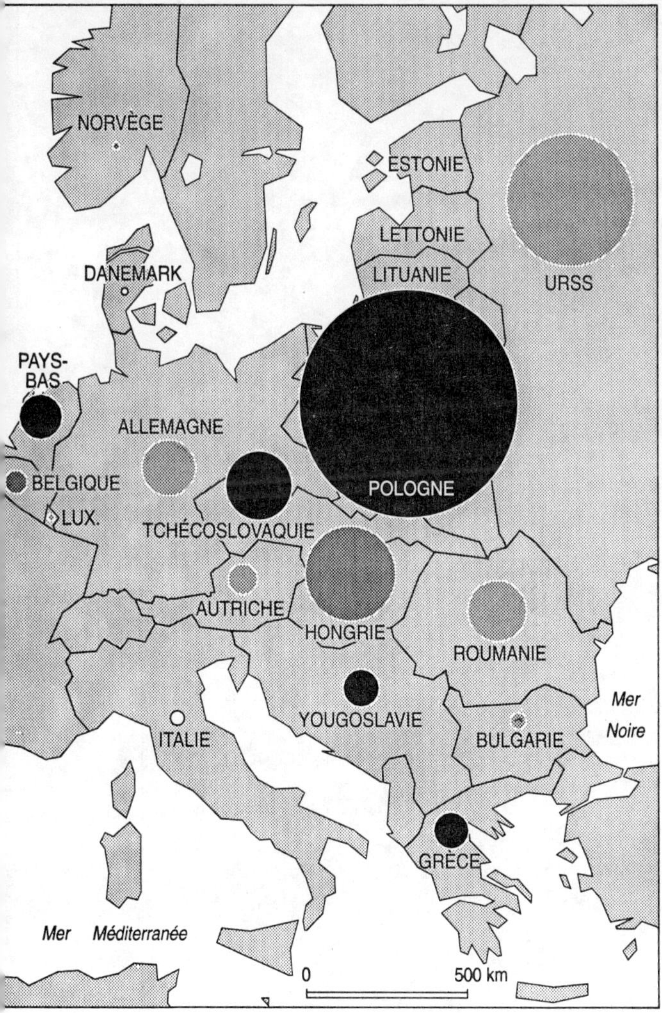
NORVÈGE
ESTONIE
LETTONIE
LITUANIE
URSS
DANEMARK
PAYS-BAS
ALLEMAGNE
BELGIQUE
LUX.
TCHÉCOSLOVAQUIE
POLOGNE
AUTRICHE
HONGRIE
ROUMANIE
YOUGOSLAVIE
ITALIE
BULGARIE
Mer Noire
GRÈCE
Mer Méditerranée
0
500 km

CHAPITRE IV

LE SIONISME OU LA TENTATION JUIVE DE L'ÉTAT-NATION

Lorsqu'en février 1799, une armée française envahit le Sinaï et remonte le long de la plaine côtière de Palestine, un journal, *Le Moniteur universel*[1], annonce : Bonaparte a fait publier une proclamation invitant les Juifs d'Asie et d'Afrique à venir le rejoindre pour rétablir l'ancienne Jérusalem... Les Juifs de France ne réagissent pas à la proposition, ceux d'Allemagne, de Russie et d'Europe centrale appartiennent à des coalitions en guerre contre Napoléon. Quant à la forte communauté séfarade installée à Salonique, alors place importante de l'Empire ottoman, elle a également choisi de s'opposer au futur empereur des Français. En cette année 1799, seul un petit groupe réagit : les frankistes, une frange dissidente du monde achkénaze dirigée par Jacob Frank. Ils veulent un territoire juif. Trop tard, le discours napoléonien a fait long feu, les armées françaises quittent la Palestine...

Quelques années plus tard, en 1840, c'est au tour des Anglais de proposer aux Juifs d'Europe une installation en Palestine avec l'appui de l'Empire otto-

1. En date du 22 mai 1799 (le 3 prairial de l'an VII).

man. Le projet vise à accroître l'influence de l'Empire britannique face au développement des relations franco-égyptiennes.

En 1860, Henri Dunant, le fondateur de la Croix-Rouge, envisage l'installation de Juifs européens pour pacifier le Moyen-Orient. Deux ans plus tard c'est un socialiste juif, Moses Heine, qui, dans un ouvrage, propose la création d'un État juif en Palestine[1].

En cette première moitié du XIXe siècle, les Juifs de Palestine ne sont que quelques milliers, 85 % d'entre eux n'ont aucune activité économique, les 15 % restants sont des artisans ou des petits commerçants. La plupart vivent des aides que leur envoient des associations philanthropiques juives d'Europe (allemandes, britanniques ou françaises). Certaines tentent de former les plus démunis à une activité agricole, mais lorsqu'une institution comme l'Alliance israélite universelle engage, en 1878, des actions d'éducation pour combattre la pauvreté et former des jeunes à un métier, le judaïsme orthodoxe de Jérusalem fait front contre cette tentative. En réalité, pour les communautés juives d'Europe ou de Salonique, la situation des juifs de Palestine n'a pas grande importance. Qu'elles soient achkénaze ou séfarade, en dehors du temps des prières[2], elles se désintéressent de Jérusalem.

1. Moses Heine (1812-1875), *Rome et Jérusalem*, Albin Michel, 1981.
2. « L'an prochain à Jérusalem » : ces mots sont prononcés en conclusion du premier jour de la cérémonie de la Pâque juive (*Pessah*) et à l'issue du jeûne du Grand Pardon (*Yom Kippour*). Dans les milieux sionistes israéliens on complète la phrase par « Jérusalem reconstruite ».

La naissance du projet sioniste

Le projet sioniste naît dans les milieux les plus intégrés du judaïsme de l'Europe de l'Ouest et centrale, parmi cette bourgeoisie juive qui a longtemps cru en la force de la philosophie des Lumières, en la capacité des sociétés modernes à faire du Juif un citoyen à part entière, en la capacité du judaïsme à se transformer en une religion comme une autre. « Sois juif chez toi et homme au-dehors », disait Moïse Mendelssohn, guide du judaïsme allemand et théoricien de l'émancipation [1]. Il fut longtemps cru, jusqu'au jour où dans l'Europe occidentale et surtout centrale de la fin du XIXe siècle, la virulence et la popularité des campagnes antisémites jetèrent le trouble chez certains intellectuels européens issus du judaïsme. Déstabilisés dans leur citoyenneté, qu'elle soit allemande, française, britannique ou autrichienne, leur vision de l'avenir se voile, leur citoyenneté, jamais définitivement établie, est à nouveau remise en question.

D'autres, au contraire, ne doutent pas de la capacité intégrationniste des pays européens, ils redoutent même ce processus, ce risque de dilution de ce qu'il est convenu d'appeler le peuple juif dans les États-nations d'une Europe moderne. Ramener le judaïsme à une religion revient pour ce courant à mettre en question la réalité même de la notion de

1. Ce mouvement d'émancipation s'exprima notamment par la voix du judaïsme réformé américain. En 1885, dans la plate-forme dite de Pittsburgh, il était écrit : « Nous ne nous considérons plus comme une nation, mais comme une communauté religieuse ; en conséquence, nous n'attendons ni un retour en Palestine [...] ni la restauration des lois propres à un État juif » *(Dictionnaire encyclopédique du judaïsme, op. cit.).*

peuple juif. L'assimilation fait peur, elle a toujours fait peur et ce depuis les temps où la civilisation grecque avait marqué et transformé une partie du judaïsme de l'Antiquité (voir chapitre I).

Dans ce contexte apparaissent les premières expressions organisationnelles pour un retour à Sion[1]. En 1881, à Francfort-sur-l'Oder, une société pour la colonisation de la Palestine est créée, les Amants de Sion. Son but est de soutenir l'installation de communautés juives en Palestine ; son influence est réduite aux milieux intellectuels, mais l'idée commence à cheminer à travers l'Europe. Un tel projet part d'un constat pessimiste : toute tentative pour maintenir une identité juive en Europe est condamnée à se confronter à des oppositions violentes et à des persécutions. Si les Juifs souhaitent prendre leur avenir en main, il leur faudra quitter l'Europe et rejoindre Sion. Un an plus tard est formée à Vienne la première fraternité juive étudiante avec un programme national, la *Kadimah*, dont le but est de forger une identité juive en milieu universitaire. Mais pour s'imposer il lui faut affronter les fraternités patriotiques germaniques. Assimilationnistes déçus et identitaires inquiets se rejoignent autour de ces mêmes questions : où vivre ? Comment vivre ? De telles questions traversent depuis des décennies le judaïsme européen mais la réponse que proposent ces cercles est encore peu connue dans les communautés.

Face à la pression antisémite qui traverse l'Europe de cette fin du XIXe siècle, les Juifs de Russie

1. Le terme de sionisme apparaît en 1893 dans un livre sans succès, *La construction d'un État juif en Palestine*, de Nathan Birnbaum, l'un des coanimateurs de la Kadimah de Vienne.

sont en première ligne. Au pays des tsars, à l'antisémitisme d'État se mêle la vieille culture de l'« âme russe » qui accepte mal les communautés minoritaires et pratique volontiers le système du « bouc émissaire ». Dans cette Europe de l'Est, les pogroms, ces émeutes organisées contre telle ou telle communauté juive, se succèdent et se ressemblent. Les interdits sont également nombreux, les différentes formes de *numerus clausus* excluent, le repli et l'enfermement sont imposés aux communautés juives riches de 5 millions de personnes — soit, à elles seules, la moitié des populations juives mondiales (voir chapitre III). Quitter sa terre natale apparaît pour beaucoup comme une solution, si ce n'est LA solution. Mais le but à atteindre c'est l'Amérique, ou plus exactement les États-Unis, véritable terre promise pour tous les pauvres d'Europe[1]. Un exemple : réunies à Berlin en avril 1882, les grandes organisations juives philanthropiques d'Europe avaient exprimé le souhait que l'émigration des Juifs d'Europe de l'Est se dirige vers des pays dynamiques et en plein développement, donc en premier lieu vers les États-Unis. L'Orient considéré comme beaucoup trop misérable ne pouvait être un lieu d'accueil[2].

L'idée du retour des « enfants d'Israël » en Eretz-Israël[3] ne déclenche guère d'enthousiasme, bien au

1. En cette fin du XIXe siècle, seulement 1 % de l'émigration juive d'Europe se dirige vers la Palestine et, même là, les institutions installées sur place telle que l'Alliance israélite universelle se donnent pour tâche d'initier à la modernité de jeunes Juifs palestiniens en vue de leur départ vers... les Amériques.

2. Entre 1881 et 1920, les États-Unis accueilleront 2 millions de Juifs d'Europe, essentiellement de Russie. Pendant cette même période, la population du pays passera de 50 millions d'habitants à 106 millions.

3. L'appellation *Eretz-Israël* (Terre d'Israël) apparaît pour la première fois avec Samuel comme le pays d'habitation du

contraire elle provoque même de nombreuses et sérieuses oppositions de la part des communautés juives, des notables laïcs et du rabbinat. Ainsi, en 1897, le premier Congrès sioniste se tient à Bâle parce que la communauté juive de Munich, ville pressentie à l'origine, s'est fermement opposée à la tenue d'une telle réunion dans la ville. En France même, des grands noms de la philanthropie juive tels que Maurice de Hirsch ou Edmond de Rothschild[1] rejettent les projets de Theodor Herzl. Autant ils financent des associations d'entraide aux Juifs de Palestine, autant ils se refusent à financer le mouvement. Un homme comme Edmond de Rothschild ira jusqu'à investir dans le foncier en Palestine, sur le plateau du Golan, en Syrie, sans déplacer les populations indigènes, et s'il participe à la mise en place d'une école agricole et d'une ferme expérimentale, c'est parce qu'elles sont d'abord destinées à sortir de la misère et de l'ignorance les jeunes Juifs de Palestine. Globalement, les associations philanthropiques juives qui agissent en Palestine

---

peuple juif, mais les frontières n'en sont pas définies. Les limites de ce pays seront précisées dans le livre des Rois II. Lorsqu'en 1919, le mouvement sioniste définit les limites d'Eretz-Israël, il intègre une partie du Sud-Liban, une partie de la Syrie et de la Jordanie, le Néguev et la région de Gaza. Le nom de Palestine est attribué à cette région par les Romains vers 135 avant è.c., après la révolte de Bar Kokhba. En fait, ce terme d'Eretz-Israël est largement utilisé pour échapper à l'Histoire, pour décrire un monde et une terre éternels. Une terre juive ayant existé de tout temps, même au temps où les communautés juives y étaient peu nombreuses, misérables et ne vivaient que de la charité de la diaspora.

1. Maurice de Hirsch aidait à la mise en œuvre de projets agricoles en Argentine, et Edmond de Rothschild finançait des projets en Palestine bien avant la naissance du mouvement sioniste.

ont certes des liens avec les puissances européennes et participent à l'influence de celles-ci au Moyen-Orient, mais elles n'ont pas de projet politique pour ce pays. Par tradition, elles aident la misérable communauté juive de Palestine survivante d'un passé fort lointain. C'est le mouvement sioniste qui s'engagera sur la voie d'une expression politique juive grâce à la construction d'une entité étatique.

Quant aux responsables religieux, qu'ils soient néo-orthodoxes comme en France, réformés comme aux États-Unis et en Allemagne ou orthodoxes comme en Pologne et en Russie, ils voient en général d'un très mauvais œil la construction d'un projet politique fortement teinté de laïcisme et qui appelle à la réunification des communautés juives au sein d'un État-nation. Le sionisme, dans son audace, appelle à la mise en pratique du rêve messianique et offre la possibilité à toute une jeunesse de l'Est européen de sortir du « joug de la Torah et des *mitzvot*[1] ». Pour ce faire, il utilise le cadre du langage messianique — le retour à la Terre promise et à la pureté passée —, mais il reprend également les formes du discours social-démocrate européen, sur la construction de l'homme nouveau et fraternel. Une telle audace est condamnée, au moins provisoirement, par la majorité des notables religieux d'Europe[2]. Pour l'orthodoxie juive, s'installer en Eretz-Israël avant le début de l'ère messianique est de l'or-

1. L'expression est de Yechayahou Leibowitz (*Israël et judaïsme*, Desclée de Brouwer, 1996).

2. Au départ le sionisme ne concerne que les communautés juives d'Europe. Ni l'Afrique ni l'Asie ne seront sensibles à ce mouvement, même si au premier Congrès sioniste, Theodor Herzl avait, par exemple, fait venir à Bâle une délégation des *Béné Israël*, une des communautés juives de l'Inde (voir p. 92).

dre du péché. Les humains n'ont pas à choisir les conditions de leur exil, ils doivent l'assumer, le vivre et remercier Dieu de cette épreuve. Le projet sioniste brise donc la continuité de l'histoire juive et, du même coup, il met, du point de vue du religieux, en péril la cohésion du monde juif. Le peuple doit d'abord être uni autour de sa Loi et obéir absolument aux règles voulues par Dieu. L'exil est un passage obligé dont on ne peut connaître ni décider de la durée. Pour les Juifs orthodoxes du début du siècle, le sionisme doit donc être combattu comme une déviation du judaïsme et comme un danger. Pour cette raison, dès 1911-1912, un parti orthodoxe antisioniste est créé en Pologne, *Agoudat Israël*. En Allemagne, chez les néo-orthodoxes, on retrouve également, malgré une certaine ouverture à la modernité, cette opposition au sionisme qui a la prétention de hâter le temps du retour, qui développe un projet tentateur au risque de briser l'unité historique du judaïsme et de placer la nation juive au même rang que les autres nations. Pour l'orthodoxie juive, « le sionisme est, au sens propre, le Tentateur (Satan)[1] de la nation juive qui, au moment décisif où sa loyauté doit faire définitivement ses preuves, arrache de sa tête le diadème de l'unité historique, le diadème du messianisme[2]... ». La nation juive existe déjà, elle a été créée sur le mont Sinaï, son législateur est Moïse, son souverain, Dieu, sa constitution, la Torah.

1. Dans la Bible hébraïque, le mot Satan signifiait simplement un ennemi, ce n'est que plus tard qu'il deviendra un être surnaturel.
2. Jacob Rosenheim, leader de la communauté orthodoxe de Francfort, 1910. Cité par Alain Dieckhoff, *L'invention d'une nation,* Gallimard, 1993, p. 174-175.

Au début du XXe siècle, une scission a tout de même lieu au sein du mouvement religieux. Sous l'impulsion du rabbin de Lituanie Yitzhak Yaakov Reines (1839-1915), en 1902, une organisation sioniste et religieuse est formée, le parti Mizrahi[1]. Il va œuvrer en faveur de la création d'un État religieux au service des textes sacrés. Le sionisme religieux existe donc dès le début du siècle, il vise à la formation d'un État juif intégralement respectueux de la Loi. Pour ce mouvement, le projet étatique est considéré comme la phase initiale du temps messianique, le début du chemin vers le pardon, une étape qui prépare l'arrivée du Messie. Parmi les hommes qui vont nourrir ce courant et permettre au religieux d'être présent à chaque étape de l'histoire du sionisme, il y a le premier grand rabbin[2] de Palestine, Yitzhak Hacohen Kook[3]. Il voit dans le sio-

1. Ce parti adoptera en 1956 le nom de Parti national religieux.

2. Il n'y a aucune autorité pyramidale dans le judaïsme. Les interprétations des textes sacrés ont donc toujours été nombreuses. Leur force dépendait de la réputation du rabbin qui faisait le commentaire. Par contre, les États, au Moyen Âge comme au XXe siècle, ont toujours souhaité avoir une autorité représentative du judaïsme. Ce fut en son temps le *magister judaeorum*, le *Hoschmeister*, le *landesrabbiner* ou le *hakham bachi* à Istanbul. Le grand rabbinat d'Israël est particulier parce que considéré comme un service de l'État avec une exclusivité juridique en matière notamment de mariage et de divorce.

3. Le rabbin Y. H. Kook (1865-1935) est né dans une petite bourgade de Lettonie. Instruit par son père puis dans une *yechivah* (école talmudique), il séjourne à Berlin, émigre en 1904 en Palestine et devient le grand rabbin de Jaffa. En 1916, il est grand rabbin de Londres, position éminemment importante pour la suite du mouvement sioniste. Il rentre en Palestine en 1919. D'abord grand rabbin de Jérusalem, il devient grand rabbin de Palestine et fonde une école talmudique favorable au sionisme. Son fils deviendra le leader spiri-

nisme des traces de l'action divine face à l'individualisme moderne et aux tentations de l'assimilation. Une étape sur le chemin du repentir. Le mouvement sioniste, même laïque, est à ses yeux composé de créatures de Dieu avec un destin collectif au service du judaïsme. Il soutient, par exemple, la création de kibboutzim religieux parce que la terre est d'abord sacrée et source purificatrice [1]. Son militantisme le pousse même à se rendre en 1914 au congrès du parti religieux antisioniste *Agoudat Israël*, pour tenter un rapprochement autour de la construction d'un État religieux.

Le projet sioniste est également confronté à l'opposition du mouvement marxiste socialiste juif de Russie et de Pologne, le Bund, qui dès la fin du XIXe siècle mobilise les ouvriers juifs, valorise la langue yiddish, considérée par le judaïsme de l'Ouest européen comme un jargon, et prône la défense active de la culture achkénaze là où les communautés sont enracinées depuis des centaines d'années (voir chapitre III). Un mouvement qui lui aussi milite en faveur d'une autonomie politique juive mais dans le cadre d'une révolution internationaliste. Il s'oppose donc au sionisme, même si ce dernier revendique également le statut de mouvement révolutionnaire.

---

tuel du mouvement sioniste d'extrême droite, le Bloc de la Foi (*Goush Emounim*).

1. À ce sujet, on peut consulter l'intervention d'Henri Atlan, *État et religion dans la pensée politique de rav. Kook*, dans le cadre du XXIIIe Congrès des intellectuels juifs de langue française, Gallimard, coll. Idées, 1984.

Theodor Herzl, un intellectuel juif dans l'Empire austro-hongrois

Theodor Herzl est né à Budapest en 1860, dans une famille de commerçants aisés, conservateurs mais croyant fermement aux vertus de l'assimilation au sein de l'Empire austro-hongrois. En 1878, sa famille s'installe à Vienne où le jeune Herzl poursuit ses études. Formé au droit, il se consacre, avant de devenir le père du projet sioniste, à l'écriture théâtrale, plus particulièrement au vaudeville, puis se lance dans le journalisme, écrivant surtout pour le quotidien libéral viennois *Neue Freie Presse* dont il devient le correspondant à Paris. Pour les historiens officiels du sionisme, sa présence en France lors de l'affaire Dreyfus lui révèle le caractère indépassable de l'antisémitisme européen.

En fait, Theodor Herzl a déjà subi les outrages de l'antisémitisme, à Budapest comme à Vienne, à l'école comme à l'université, mais, en même temps, il est resté profondément attaché à sa culture germanique. En 1881, il avait même adhéré à la fraternité d'étudiants Albia, une organisation foncièrement pangermaniste aux relents antisémites. Il en démissionnera, mais son modèle restera la nation allemande telle qu'elle a été pensée et mise en œuvre par Bismarck. En 1893, à peine quelques années avant son engagement sioniste, il développe l'idée d'une possible conversion collective des Juifs de Vienne en la cathédrale Saint-Étienne. Dans son journal, en 1895, soit un an avant la publication de son ouvrage *L'État des Juifs. Essai d'une solution moderne du problème juif* (*Die Judenstaat*), il écrit : « Au reste, si je voulais être quelque chose, ce serait un noble prussien de vieille souche[1]. » Et dans ses écrits de journaliste, il n'apparaît nullement

1. Cité par Léon Poliakov, *L'impossible choix. Histoire des crises d'identité juive*, Austral, 1995.

comme un soutien à Alfred Dreyfus. Selon l'historien Alain Dieckhoff, le futur leader du sionisme aurait beaucoup hésité avant d'accepter l'innocence de l'officier français dégradé et envoyé au bagne pour trahison.

Son rêve assimilationniste, si cher au cœur du judaïsme éduqué dans l'Europe des Lumières, s'estompe puis disparaît face aux montées des courants antisémites. Theodor Herzl ne va plus jamais croire en la capacité des nations, qu'elles soient allemande, britannique, française ou austro-hongroise, à accepter le Juif comme un citoyen à part entière, en la possibilité de faire du judaïsme une religion comme une autre. L'élection à la mairie de Vienne, le 14 mai 1895, d'un antisémite notoire, Karl Lüger, ne fait que renforcer sa volonté d'exister en tant que Juif. Ainsi naît le projet sioniste, l'idée de la construction d'un État juif, la création d'une entité politique autonome vis-à-vis des nations européennes, en dehors d'elles et capable d'unifier les différentes communautés juives et de donner une réalité politique à la notion de peuple juif. Mais dans son ouvrage fondateur, il n'évoque ni la construction d'un tel État en Palestine, ni la question de la renaissance de l'hébreu comme langue nationale. Pour lui, l'allemand reste la seule langue possible d'une future entité juive.

Dès 1897, année du premier Congrès juif sioniste, Herzl se révèle être un homme d'action et un politicien pragmatique. Il rassemble, stimule, mobilise, crée un hebdomadaire, *Die Welt*, cherche à attirer aussi bien les grandes familles juives d'Europe que les mouvements socialistes et une partie du rabbinat. En 1898, il effectue son premier et unique voyage en Palestine. De ce voyage, il retiendra des images de misère, de saleté et d'indigence[1]. La Palestine réelle ne l'attire guère, son éducation de bourgeois de l'Empire austro-hongrois reprend vite le dessus, mais peu à peu l'idée d'une Pales-

1. *The Complete Diaries of Theodor Herzl*, Herzl Press et Thomas Yoseloff, Londres et New York, 1960.

tine juive fait son chemin et il s'engage dans des négociations poussées avec les responsables de l'Empire ottoman pour qu'ils tolèrent, sinon favorisent, un mouvement migratoire juif vers la Palestine.

Lorsque Theodor Herzl meurt, le 3 juillet 1903, ces négociations n'ont toujours pas abouti. Le mouvement sioniste est encore très faible.

Au tout début de notre siècle, pour les Juifs européens en quête d'un avenir dans la modernité, pour tous ceux qui tentent d'échapper à l'emprise de la tradition et des ghettos et qui sont partagés entre des rêves d'intégration, de révolution marxiste ou d'Amérique, le sionisme fait figure de projet hors du temps, hors des réalités. Et pourtant, ses idées pénètrent peu à peu les communautés juives, surtout celles de l'Est européen au contact immédiat avec l'antisémitisme virulent des mouvements nationalistes. Chaque vague antisémite, chaque pogrom en Russie, en Pologne ou dans les jeunes États-nations d'Europe centrale nés après le traité de Versailles se solde généralement par des blessés, des morts, et provoque des mouvements d'émigration. En 1903, le pogrom de Kichinev entraîne des départs massifs de Russie ; deux ans plus tard, après l'échec de la révolution de 1905, l'antisémitisme russe s'épanouit et à nouveau des milliers de Juifs russes quittent leur pays[1]. Une minorité choisit la Palestine. Si, en 1850, on comptait 10 000 Juifs en Palestine, entre 1904 et 1914, 40 000 nouveaux immigrants juifs

1. La première Douma, élue au lendemain de la révolution de 1905, avait envisagé l'élaboration d'un texte de loi sur l'émancipation des Juifs russes. Elle sera dissoute avant la mise en œuvre de ce projet.

dont 11 000 de Russie s'installent ; en 1918, on en compte 56 000.

Le sionisme demande aux Juifs de n'attendre ni le retour du Messie, ni l'apocalypse purificatrice qui doit le précéder. Retrouver la « Terre promise » et construire une nation devient un projet humain et séculier, concret et politique qui, selon les idéologues du sionisme, doit s'inspirer des modèles européens de France et d'Allemagne. La France pour ses structures démocratiques, l'Allemagne pour sa conception du droit du sang. Pour nombre de Juifs, un tel projet signifie la fin de la peur et de la précarité, une possible sortie du ghetto sans pour autant se perdre dans l'assimilation pure et simple. Comment rester juif, tout en accédant à la modernité européenne ? Le sionisme se veut la réponse : il propose la rupture avec le monde diasporique, avec l'Europe, et cette volonté de faire table rase du passé est d'autant plus radicale que dirigeants et militants sont intimement liés, et ce depuis des siècles, à ce continent, à sa culture, à ses valeurs et à ses langues. Il intègre l'idée du destin si fortement ancré dans le judaïsme, le remodèle en utilisant la notion contemporaine du sens de l'histoire et en appelle à la construction d'un avenir par ailleurs inexorablement inscrit dans la marche du monde. Le sionisme réussit à rejeter les valeurs de l'Europe diasporique et, en même temps, s'approprie tous les grands idéaux qui ont traversé le vieux continent : le socialisme et la place de l'appareil d'État dans une société nouvelle, la conception marxiste de la violence révolutionnaire et le principe léniniste selon lequel la fin justifie les moyens. Il intègre également les croyances des révolutions bourgeoises européennes en la science, la raison, le travail et la nation.

Qu'ils aient été formés dans le hassidisme, comme Aharon David Gordon[1], ou dans le marxisme, comme Ber Borokhov[2], les penseurs du sionisme veulent construire un Juif nouveau, purifié par l'effort communautaire, par l'enracinement dans la terre, par le mépris de l'argent et le rejet de la lutte des classes au nom de l'unité retrouvée de la nation[3]. Ce n'est pas un projet de retour aux sources de l'Orient, cela les puissances occidentales l'ont très vite compris, c'est la tentative, pour des Européens croyant aussi aux valeurs politiques,

1. Aharon David Gordon (1856-1922) est issu d'une famille pieuse de Vilno, la Jérusalem de la Lituanie. Il s'installe en Palestine à quarante-huit ans et prône la vie communautaire, le travail de la terre, la lutte contre l'individualisme et les classes parasitaires (fonctionnaires, boutiquiers, etc.). Pour lui le libéralisme des Lumières est un danger philosophique pour la construction d'une nation juive enracinée et collective. La nation est source de vie, en cela elle s'oppose à la notion de société qui n'est qu'un agrégat d'individualités.

2. Ber Borokhov (1881-1917) est originaire de Russie méridionale, il est largement influencé par le marxisme d'origine austro-hongroise et milite, comme David Ben Gourion, au petit parti sioniste ouvrier *Poalé Tsion* (les Ouvriers de Sion). Il tente du point de vue théorique d'intégrer la pensée marxiste dans le projet sioniste. On lui doit notamment en 1905 un ouvrage publié en russe et en yiddish, *Les intérêts de classe et la question nationale*. En 1912, il avait proposé une normalisation de l'orthographe yiddish pour en faire la langue des Juifs de Palestine et en 1914 il défend, au nom de l'internationalisme, une position pacifiste et rejoindra le mouvement de Zimmerwald. Il s'est toujours refusé à prendre en compte la réalité de la population arabo-palestinienne dans sa réflexion sioniste.

3. En 1919 apparaît également en Palestine un parti communiste antisioniste composé pour l'essentiel de militants juifs (cf. à ce sujet le livre de Taline Ter Minassian, *Colporteurs du Komintern*, éd. des Presses de Sciences-Po, 1997).

économiques et sociales du vieux continent, de retrouver l'Orient mythique tout en conservant les valeurs de l'Occident.

Troisième voie entre la tradition religieuse et les projets autonomistes de la *yiddishkeit*[1], le mouvement sioniste commence, en Palestine, à devenir une réalité pendant la deuxième *Aliyah*[2] (1904-1914), la deuxième montée vers la Terre promise, la première ayant eu lieu, dans l'épopée sioniste, entre 1882 et 1903, après les pogroms russes de 1881. Il y a à cette époque 30 000 Juifs en Palestine, et le pays voit arriver nombre d'émigrants russes en quête d'un pays d'accueil. Une immigration urbaine et laïque qui s'installe à Jaffa, Haïfa et Jérusalem. Marquée par les remous révolutionnaires de la Russie de 1905, elle croit au rôle de l'action révolutionnaire pour construire une société, mais a, dans la plupart des cas, abandonné l'idée de participer à la transformation de la société russe. C'est au cours de cette période que le travaillisme sioniste va s'implanter pour devenir la plus importante force politique du pays. De cette émigration émergent nombre de militants du sionisme socialiste — un courant

1. Terme utilisé pour qualifier le monde culturel, social et politique de langue yiddish.

2. À l'origine *Aliyah* est un terme utilisé dans le rite synagogal *aliyah la-torah* qui désigne, pour un membre de la communauté, la montée vers la plate-forme où est déposée la Torah dans la synagogue. Celui qui est appelé à lire un passage de la Torah se rend vers cette plate-forme par le chemin le plus court et, après sa lecture, la quitte à reculons par le chemin le plus long. Dans l'idéologie sioniste, il s'agit d'une montée d'une terre inférieure vers une terre supérieure. Le terme d'immigration, *hagirah*, n'est jamais employé lorsqu'on parle de l'immigration juive vers Eretz-Israël, il est réservé pour parler des autres mouvements migratoires de par le monde.

qui défend la création d'un prolétariat juif, d'une économie juive et combat les entreprises issues des précédentes vagues d'émigration qui embauchent des salariés arabo-palestiniens. On assiste alors, lentement, à la mise en place d'un processus d'exclusion et de rupture radicale avec la société arabo-palestinienne.

Face au projet sioniste, les autorités ottomanes refusent de négocier avec Theodor Herzl pour le développement d'implantations juives en Palestine. Du coup, le mouvement hésite, se déchire, certains sont prêts à accepter hors de la Palestine, en Angola ou en Ouganda, la constitution d'un foyer juif. Autant de projets sans lendemain mais qui renforcent encore les partisans du retour à Sion.

La déclaration Balfour donne un nouvel élan au mouvement sioniste

Avec la guerre de 1914, les mondes juifs explosent et le mouvement sioniste, même s'il se déclare neutre, est paralysé et divisé. Le judaïsme français mobilise contre l'Allemagne. Le judaïsme russe n'est pas prêt à soutenir le tsar et une armée ouvertement antisémite, et se montre sensible aux efforts allemands pour émanciper les Juifs dans les territoires occupés par les troupes de l'empereur Guillaume II. Quant au judaïsme allemand, il se mobilise contre la France tandis que du côté de la communauté anglaise, historiquement très liée à l'Allemagne, on se replie. Plutôt germanophile, le mouvement sioniste européen est désuni. Un leader ultra-nationaliste comme Vladimir Zeev Jabotinsky prône la création d'une légion juive aux côtés des Franco-Anglais, un leader travailliste comme David Ben Gourion cher-

FIGURE 8

1916 : le partage du Proche et du Moyen-Orient entre les grandes puissances

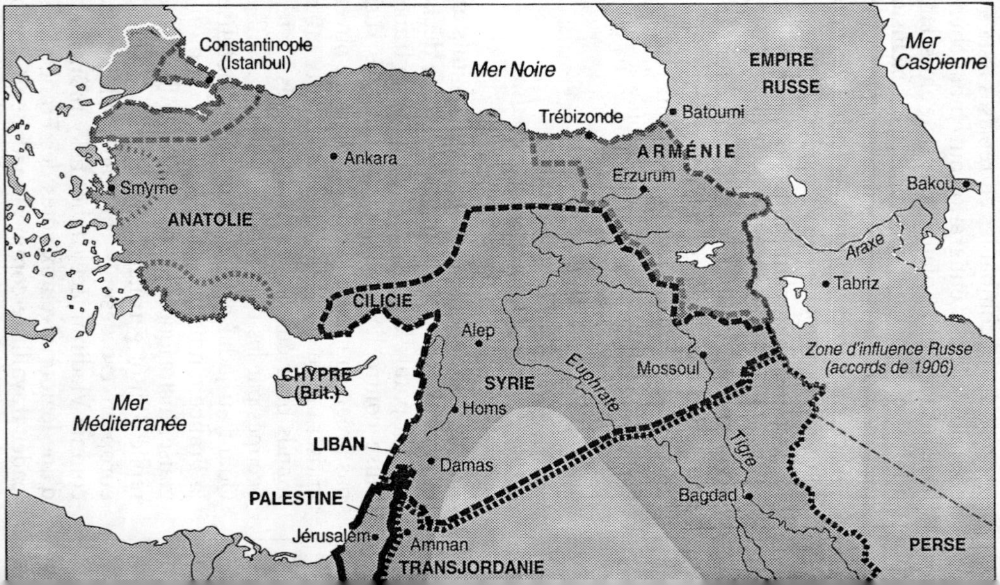

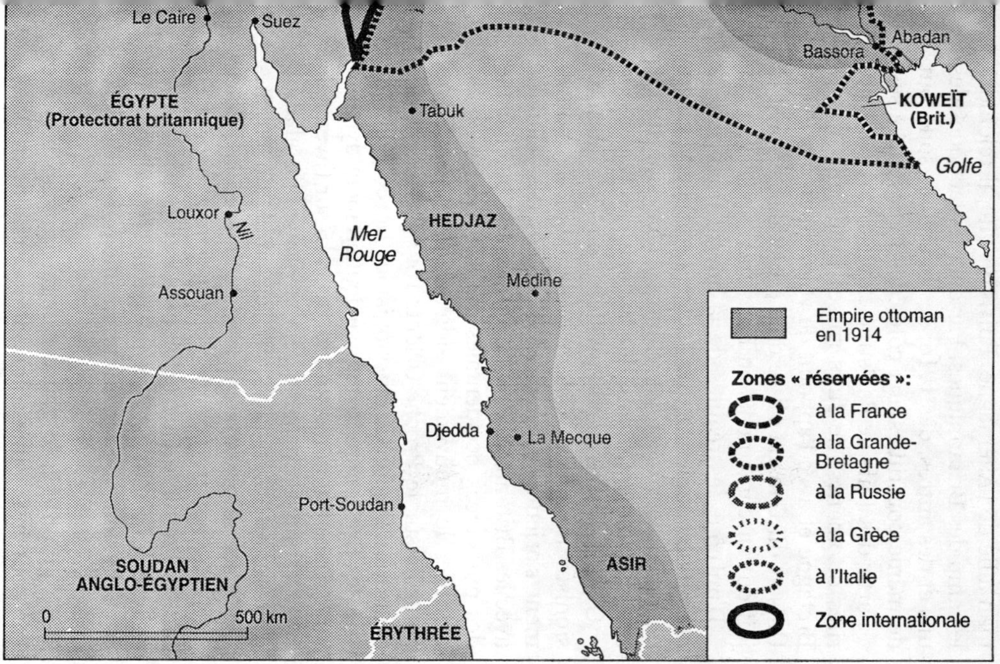
Le Caire
Suez
ÉGYPTE
(Protectorat britannique)
Louxor
Nil
Assouan
Mer
Rouge
Tabuk
HEDJAZ
Médine
Djedda
La Mecque
Port-Soudan
ASIR
SOUDAN
ANGLO-ÉGYPTIEN
ÉRYTHRÉE
0
500 km
Bassora
Abadan
KOWEÏT
(Brit.)
Golfe
Empire ottoman
en 1914
Zones « réservées »:
à la France
à la Grande-
Bretagne
à la Russie
à la Grèce
à l'Italie
Zone internationale

che d'abord un rapprochement avec l'Empire ottoman allié de l'Allemagne. Puis, très vite, il rejoindra le camp des Britanniques. Par-delà les tactiques des uns et des autres, dès 1916, des bataillons sont tout de même constitués aux côtés des forces anglaises, à partir des Juifs de Palestine expulsés par les autorités ottomanes, de Juifs russes exilés en Grande-Bretagne et avec l'appoint de volontaires des États-Unis et du Canada ; il se crée également un réseau juif de renseignements en Palestine.

D'un côté, les réalités de la guerre fragilisent la notion de peuple juif ; de l'autre, cette tuerie essentiellement européenne renforce l'idée sioniste du besoin d'une entité loin de l'Europe.

Grâce à l'influence du président de l'Organisation sioniste mondiale, Chaïm Weizmann, le mouvement s'oriente vers un renforcement des relations avec les Britanniques, et ce au moment où chacune des puissances occidentales envisage sérieusement d'utiliser le mouvement sioniste pour asseoir son contrôle sur le Proche-Orient. Tous imaginent une utilisation régionale du sionisme. De ce point de vue, les Britanniques sont particulièrement dynamiques. Dans un mémorandum de 1915 sur l'avenir de la Palestine, ils avaient déjà envisagé l'installation de communautés juives sur l'ensemble du Proche-Orient et se préparaient à engager avec la France une lutte sourde pour le contrôle de la région. De fait, la Première Guerre mondiale n'est pas encore achevée que tout est prêt pour une sorte de parrainage du sionisme par au moins une puissance européenne.

En juin 1917, le gouvernement français apporte son soutien à « une colonisation israélite en Palestine[1] ». Cinq mois plus tard, le 9 novembre, la presse publie la lettre d'Arthur James Balfour[2] à Lord Rothschild. Si, dans l'épopée sioniste, la déclaration est présentée comme le résultat de la dynamique et de la puissance du mouvement, plusieurs historiens y voient plutôt une façon pour la Grande-Bretagne de rechercher des alliés dans la région face à la France qui a également des visées sur la Palestine. Quoi qu'il en soit, cette déclaration favorise le projet sioniste.

La déclaration Balfour est une lettre ouverte qui, remarquons-le, ne s'adresse pas officiellement à la direction du mouvement sioniste ni à l'un de ses dirigeants historiques. Elle est destinée à un pair du Royaume-Uni dont on ne peut pas dire qu'il soit un militant du mouvement créé par Theodor Herzl.

La déclaration Balfour

« Cher Lord Rothschild,

J'ai le grand plaisir de vous adresser, au nom du gouvernement de Sa Majesté, la déclaration de sympathie pour les aspirations juives qui ont été soumises au cabinet et approuvées par lui.

Le gouvernement britannique de Sa Majesté envisage favorablement l'établissement en Palestine d'un Foyer

1. Lettre de Jules Cambon, ministre français des Affaires étrangères, cité par Henry Laurens, *La question de Palestine, 1799-1921*, Fayard, 1999.

2. Aristocrate conservateur et de forte culture biblique, il fut Premier ministre en 1902, et est en 1917 ministre des Affaires étrangères dans le cabinet de Lloyd George. C'est à ce titre qu'il signe la déclaration qui porte son nom.

national pour le peuple juif et emploiera tous ses efforts pour faciliter la réalisation de cet objectif, étant clairement entendu que rien ne sera fait qui puisse porter atteinte soit aux droits civils et religieux des collectivités non juives existant en Palestine, soit aux droits et statuts politiques dont les Juifs disposent dans tout autre pays.

Je vous serais reconnaissant de porter cette déclaration à la connaissance de la Fédération sioniste. »

La presse britannique publiera cette déclaration le 9 novembre 1917.

Entre 1919 et 1923 (la troisième *Aliyah* pour le mouvement sioniste), la Palestine reçoit 35 000 nouveaux immigrants juifs dont 85 % viennent de Russie. En 1922, on compte alors 84 000 Juifs et 620 000 Arabo-Palestiniens. La colonisation se fait lentement — à tel point qu'en décembre 1922, au IIIe Congrès du parti *Ahdout Haavoda,* David Ben Gourion, un des leaders du travaillisme nationaliste, évoque même un échec possible de la reconquête de la Palestine par le peuplement. Le judaïsme européen n'est toujours pas prêt à quitter sa terre natale.

Eliezer Ben Yehouda et la naissance de l'hébreu moderne

De son vrai nom Eliezer Isaac Perelman Elianov, Eliezer Ben Yehouda est né en 1858 à Vilna (actuellement Vilnius, capitale de la Lituanie), le plus grand centre européen du monde juif et yiddishiste. Élevé par un oncle, propriétaire terrien, il est destiné, pour la plus grande gloire de sa famille, au rabbinat. Formé à la *yechivah* de Plotsk (Russie), il reçoit les enseignements de Rav Yossi Bloïker qui, en marge de l'étude traditionnelle, lui fait découvrir la littérature hébraïque moderne et surtout l'initie au mouvement juif des Lumières, la Haskalah, considérée comme hérétique par les communautés orthodoxes. Peu à peu, presque naturellement, il abandonne les études religieuses, intègre le lycée de Dinabourg (Dvinsk), se passionne pour la littérature russe et le mouvement nihiliste, milite en faveur des Bulgares révoltés contre l'Empire ottoman, se lie avec la revue de littérature hébraïque *Ha Shaha* (*L'Aurore*) [1] et décide de devenir médecin.

En 1878, il s'installe à Paris pour suivre les cours de la faculté de médecine, écrit son premier article en hébreu dans *Ha Shaha*, écoute Gambetta à l'Assemblée nationale, fréquente des intellectuels hébraïsants et imagine la construction d'un dictionnaire d'hébreu moderne [2]. Il n'a guère plus de vingt ans.

Atteint de tuberculose, il abandonne les études médicales et décide de partir pour la Palestine. En 1881, un journaliste russe, correspondant à Paris du très libéral *Rouski Mir,* l'aide à financer son voyage. L'installation à Jérusalem est précaire, il vit de peu, enseigne un peu d'hébreu à l'école de l'Alliance israélite universelle que dirige alors Nissim Behar [3], collabore au journal hiérosolymitain *Havatselet*, mais surtout il doit faire face à un environnement humain parfaitement indifférent, et parfois

1. Cette revue était à l'époque dirigée par Peretz Smolenskine, alias Peretz ben Moshé (1842-1885). Membre du mouvement de la Haskalah, il appartenait également à l'organisation des Amants de Sion qui participa à la création de communautés juives en Palestine avant la naissance du mouvement sioniste.

2. À noter que le mot « dictionnaire » n'existe pas dans l'hébreu traditionnel, l'hébreu moderne introduira cette notion avec le mot *Milon,* de *mila* : le mot, la parole.

3. Nissim Behar (1848-1931) quittera la Palestine pour les États-Unis en 1901 et deviendra l'un des principaux leaders du judaïsme américain.

hostile, à un quelconque projet de création d'un hébreu du quotidien. En 1894, il sera même dénoncé aux autorités ottomanes par les orthodoxes juifs qui voient en lui un agitateur et un blasphémateur.

En cette fin du XIXe siècle, et sans lien réel avec le mouvement sioniste naissant, le but d'Eliezer Ben Yehouda est, depuis son arrivée en Palestine, clairement exprimé : faire que l'hébreu devienne la langue maternelle d'une future nation juive. Il commence par imposer son usage exclusif à lui-même puis à son entourage. Contre lui, il a l'ensemble des communautés juives, chacune avec sa propre langue, riche et bien vivante. Peu lui importe, il a déjà fondé une Académie de la langue hébraïque, deux hebdomadaires, *Ha Zvi* (*Le Cerf*), en 1888, et *Hashkafah* (*Vision*), en 1897, et a commencé la mise en œuvre d'un vaste dictionnaire de l'hébreu moderne qui comprendra dix-sept volumes dont seulement quatre seront édités de son vivant.

Au fil des ans, l'hébreu gagne du terrain en Palestine parmi les nouveaux émigrants juifs, mais la résistance est rude. La pression des communautés issues d'Europe de l'Est, avec le yiddish pour langue maternelle, ou celle des émigrés de l'Empire austro-hongrois ou d'Allemagne, qui n'aiment que l'allemand, ne facilitent pas l'action militante de Ben Yehouda. En 1906, un premier lycée hébraïque est cependant ouvert à Jaffa. Six ans plus tard, après une lutte acharnée au sein de l'émigration juive, l'hébreu s'impose à l'Institut polytechnique (*Technion*) de Haïfa.

En 1919, après plusieurs années passées aux États-Unis, Eliezer Ben Yehouda revient en Palestine et bataille avec les Britanniques pour faire reconnaître l'hébreu, au même titre que l'arabe et l'anglais, comme une des langues officielles de la Palestine. En 1922, il meurt sans avoir vu naître l'université hébraïque de Jérusalem. La langue est l'armure du peuple, disait-il souvent ; de même qu'il lui faut une terre et un espace politique, de même un peuple a besoin de l'espace de la langue.

Les années 20 vont être essentielles pour l'avenir du sionisme. Pendant cette période se mettent en place les institutions de l'entité juive. Le mouvement sioniste crée la Confédération générale des travailleurs juifs, l'*Histadrout*. Une organisation syndicale et nationaliste dont la fonction essentielle est de favoriser le travail juif, d'organiser la protection sociale du travailleur juif et de participer au développement juif du pays. C'est aussi une façon, en favorisant la création d'une classe ouvrière, d'implanter les forces du sionisme socialiste aux dépens notamment du sionisme religieux. Le syndicat se propose de contrôler le niveau des salaires, assure la protection sociale des salariés, mais, en échange, il souhaite organiser le marché du travail et celui de l'embauche. Son combat sera acharné contre les entreprises juives qui utilisent la main-d'œuvre palestinienne, nettement meilleur marché. La politique future de l'*Histadrout* peut se résumer en une phrase révélatrice des influences multiformes de l'Europe sur le sionisme : les intérêts de la classe ouvrière juive sont les intérêts du peuple juif[1].

Le premier kibboutz sioniste socialiste du mouvement *Hashomer Hatsaïr*, la Jeune Garde[2], est également créé en 1921. Ainsi se met en place, en Palestine-Eretz-Israël, une série d'institutions sociales, culturelles, politiques et économiques, tandis qu'en Europe les organisations se renforcent, mobilisent

1. À cette même époque se tient également le congrès arabo-palestinien d'Haïfa qui voit l'émergence d'un nationalisme palestinien différent du panarabisme et regroupant les musulmans et les chrétiens de Palestine.

2. La référence au vocabulaire de la révolution bolchevik n'est pas innocente.

la jeunesse juive pour le « retour », repèrent les futurs pionniers qui partiront vers le Proche-Orient. À cette époque, les mouvements sionistes ont pratiquement dessiné le profil des populations qu'elles souhaitent voir venir en Palestine : il vaut mieux être jeune, combatif et célibataire. Les familles commerçantes et urbaines comme les religieux des ghettos ne sont pas particulièrement les bienvenus.

Dominé par des idées social-démocrates et nationalistes, le mouvement sioniste produit également en son sein un courant d'extrême droite militant, dirigé par Vladimir Zeev Jabotinsky [1], l'une des figures du sionisme russe. Partisan d'un État fort et solidaire, il croit au rôle du chef par-delà le débat démocratique, à la violence comme expression féconde, force libératrice et purificatrice, et s'inspire volontiers du fascisme italien ou de l'ultra-nationalisme polonais [2]. En 1921, il accède au comité directeur du mouvement sioniste et s'oppose au courant social-démocrate en prônant la formation non pas d'un État sur le modèle démocratique euro-

1. Journaliste, dramaturge, essayiste, Vladimir Zeev Jabotinsky (1880-1940) est à l'origine de la création, en 1923, du *Bétar*, groupe d'étudiants juifs de Riga organisé sur le modèle nationaliste centre-européen en groupes paramilitaires. Il conservera un centre de formation dans l'Italie fasciste jusqu'en 1938. Dès 1937, il prend le contrôle politique de l'organisation terroriste Irgoun.

2. Les liens de V.Z. Jabotinsky avec la droite nationaliste polonaise seront suffisamment étroits pour que l'armée polonaise accueille certains de ses militants dans des camps d'entraînement. Au nom de la construction d'une Pologne pure et catholique, certains courants nationalistes étaient favorables au transfert des populations juives polonaises vers le Moyen-Orient et étaient prêts à favoriser une activité armée en Palestine des militants sionistes.

péen, mais d'une nation juive construite et dirigée avec vigueur. Son influence sera considérable, et encore aujourd'hui, il demeure l'un des guides de l'ultra-nationalisme sioniste.

Après 1929, la puissance des vagues antisémites est telle en Europe que l'idée sioniste ne concerne plus une minorité militante animée par la volonté de changer de vie et de construire une entité juive en Palestine, mais intéresse des groupes entiers de la population juive. L'ultra-nationalisme polonais facilite même l'exil des classes moyennes juives avec le secret espoir de pouvoir déplacer vers ces terres lointaines l'ensemble des communautés. La situation en Allemagne provoque également de nombreux départs qui ne feront que s'amplifier avec l'arrivée de Hitler au pouvoir en 1933. Dans ce contexte, les émeutes antijuives d'août 1929 à Jérusalem, Hébron et Safed, la mobilisation des organisations arabo-palestiniennes comme la tentative britannique de limiter cette immigration et les acquisitions de terre n'y pourront rien changer[1].

Avec ces arrivées massives, notamment celle des Juifs allemands, le projet sioniste n'est plus une aventure pionnière. La réalité de la situation européenne envahit la Palestine juive, même si elle fait tout pour maintenir une distance envers cette diaspora tant décriée, sinon méprisée. Le sionisme continue de rêver à cette construction de l'homme nouveau mais son pragmatisme lui permet de voir dans l'arrivée des éléments de la communauté allemande

1. De 1929 à 1939, la Palestine accueillera 250 000 nouveaux immigrants dont 25 % viennent de l'Allemagne nazifiée.

un apport humain et financier. Certes, ces hommes et ces femmes ne sont pas des militants de la cause : ils sont urbains, provenant pour l'essentiel des professions libérales, des commerçants et des milieux intellectuels et, de plus, ils sont fiers de leur germanité et de leur langue. Ils symbolisent aussi l'opposition des Juifs d'Europe centrale au sionisme tant leur volonté de s'intégrer dans la société allemande et de transformer le judaïsme en une religion ordinaire a été forte depuis le début du siècle[1]. Leur arrivée est utile et problématique, mais la priorité est donnée au peuplement et au renforcement des potentialités étatiques de la Palestine juive.

En 1936, le projet de création d'un foyer national est déjà dépassé. Il s'agit désormais de construire un État hébreu avec sa langue, ses valeurs et sa ferme opposition aux mondes de la diaspora. Au Juif qui arrive au sein du *yishouv*[2], on lui demande de se dépouiller de son passé. Nombre d'entre eux, à l'image des immigrants installés aux États-Unis, changeront de nom et même de prénom en les hébraïsant.

En 1937, une commission royale britannique dirigée par Lord Peel envisage la partition de la Palestine en deux États. Le Haut Comité arabe rejette ce projet et l'idée même de partage ; le Congrès sioniste de Zurich réuni en août refuse également un projet qu'il juge peu favorable. Mais un chemin est

1. Dans l'Allemagne de 1929, on comptait 59 % de mariages mixtes contre 16,9 % en 1901. Voir Daniel Vital, *The Origin of Zionist*, Oxford University Press, 1975.

2. Littéralement : petite localité, lieu habité. Le terme désignait la population juive de Palestine et contenait également l'idée d'une entité politique.

tracé et tous les efforts des dirigeants sionistes vont désormais viser à la préparation idéologique, culturelle, institutionnelle et militaire d'une future partition. En attendant, une bataille politique fait rage à l'intérieur du mouvement entre le courant socialiste sioniste et les ultra-nationalistes de Vladimir Jabotinsky, exclu depuis 1935 de l'organisation sioniste.

Le sionisme devient une réalité politique à la veille de la Seconde Guerre mondiale et de la mise en œuvre de la « solution finale ». Le mouvement a-t-il perçu le projet nazi d'élimination du judaïsme européen ? Encore aujourd'hui, la question demeure une interrogation majeure de la vie israélienne. Question interdite dans les années 50 lorsque le jeune État accueillait les survivants du génocide, peut-être oubliée lorsque l'État, désormais hébreu plutôt que juif[1], organisait l'enlèvement et le procès d'Eichmann, elle resurgit avec les années 80 au moment où la société israélienne prend ses distances avec l'épopée sioniste et ses mythes.

La formation d'un État hébreu face au judaïsme diasporique en perdition

Le 27 janvier 1945, le camp d'Auschwitz est libéré par l'Armée rouge. Le mouvement sioniste commence une nouvelle vie dans l'effondrement du judaïsme européen.

Qu'ils soient issus des ghettos de Pologne, de Rus-

1. Dans l'idéologie sioniste, le Juif était l'homme du passé, du temps de la dispersion. Le terme « hébreu » qualifiait l'homme nouveau.

sie ou de Hongrie, qu'ils viennent de Paris, de Berlin, de Vienne ou de Rome, intégrés, assimilés ou ultra-religieux, les Juifs sont morts parce que Juifs. Citoyens de France, d'Allemagne ou d'ailleurs, d'un seul coup, ils ne sont plus rien. Des parias, des non-êtres. Après avoir vécu cet abandon, cette exclusion totale, certains survécurent et se retrouvèrent, à la libération des camps de concentration, dans des camps de réfugiés. Toujours parias. D'une certaine façon, c'est grâce à eux que le « petit *yishouv*[1] » va devenir un État. Eux, si méprisés par l'idéologie pionnière et par les dirigeants sionistes.

En janvier 1947, les Britanniques suspendent, faute d'accord possible, les travaux de la conférence de Londres où siègent organisations arabes et juives, et confient le dossier palestinien à l'ONU. En mai, une première session de l'Assemblée générale des Nations unies se réunit autour de l'avenir de la Palestine pendant que le mouvement sioniste organise des arrivées massives et illégales de survivants de la Shoah, la *Haapala*[2] ; tandis que les Anglais renforcent leur action contre ces arrivées et font face à des attentats mortels de l'extrême droite sioniste, la jeune Ligue arabe mobilise les opinions arabes et palestiniennes.

Finalement, le 29 novembre 1947, l'Assemblée générale de l'ONU décide de mettre fin au mandat britannique sur la Palestine. La décision du par-

1. L'expression est de l'historienne Dina Porat, *L'historiographie israélienne aujourd'hui*, CNRS Éditions, 1998.

2. Ce mot qui désigne ces opérations illégales n'a pas été choisi par hasard, il signifie s'élever, se purifier, arriver au sommet. Une sorte de rituel de passage pour quitter la fange et aller vers la lumière.

tage entre deux États indépendants est prise. Le 2 décembre, les Arabes de Palestine déclenchent une grève générale. Les premiers mois de l'année 1948 sont violents et cruels. En mars, on compte déjà 500 morts. Au total, on comptera près de 6 000 tués parmi la population juive et 14 813 tués parmi la population palestinienne[1].

Le 14 mai 1948, jour du départ des dernières troupes britanniques, le Conseil national juif proclame à Tel-Aviv l'indépendance de l'État d'Israël et David Ben Gourion annonce la réunion prochaine d'une assemblée constituante.

Quelques mois plus tard, en septembre, la droite nationaliste fonde son parti, le *Herout*, sous la direction de Menahem Begin[2].

La population juive de Palestine comprend alors un peu plus de 700 000 personnes ; elle s'engage dans une guerre[3] avec l'ensemble des voisins du nouvel État. En novembre 1949, l'État hébreu sera composé d'un million de personne dont 340 000 en provenance des camps de réfugiés d'Europe.

1. Sur une population évaluée à 1,4 million de personnes. Ne sont comptabilisées parmi ces morts que les personnes recensées, c'est-à-dire dont on connaît le nom, la date et le lieu de la mort. Voir l'ouvrage d'Aris al-Aris, *Al Nakba (La Catastrophe)*, éd. Al-Maktaba al-Asriyya (La Librairie moderne), Beyrouth et Saïda, 1956-1960, vol. 6, p. 11-121.

2. Menahem Begin avait été le dirigeant de l'Irgoun, jusqu'à sa dissolution en 1949.

3. Si l'on se réfère à l'épopée sioniste, le nouvel État est encerclé, en danger, prêt à combattre jusqu'à la mort. Si l'on se réfère au travail des historiens de la nouvelle génération israélienne qui ont consulté les archives récemment ouvertes, il semble bien que la force militaire du jeune État fut importante, supérieure techniquement à celle de ses voisins, à l'exception peut-être de la légion arabe de Transjordanie formée par les Britanniques. Sur ce sujet, on peut utilement consulter les travaux de l'historien Benny Morris.

FIGURE 9

Israël 1947-1949

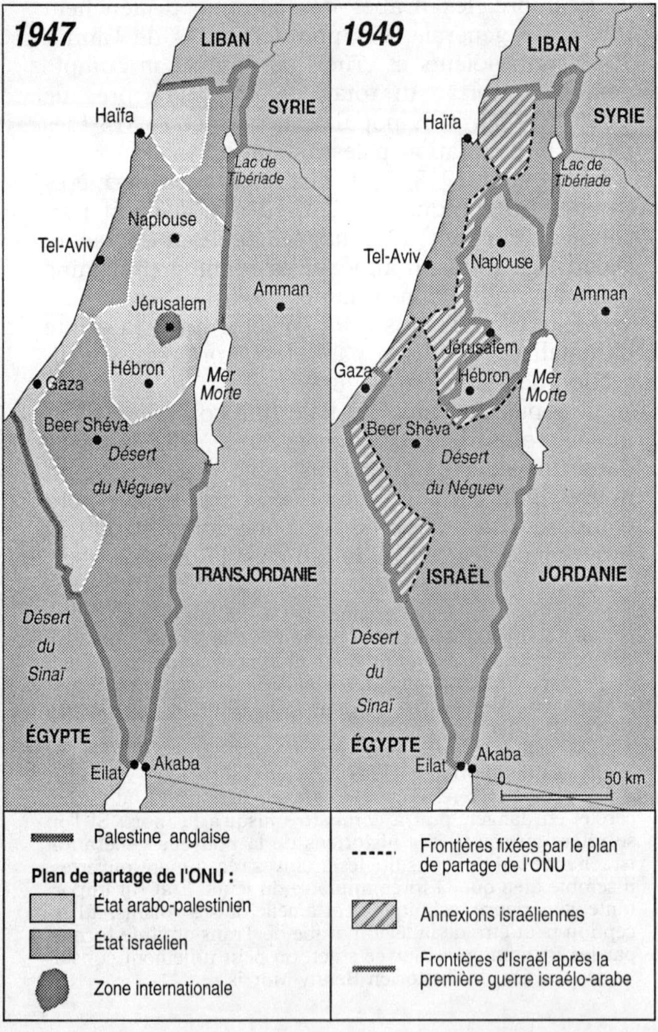

FIGURE 10

Israël après la guerre des Six-Jours (1967) et après celle du Kippour (1973)

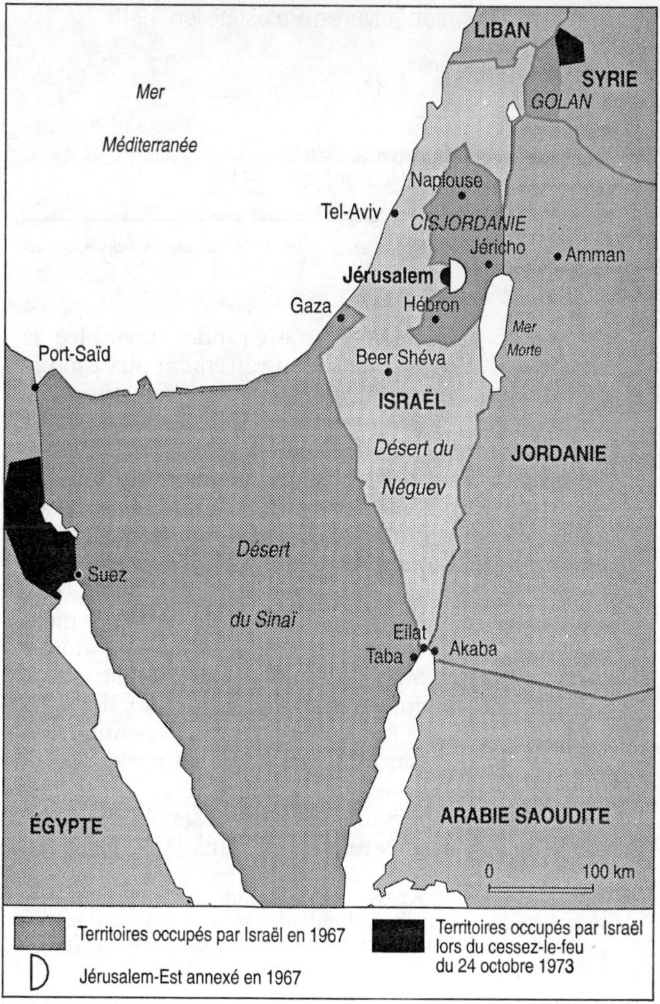

FIGURE 11

Population juive en Palestine en 1948

Sur 716 700 personnes
Juifs nés en Israël : 35,4 %
Immigrants : 64,6 %
Dont
Originaires d'Afrique, d'Asie : 9,8 %
Originaires d'Europe ou d'Amérique : 54,8 %

Source : *Statistical Abstract of Israel*, n° 26, 1975, cité par *Le Monde*, 2-3 décembre 1973.

Le 25 janvier 1949, une Grande Assemblée se réunit, la Knesset[1], mais, contrairement aux espoirs du sionisme laïque, elle ne sera jamais constituante : l'État hébreu fonctionnera et fonctionne toujours sans Constitution. Pour la gauche sioniste, la Constitution d'un État démocratique ne peut être que laïque, mais comment construire un État hébreu quasi homogène sans donner une place importante à la religion juive ? Cette interrogation paralyse les sionistes socialistes qui, pour la plupart, sont issus d'une éducation religieuse. Faute de pouvoir clairement envisager la construction d'une nation hébraïque sans faire appel à l'histoire religieuse qui a structuré le judaïsme, le sionisme laïque permet au sionisme religieux de trouver sa place dans la vie politique du pays et de proposer une alternative au projet social-démocrate des dirigeants du nouvel État.

Une place importante est donc réservée au rabbinat et aux instances religieuses dans le nouvel État.

1. À l'origine, la Knesset est la Grande Assemblée qui, plusieurs siècles avant l'ère chrétienne, avait une fonction judiciaire et législative. On lui prêtait également la possibilité de formuler des interdits.

Celles-ci conservent le pouvoir de légiférer sur les actes privés mais majeurs de la vie juive : le mariage, la naissance, l'état civil, la sépulture et les funérailles. Les fêtes religieuses sont reconnues jours de repos obligatoire et le respect des interdits alimentaires est imposé dans toutes les institutions publiques. De plus, seul le rabbinat traditionnel est chargé de déterminer qui est juif et qui ne l'est pas...

Le vieux lion du sionisme

David Grin (ou Gryn ou Grün), alias David Ben Gourion, est né en 1886, à Plonsk, en Pologne, dans une région sous contrôle russe. Sa famille, originaire du ghetto, avait pris le chemin de l'assimilation, mais son père, avocat, fut l'un des cofondateurs de l'une des premières organisations, les Amants de Sion, qui envisageait pour les communautés juives d'Europe une installation en Palestine. Orphelin de mère très jeune, il bénéficie d'une éducation soignée et ouverte, fréquente l'école primaire religieuse, le *heder,* puis le lycée. À dix-sept ans, il participe à la création du mouvement de jeunesse sioniste Ezra, dont les membres avaient fait le serment de ne parler entre eux que l'hébreu et d'ignorer le yiddish. Il participe également à la création du parti *Poalé Tsion* (les Ouvriers de Sion), aux groupes d'autodéfense de la communauté juive et s'oppose vivement au mouvement marxiste juif du Bund.

Il a vingt ans quand, à la fin de l'été 1906, il débarque en Palestine. Il a déjà un passé de militant sioniste. Ouvrier agricole dans une exploitation, il milite activement au *Poalé Tsion* qui prône la création d'un prolétariat juif, d'une économie juive et du travail juif. Opposé à l'embauche d'ouvriers arabes, il participe à la création d'une exploitation strictement juive en Galilée et, en 1910, devient membre du comité de rédaction du journal du parti, *Haakhdouth* (*L'Unité*). C'est à ce moment qu'il abandonne son nom de famille pour emprunter celui de l'un des défenseurs du Temple de Jérusalem : Ben Gourion.

En 1911, atteint de malaria, il abandonne ce travail, s'embarque avec quatre autres militants de la cause sioniste pour Salonique, ville à l'époque essentiellement séfarade et sous tutelle ottomane, puis se rend à Constantinople. Son but est d'approcher la culture ottomane et de se lancer dans des études de droit. À plus long terme, il pense qu'une relation suivie avec le mouvement des « jeunes-turcs » est essentielle. Il est persuadé que le sionisme doit se développer en établissant des relations politiques avec l'Empire ottoman.

De 1915 à 1918, il séjourne aux États-Unis, puis intègre, en 1918, la légion juive créée par l'armée britannique.

En 1919, il devient le leader du parti ouvrier unifié, *Ahdout Haavoda*, l'Union du travail, et en 1921, il est élu secrétaire général du tout jeune syndicat ouvrier juif, l'Histadrout, fer de lance pour la création de toutes pièces d'un prolétariat et d'une économie strictement juifs. Il devient alors un personnage central du *yishouv*. Également cofondateur du parti travailliste israélien, le *Mapaï*, il sera, de 1935 à 1948, le président de l'exécutif de l'Agence juive.

Si, avec le début de la Seconde Guerre mondiale, il assouplit sa lutte contre les Britanniques, en 1942, à la conférence de Biltmore (du nom d'un hotel new-yorkais), il engage le mouvement sioniste vers un seul but : construire un État.

Avec la création d'Israël, Il devient le premier chef du gouvernement israélien, cumule cette fonction avec celle de ministre de la Défense et mène le combat à la fois contre les Palestiniens et les armées du monde arabe, tout en s'opposant, parfois par les armes, aux extrémistes juifs de l'Irgoun et aux groupes armés de la gauche israélienne issus des *kibboutzim*.

Insensible à l'opinion, au nom de la raison d'État et de

ce qu'il considère être son devoir sacré, le renforcement de l'État, il négocie au début des années 50 avec l'Allemagne un accord sur les réparations de guerre qui apporte à l'économie israélienne une aide substantielle mais provoque dans la jeune société israélienne une très violente hostilité à son égard.

Tout au long de sa vie, l'homme conservera la réputation d'une personnalité cassante, ascétique qui ne s'intéresse guère aux plaisirs immédiats du commun des mortels. Il saura être implacable, notamment avec l'extrême droite sioniste, méprisant avec la culture diasporique, tolérant avec le parti national religieux et négociateur pragmatique sur la scène internationale. Il n'avait qu'un but : la construction d'un État hébreu, et une passion, les livres. Ce fut un lecteur fervent de la Bible, des auteurs grecs comme des mystiques indiens, un joueur d'échecs et un pratiquant de yoga. Il n'aimait pas les plaisirs de la table, ne fumait pas, ne buvait pas, se méfiait de la télévision et était particulièrement insensible aux arts comme au cinéma.

En 1970, il se retire de la vie politique, s'installe, solitaire, dans le *kibboutz* de Sdé Boker, situé dans le Néguev. Il meurt en 1973.

Quatre ans plus tard, aux élections législatives de mai 1977, la gauche sioniste est battue par la droite nationaliste.

Des années après sa mort, une question reste en suspens quant à son action politique. A-t-il, durant la Seconde Guerre mondiale et sachant ce qui se passait en Europe, donné la priorité absolue à la construction d'un État hébreu aux dépens du sauvetage du judaïsme européen[1] ?

---

1. On peut lire à ce sujet, la synthèse de Dina Porat, « Une question d'historiographie : l'attitude de Ben Gourion à l'égard des Juifs d'Europe à l'époque du génocide », *Mélanges*, revue du Centre de recherches français de Jérusalem, CNRS Éditions, 1998 ; et, du même auteur, *The Blue and Yellow Stars of David : the Zionist Leadership in Palestine and Holocauste, 1939-1945,* Harvard University Press, 1990.

Le 8 mars 1949, David Ben Gourion devient le chef du gouvernement israélien. Il a un pays à construire, une diaspora moribonde à attirer et à transformer en citoyens israéliens. Le sionisme est triomphant et possessif.

Ce premier gouvernement fait également alliance avec le parti religieux *Mizrahi* et un leader du parti orthodoxe antisioniste *Agoudat Israël* obtient même un portefeuille ministériel. Même si elle est masquée par l'élan du sionisme laïque, la pression du religieux est réelle et permanente. Dès 1950, une bataille pour une éducation religieuse à l'école s'engage ; très vite, trois systèmes éducatifs sont mis en place et reconnus par l'État : un système laïque, un système religieux d'État et un système ultra-orthodoxe indépendant. À partir de cette présence d'un religieux très politisé naîtront les mouvements nationalistes des années 80.

La loi du retour

Le 5 juillet, la Knesset, le Parlement israélien, adopte la loi du retour qui permet à tout Juif qui le désire d'émigrer en Israël.

1) Tout Juif a le droit d'immigrer en Israël.

2) Le visa d'immigration est accordé à tout Juif qui exprime le désir de s'établir en Israël, sauf si le ministre de l'Immigration prouve que le candidat :

a) a été engagé dans des activités dirigées contre le peuple juif ;

b) peut mettre en danger la santé publique ou la sécurité de l'État.

3) Tout Juif qui après son arrivée en Israël exprime le

désir de s'y établir peut recevoir un certificat d'immigration.

4) Tout Juif qui a immigré en Israël avant l'entrée en vigueur de cette loi et tout Juif né dans le pays avant ou après l'entrée en vigueur de cette loi est assimilé à une personne considérée comme immigrant par la présente loi.

5) Le ministre de l'Immigration est chargé de l'exécution de cette loi ; il peut prendre toutes les mesures nécessaires pour l'exécution de cette loi et accorder les visas et certificats d'immigration aux mineurs âgés de moins de dix-huit ans.

La loi du retour a été votée par la Knesset le 5 juillet 1950. Un amendement voté en 1954 autorise le ministre de l'Intérieur (qui remplace le ministre de l'Immigration) à refuser le visa d'immigrant aux candidats "au passé criminel susceptible de porter atteinte à la moralité publique".

En 1952, la loi sur la nationalité israélienne précise les modalités d'acquisition de cette nationalité. Elle confirme les dispositions de la loi du retour et décrit les autres modalités d'acquisition (résidence, naissance, naturalisation) concernant les Juifs et les non-Juifs. »

Les 750 000 nouveaux immigrants qui arrivent dans le nouvel État entre 1948 et 1951 vont prendre possession d'un pays qui voit partir, entre décembre 1947 et juillet 1949, sous la menace ou par peur, 600 000 à 700 000 de ses enfants dont près de la moitié entre avril et mai 1948 : les Arabo-Palestiniens. Seuls 160 000 d'entre eux restent sur place et sont soumis à un régime spécial[1].

Les dirigeants n'ont peut-être pas planifié ces

1. Ils seront 200 000 en 1956, 275 000 en 1963 et 300 000 à la veille de la guerre dite des Six-Jours.

départs mais ils savaient parfaitement qu'un État hébreu ne pouvait se construire avec une population majoritairement musulmane ou chrétienne[1]. Inexorablement, dans la logique sioniste, les Arabo-Palestiniens devaient partir. Comment ? Peu importe. Où ? Le plus loin possible.

Sur cette expulsion de masse, les documents d'archives commencent à être abondants. On peut bien sûr citer les massacres de Deir Yassim perpétrés, le 9 avril 1948, par des groupes de l'extrême droite sioniste, mais il faut surtout évoquer la réalité des évacuations massives et organisées qui se sont déroulées au cours de l'été 1948, à Lydda et à Ramlé par exemple, où d'un coup près de 50 000 habitants prirent le chemin de l'exil. À l'époque, Yitzhak Rabin était lieutenant-colonel et chef des opérations militaires dans ce secteur. Ses ordres furent précis : « Les habitants de Lydda doivent être expulsés rapidement, sans limite d'âge [...] Le quartier général de la brigade doit décider de la méthode et en tenir informé le haut commandement de la 8e brigade. Exécution immédiate[2]. »

Expulsion ou départ volontaire ? Pour les historiens sionistes des années 1950-1960, les populations arabo-palestiniennes répondent à l'appel de

1. Au XXe Congrès sioniste de 1937, la question du déplacement des populations avait pris une place importante dans les débats. Parmi les partisans de l'expulsion appelée pudiquement « transfert », on notait à cette époque le futur premier président d'Israël, Chaïm Weizmann, mais également un homme modéré tel qu'Arthur Rupin, cofondateur de Brit Shalom (Alliance pour la paix), une organisation composée d'intellectuels sionistes qui militait depuis sa création en 1925 pour un rapprochement judéo-arabe.

2. Voir l'article de Benny Morris, « Opération Dani and the Palestinans Exodus », *Middle East Journal*, hiver 1986.

leurs dirigeants qui prônent le départ puis la reconquête. Cinquante ans plus tard, il semble que l'on se doit de nuancer ces affirmations. Les archives, notamment celles du *Shai*, la section arabe du département politique de l'Agence juive, ou celles des services de renseignements des armées, n'ont laissé que peu de traces de ces appels, et selon certains historiens israéliens de la nouvelle génération, des archives existent indiquant que des dirigeants tels que le roi Abdallah de Jordanie ou le leader palestinien Fawzi al-Qawuqji ont même lancé des appels aux populations pour qu'elles restent dans leur village et leur quartier, ou y retournent.

Expulsions ou départs volontaires, l'important est qu'ils sont définitifs : le jeune gouvernement israélien décide, le 16 juin 1948, d'interdire le retour des populations ayant quitté leur domicile pendant cette guerre.

Au moment où l'Europe, minée pendant un siècle par les nationalismes, tente l'aventure de la construction européenne, c'est-à-dire la création d'une société transnationale si chère à beaucoup d'intellectuels juifs d'Europe, le mouvement sioniste organise le repli juif à partir du modèle nationaliste de l'Europe du début du siècle. Nouveau ghetto ? L'image a été évoquée, mais la réalité est plus complexe : d'une part, cet État hébreu va offrir, enfin, une citoyenneté à des hommes et des femmes longtemps exclus dans leur propre pays ; d'autre part, cette société en formation, parce que accueillante envers toutes les communautés culturelles juives, va être en permanence secouée par de nouvelles vagues d'immigrants, avec leur langue, leur histoire et leurs valeurs. Et du même coup, le mythe d'un judaïsme homogène va voler en éclats.

En 1949, le nouvel État hébreu compte déjà un million d'habitants dont 340 000 viennent des camps de réfugiés de l'Europe. 135 000 personnes habitent désormais à Tel-Aviv, construite en 1909 et devenue la première ville du pays, Pour les dirigeants sionistes, il faut peupler à tout prix le pays ; or la situation économique est catastrophique : 100 000 jeunes sont toujours des militaires en activité, la guerre a coûté 300 millions de dollars, l'inflation annuelle est d'environ 50 %, et, pour la seule année 1949, les dépenses liées à l'accueil des immigrants se sont montées à 700 millions de dollars[1]. Au bord du gouffre, l'État est même obligé de mettre en service des tickets de rationnement. Et pourtant, il ouvre ses frontières : 30 000 Juifs du Yémen sont accueillis et, dès mars 1950, le pouvoir irakien autorise sa population juive à quitter le pays — ils seront 124 000 à le faire. À partir de 1952, ils sont rejoints par ceux du Maghreb[2]. Une immigration pauvre que l'on installe à la périphérie des villes, une immigration totalement différente de celle du monde achkénaze qui a porté le sionisme jusqu'à la création de l'État.

Le mouvement sioniste a-t-il envisagé cette diversité culturelle du judaïsme ? Aux yeux des militants sionistes comme aux yeux des survivants de la

1. Chiffres donnés par Ilan Greilsammer, *La nouvelle histoire d'Israël,* Gallimard, 1998.

2. Entre 1952 et 1964, 267 000 Juifs marocains s'installeront en Israël. Entre 1951 et 1956, 257 000 nouveaux immigrants sont originaires du monde arabe et 104 000 viennent d'Europe ou des Amériques.

Shoah, cette immigration dite africaine vient d'un autre monde, avec d'autres valeurs, d'autres pratiques sociales et religieuses et se révèle être bien loin d'une conception européenne de la laïcité. Ce sont des inconnus. Pis, aux yeux des Juifs allemands ou russes, ils apparaissent comme des primitifs. Ils seront donc placés en marge de l'activité économique et culturelle du pays, et se retrouveront sans expression politique, isolés face à l'orgueil du monde achkénaze. La droite nationaliste menée par Menahem Begin, futur fossoyeur du socialisme sioniste, mettra une bonne quinzaine d'années avant de comprendre que les pauvres du monde séfarade sont un potentiel électoral qu'il faut séduire.

Les réfugiés arabo-palestiniens

À la suite de la première guerre israélo-palestinienne, une masse de réfugiés s'installent au bord du nouvel État hébreu. Tolérés sinon utilisés par les États arabes voisins, ils sont confinés dans des camps sans espoir de les quitter, soit pour retourner dans leur village d'origine, soit pour reconstruire une vie dans un pays voisin.

Selon l'Office de secours et de travaux pour les réfugiés de Palestine (UNRWA), on comptait en 1950 :

— 450 000 réfugiés palestiniens en Jordanie,
— 120 000 au Liban,
— 80 000 en Syrie,
— 250 000 dans le couloir de Gaza (40 km de long, 6 km de large).

Un État dominé par la culture achkénaze

Dès les débuts de son existence, l'État sioniste est confronté à la diversité du monde juif, à sa richesse et à ses clivages. Certes, le sionisme achkénaze donne le ton, impose ses valeurs et ses règles. Mais l'arrivée de l'immigration issue du Maroc — les « Noirs » — transforme les réalités du pays. Des réalités occultées pendant plus d'une décennie mais qui finiront par s'imposer — parfois dans la violence. En 1959, les pauvres de l'immigration séfarade descendent dans la rue, saccagent le siège du puissant syndicat Histadrout et le siège du principal parti du sionisme laïque et social-démocrate, le Mapaï. Dix ans après la naissance de l'État, le sionisme, qui s'était construit sur l'idée de l'unité et de la solidarité du monde juif, est confronté à la diversité explosive du judaïsme contemporain.

Mais la situation d'Israël au milieu d'un monde qui n'a pas accepté sa naissance masque cette réalité aux contours encore mal définis. Fonctionnant comme une forteresse assiégée et jouant avec ce mythe, comme l'avait fait l'Union soviétique dans les années 20 et 30, le nouvel État construit en permanence du consensus patriotique.

Depuis 1949, les accrochages sont constants aux frontières et, à partir de 1954, on assiste à de véritables opérations de guérilla à l'intérieur du pays ; les relations avec l'Égypte se détériorent rapidement. La société israélienne se prépare à une guerre qui, une fois de plus, sera vécue comme libératrice et purificatrice. Le 26 juillet 1956, Nasser nationalise la Compagnie du canal de Suez ; le 29 octobre, les parachutistes israéliens sont lancés sur le Sinaï, appuyés le 5 novembre par une opération anglaise sur Port-Saïd et française au sud de la ville. La pression américaine contre cette guerre est réelle et les Soviétiques menacent[1]. En conséquence, les actions militaires prendront fin rapidement[2]. Pour le jeune État israélien, c'est tout de même une victoire psychologique : à la face du monde juif comme au regard de cette société d'immigrants, l'État et surtout la jeune armée apparaissent comme les protecteurs du judaïsme national et par extension du judaïsme mondial. Une nouvelle fois, l'histoire semble donner raison aux pionniers, aux héros purifiés par la terre et dans le sang ; l'armée *Tsahal*[3] devient le passage obligé et désiré pour la jeune génération israélienne. D'une certaine façon, elle s'est emparée des mondes juifs pour construire, protéger et imposer à la face du monde une société hébraïque. Pendant plus de vingt ans, elle servira de modèle et participera à l'écriture mythique de l'histoire moderne d'Israël.

Pendant cette même année 1956 se construit un parti national religieux à partir de la réunion du vieux parti sioniste religieux Mizrahi et de l'Hapoel-Hamizrahi. La fin de l'alliance historique entre le sionisme socialiste et le sionisme religieux est en préparation.

1. Depuis le 4 novembre, l'Armée rouge est entrée en action à Budapest contre l'insurrection hongroise.

2. Le président Eisenhower vient d'être réélu le 6 novembre.

3. *Tsahal*, acronyme de *Tseva hagana le-Yisrael*, armée de défense d'Israël.

Racisme en Israël ?

Les Juifs originaires des pays musulmans se considèrent traités comme citoyens de seconde zone

« Jérusalem, 22 juillet. — Les bagarres de Beercheba, s'ajoutant à celles de Haïfa et de Migdal-Haemek, témoignent de l'étendue du malaise qui règne parmi les originaires d'Afrique du Nord, installés en Israël. Les autorités s'efforcent cependant d'établir une distinction entre les manifestants de Beercheba et ceux des deux autres villes. Alors que ces derniers sont reconnus victimes d'une exaspération due à une situation difficile, les premiers sont d'emblée proclamés "voyous, souteneurs, tous pourvus d'un casier judiciaire lourdement chargé".

Cette distinction n'est pas unanimement partagée, et il faut y voir le désir des autorités d'enlever le caractère "racial" aux incidents qui se sont produits en un si court laps de temps.

Car c'est bien devant un problème racial d'une forme assez particulière que se trouve aujourd'hui l'État d'Israël. Sur deux millions d'habitants il y en a près d'un million qui se considèrent traités comme citoyens de seconde zone. Ce sont les immigrants des communautés orientales, c'est-à-dire originaires des pays musulmans, et parmi eux les Nord-Africains, moins encadrés, qui se considèrent comme les plus défavorisés.

Effectivement, ils sont dans une forte proportion demeurés dans des baraques provisoires, alors que les Européens se voyaient attribuer des logements en dur. L'accès aux administrations et aux services publics leur a toujours été sévèrement mesuré, alors qu'à l'arrivée d'une vague d'immigrants d'Europe des emplois étaient créés dans toutes les villes. Une profonde amertume s'était ancrée chez les immigrants nord-africains, amertume alimentée par un écart sans cesse accentué entre eux et les autres par les difficultés économiques que traverse le pays.

Ce qui peut sans doute paraître plus étonnant c'est qu'à aucun moment les autorités n'ont cru devoir envisager l'explosion de ces derniers jours. C'est le général Moché Dayan qui déplorait récemment que l'on ait pensé pouvoir régler la question des Nord-Africains en s'assurant seulement le concours de quelques "caïds et pachas grassement rétribués". Ces caïds et pachas parvenaient en effet à colmater parfois quelques brèches dans un *mochav* ou un centre d'accueil mais n'étaient d'aucun secours devant le problème dont le pays semble découvrir la gravité.

Le Conseil des ministres s'est réuni hier en séance extraordinaire afin de se pencher sur ce problème qui désormais s'étale en première page de toute la presse. Alors qu'il aurait été facile à la veille des élections d'attribuer les désordres aux partis de l'opposition, personne, ni au Parlement ni dans la presse, n'a avancé une telle affirmation. Un léger doute sur la spontanéité du mouvement est exprimé au sujet de Beercheba, où l'on croit déceler l'intervention d'une organisation de hors-la-loi. Le gouvernement a ordonné hier à la police d'employer tous les moyens à sa disposition pour empêcher d'autres désordres, mais on ne sait encore rien des intentions du gouvernement en vue d'apaiser le sentiment de révolte qui anime les "Noirs d'Israël". »

André Scemama, *Le Monde*,
23 juillet 1959.

En 1959, l'État sioniste décide aussi de renouer avec l'histoire de la diaspora européenne et d'organiser annuellement une journée de recueillement en mémoire des morts de la Shoah. Entre le silence des rescapés et le désintérêt, sinon le mépris, des jeunes générations pour ceux qui « se sont laissé égorger comme des moutons », le sionisme socialiste tente un rapprochement.

Un an plus tard, le 23 mai 1960, David Ben Gourion annonce devant la Knesset l'arrestation d'Adolf Eichmann, l'un des maîtres d'œuvre de la « solution finale ». Enlevé en Argentine, il se retrouve prisonnier d'un État hébreu qui, avec son armée, ses services de renseignements, renforce encore, à l'intérieur comme à l'extérieur du pays, son image de protecteur armé et de justicier. « Pays fragile et déterminé », il attire toujours l'ensemble du monde diasporique, les plus jeunes comme les anciens.

Avec l'ouverture du procès Eichmann, le 11 avril 1961, qui fait la une de toute la presse occidentale, le mouvement sioniste avance en vainqueur absolu mais en même temps accepte de reconnaître la complexité du judaïsme européen et il se propose de la faire connaître à la jeune génération israélienne.

Autour de la tragédie de la Shoah, il tente d'unifier la société des sabras[1], qui représente désormais 50 % de la population, l'immigration séfarade et les communautés achkénazes. Ce procès se veut une leçon d'histoire, il permettra même le retour du yiddish dans une enceinte officielle de l'État. Avec cette longue procession de 111 témoins choisis parmi les milliers de survivants, la radio et la télévision donnent à comprendre les événements de la désormais lointaine Europe, valorisent le projet salvateur du

1. Le *sabra* est celui (ou celle) qui est né(e) en Israël et qui de ce fait possède l'hébreu comme langue maternelle. À l'image de la figue de Barbarie, on le dit tendre à l'intérieur et épineux à l'extérieur...

sionisme, mais permettent aussi aux survivants de reprendre place dans la société des hommes. Chacun d'eux a la possibilité de devenir un personnage public que l'on invite dans les écoles et à qui l'on demande de parler. Il n'est pas un héros mais il n'est plus un mouton. Il est simplement redevenu un homme. En même temps, le mouvement sioniste enterre, définitivement mais en « grande pompe », la *yiddishkeit*. Tout au long de ce procès, elle n'apparaît composée que de vieillards et de mémoires. Aux yeux de la jeunesse israélienne, elle est sans avenir.

Le procès Eichmann est certes un procès pour l'Histoire, mais il permet aussi, en racontant la Shoah, de redonner un peu de vigueur aux idéaux sionistes confrontés à une société de plus en plus éclatée et en voie de communautarisation. Une page est tournée, Israël se détourne de l'Europe et va maintenant choisir ses modèles économiques et culturels aux États-Unis tout en maintenant en vie l'exception *kibboutznik*, expression du vieux rêve pionnier.

L'acte d'accusation

L'acte d'inculpation contre Adolph Eichmann comprend quinze chefs :

1) L'accusé a commis des actes représentant un crime contre le peuple juif en causant la mort de millions de Juifs par les camps de concentration, l'action des groupes opérationnels, les camps de travail, les déportations massives, dans l'intention de détruire le peuple juif ;

2) Il a commis un crime contre le peuple juif en plaçant

des millions de Juifs dans des conditions de vie calculées pour amener leur destruction physique ;

3) Il a commis un crime contre le peuple juif en infligeant à des millions de Juifs des souffrances physiques et mentales par les déportations, les persécutions, la torture ;

4) En 1942, il a commis un crime contre le peuple juif en mettant au point, avec d'autres, des mesures de stérilisation des Juifs en Allemagne et dans les pays occupés pour empêcher les naissances et anéantir le peuple juif ;

5) De 1939 à 1945, il a commis un crime contre l'humanité en provoquant le massacre, l'asservissement et la déportation de la population juive en Allemagne et dans les pays occupés par les puissances de l'Axe ;

6) Il a commis par les actes énumérés dans les cinq chefs précédents des crimes contre l'humanité pour des motifs nationaux, raciaux, religieux et politiques ;

7) Il a commis un crime contre l'humanité en dépouillant les Juifs de leurs biens par le pillage, la contrainte, la terreur et la torture.

8) Il a commis un crime de guerre en provoquant la déportation et le meurtre de la population juive des pays occupés ;

9) Il a commis un crime contre l'humanité en déportant un demi-million de civils polonais dans l'intention d'installer des familles allemandes à leur place ;

10) Il a commis un crime contre l'humanité en organisant la déportation de quatorze mille civils slovènes pour installer des familles allemandes en Yougoslavie ;

11) Il a commis un crime contre l'humanité en organisant la déportation de plusieurs dizaines de milliers de Tziganes dans le but de les exterminer ;

12) En 1942, il a commis un crime contre l'humanité en déportant une centaine d'enfants et de civils du village de Lidice, en Tchécoslovaquie, et en organisant leur massacre en Pologne ;

13) Il a été membre de l'organisation SS avec rang de SS Obersturmbannfürher. Cette organisation a été déclarée criminelle le 1er octobre 1946 ;

14) Il a été membre du SB (Sicherheitsdienst), organisation également déclarée criminelle ;

15) Il a été directeur de la section des affaires juives de la Gestapo, organisation criminelle.

FIGURE 12

L'émigration vers Israël de 1948 à 1997

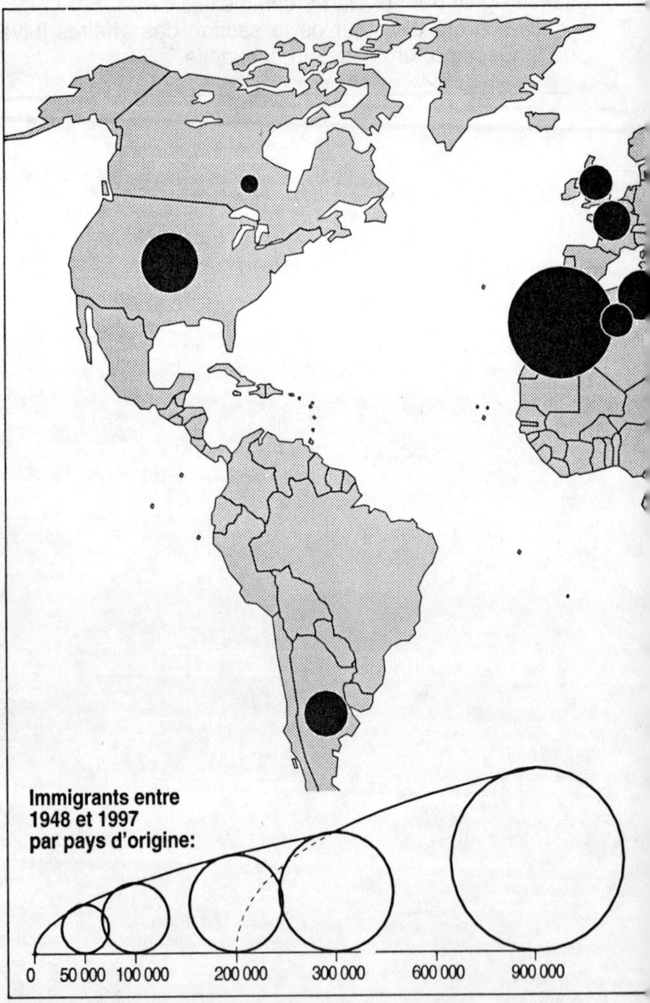

Source : Communauté nouvelle, n°97, juin 1998.

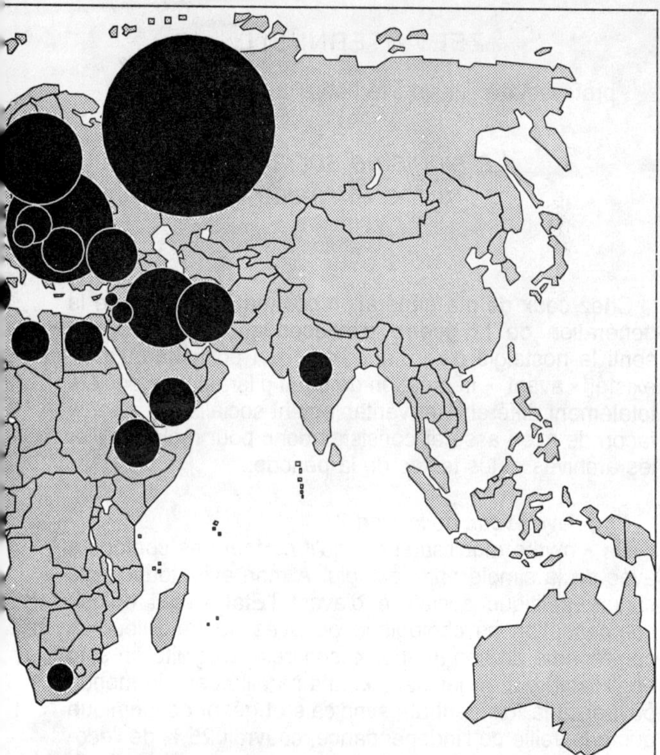

Ex-URSS	915 713	Yémen	51 168		
Roumanie	274 572	Éthiopie	51 136	Inde	27 103
Maroc	268 093	Argentine	46 438	Algérie	24 871
Pologne	171 811	Bulgarie	42 902	Afrique du Sud	16 836
Irak	130 302	Egypte	37 542	Ex-Yougoslavie	10 280
Iran	76 915	Libye	35 865	Syrie	10 078
États-Unis	75 075	France	34 772	Canada	8 232
Turquie	61 505	Hongrie	30 682	Liban	4 104
Tunisie	53 289	Grande-Bretagne	27 187	Autres pays	156 541

ENTRETIEN AVEC

ZEEV STERNHELL

professeur à l'université hébraïque de Jérusalem

Le sionisme socialiste, mythe et réalité

Chez ceux de ma génération comme chez ceux de la génération de la guerre d'indépendance, j'ai toujours senti la nostalgie d'un « âged'or » qui postulait qu'avait existé, « avant » la création de l'État d'Israël, une société totalement différente et véritablement socialiste. La seule façon de m'en assurer consistait donc pour moi à fouiller les archives et les textes de la période.

Et qu'avez-vous découvert ?

Un « mythe mobilisateur », qu'il ne faut pas confondre avec de la simple phraséologie. À mon avis, toute cette culture politique socialiste d'avant l'État n'était qu'une compensation psychologique octroyée au travailleur en contrepartie de son infériorité concrète. L'égalité au sein de l'Histadrout, organisation sans pareille dans le monde ouvrier, à la fois centrale syndicale et géant économique qui, à la veille de l'indépendance, couvrait 25 % de l'économie nationale et contrôlait toute l'agriculture collectiviste, elle aussi n'était qu'un mythe. On disait à l'ouvrier qu'il était le sel de la terre et qu'il fixait les normes de comportement : les sandales, le kaki que tout le monde portait, le parler sans façon, le « camarade » au lieu du « monsieur », etc.

Derrière tout cela, la réalité était celle d'une société banalement européenne. Il y avait déjà des avocats qui gagnaient 1 000 livres sterling par an, quand l'ouvrier du bâtiment en récoltait à peine 60. Toutes proportions gardées, dans le cadre d'une société pauvre, les disparités étaient énormes. Égalité et travail manuel y faisaient l'objet d'un véritable culte alors que, dès la fin des années 20, ils avaient cessé de représenter un objectif véritable et une valeur en soi.

Le kibboutz n'a-t-il pas selon vous constitué une forme d'alternative sociale au capitalisme ?

Le kibboutz a été le prototype parfait d'une société juste et égalitaire, mais il évoluait en vase clos et ne pouvait prétendre transformer la société. On regardait le kibboutz avec admiration mais on se gardait bien de l'imiter. En même temps, c'était pour le mouvement travailliste un extraordinaire alibi : grâce à lui on pouvait se targuer d'une réalisation sans pareille sans être obligé de toucher à l'ensemble des structures sociales. Mais, outre que le kibboutz n'a jamais regroupé qu'une minorité infime de la population juive de Palestine, sa fonction consistait essentiellement en la conquête de la terre. Ce qui permet de comprendre son actuel déclin. N'oublions pas d'ailleurs que 83 % des Juifs de Palestine, avant 1948, vivaient dans les villes : c'était un des taux d'urbanisation les plus élevés au monde !

Mythe aussi que la propriété collective : 75 % de l'argent arrivé dans le pays provenait du capital privé. Si la bourgeoisie a abandonné la lutte pour le pouvoir aux travaillistes, c'est parce qu'elle a eu tout le reste.

Le socialisme des Juifs de Palestine n'était donc d'après vous qu'un nationalisme masqué. Qu'a-t-il de spécifique par rapport aux autres formes de socialisme national que vous avez étudiées ?

Ce qui est propre au sionisme, par rapport aux autres nationalismes de son temps, c'est qu'il n'était pas un luxe pour les Juifs mais une nécessité existentielle. C'était un nationalisme de survie, et cette survie exigeait la conquête de ce morceau de terre, ce qui a été fait. Les Palestiniens ont payé, sans aucun doute, le prix de cette conquête. Mais il n'y avait pas d'autre solution. En tout cas, le sionisme n'a rien à voir avec le *Drang nach Osten* germanique (La « marche vers l'est »), ni avec le nationalisme français, lequel pratiquait un antisémitisme d'ordre purement idéologique à la fin du XIXe siècle. [...] Le mouvement sioniste se trouvait face à un peuple qu'il fallait sauver de la catastrophe et de l'extermination qui s'annonçaient : cet impératif lui a donné un caractère de moralité qu'un nationalisme tribal « normal » n'a pas. Il faut le souligner, même si cette vérité a aussi contribué à nous donner bonne conscience. Pour nous, la conquête de la terre était une nécessité, jusqu'à un certain moment. Ce « certain moment », on peut le fixer à la date de 1949. [...]

Mes doutes sur l'universalisme du mouvement travailliste ont commencé à prendre corps au milieu des années 80. Ma vision s'est alors inversée parce que je sortais d'une étude intense du monde européen. Quand je me suis mis à lire les œuvres de ceux qu'on appelle les « pères fondateurs » : Aharon David Gordon, Berl Katznelson, Haïm Arlosoroff, David Ben Gourion, je me suis aperçu que ces écrits me rappelaient ce que j'avais connu en Europe.

On a justement l'impression que vous lisez les théoriciens du sionisme à travers Barrès, Corradini, Henri de Man... Mais que répondez-vous à ceux qui vous accusent d'avoir négligé les sources proprement juives de la pensée des « pères fondateurs » ?

Il faut toujours avoir présents à l'esprit le contexte immédiat d'où est issu le mouvement national juif et les besoins auxquels il est venu répondre. Le sionisme est né dans un monde où toutes les collectivités nationales s'attrapaient à la gorge. Et, ne l'oublions pas, il est né en Europe orientale, dans un univers où l'identité individuelle et collective était, avant tout, une identité culturelle, et non pas politique ou juridique. L'identité politique est un luxe français, anglais et américain... Le nationalisme libéral, possible quand c'est l'État qui précède la nation, comme ce fut le cas en France, n'a jamais eu cours à l'Est, où les seuls critères identitaires sont des critères culturels, histoire, art, religion, ethnie. Un Juif de Galicie était né autrichien, mourait polonais et entre-temps n'était rien d'autre qu'un Juif... Le même schéma s'appliquait aux Allemands ou aux Ukrainiens de Pologne. Qu'est-ce que signifiait avoir un passeport polonais en 1939 ? Rien, une fiction. Seules l'église qu'ils fréquentaient, la langue qu'ils parlaient, la culture dans laquelle ils étaient nés définissaient l'identité nationale des ces gens.

Les Juifs, à cette époque, vivaient dans des sociétés organiques, nourries de culture juive, et closes. Le Juif était partie intégrante de sa communauté et n'existait pas en tant qu'individu. Certes, les sionistes ont commencé à traduire ces spécificités juives en termes politiques, c'est-à-dire modernes. Mais c'est encore sur la base d'une identité juive nationale, historique, religieuse, etc., autrement dit dans un cadre où ni l'universalisme libéral ni le marxisme n'avaient de signification [...]

Tous ont le sentiment très aigu de cette identité juive tribale et des dangers que la société moderne lui fait encourir. Réflexe de révolte contre les Lumières, le sionisme est en même temps une réaction contre la faillite des Lumières qui n'ont pas résolu la « question juive ». Qui sait ? Si le libéralisme avait mieux pénétré l'Ukraine et la Galicie, peut-être le sionisme n'aurait-il pas pris corps. Les Juifs seraient devenus authentiquement des citoyens libres et égaux en droits, et sans l'affaire Dreyfus la question ne se serait même pas posée. La voie normale aurait été celle de l'assimilation, parce que c'était la voie des Lumières. Les Juifs auraient accepté la règle du monde moderne qui définit chaque homme en tant qu'individu.

Voilà pourquoi le sionisme, tel qu'il naît en Europe et tel qu'il se matérialise en Palestine, est tout d'abord un nationalisme culturel, un nationalisme organique et un nationalisme à connotation religieuse, où la laïcité n'a jamais été que très superficielle. Ce qui explique soit dit en passant pourquoi la symbiose du sionisme laïque et du sionisme religieux a paru si naturelle et n'a commencé à éclater qu'aujourd'hui.

En se limitant à un cadre strictement national, et ce dès les années 20, et en abandonnant de facto *le marxisme, la social-démocratie israélienne ne préfigure-t-elle pas, au fond, l'attitude que l'ensemble des partis socialistes finiront par adopter ?*

Dans mon livre *Aux origines d'Israël*, je me suis posé la question suivante : comment un nationalisme culturel, intégral, pour reprendre la définition de son théoricien le plus important, Gordon, peut-il intégrer les valeurs universelles du socialisme démocratique ? Car le socialisme démocratique est le produit d'une synthèse de la philosophie de l'histoire de Marx et de la philosophie de la liberté de Kant. Dans les années 30, Blum dit toujours que le marxisme est sa boussole, et cela était vrai aussi pour les Allemands et les Italiens qui luttaient contre le fascisme. En revanche, cela n'était pas vrai là où le socialisme était un instrument de la renaissance nationale ou de la reconquête de l'indépendance. Cela n'était pas vrai pour ceux qui regardaient leur peuple tout entier comme une « nation prolétarienne ». Ce socialisme-là ne pouvait pas se permettre le coût d'un changement social qui aurait nécessairement mis en cause la possibilité d'atteindre les objectifs nationaux. La solidarité nationale passait avant tout, et ce socialisme des pauvres devenait un socialisme national.

Alors, oui, si le mouvement général de la social-démocratie va dans le sens du renoncement à la volonté de changer l'ordre social, de libérer l'individu des structures capitalistes, on peut dire que le socialisme des Juifs en Palestine avant 1948 a joué un rôle pionnier. Car il a abandonné, bien avant les autres, cette vision du socialisme démocratique. [...]

Propos recueillis par Nicolas Weill,
Le Monde, 21 mai 1996.

CHAPITRE V

LES JUDAÏSMES CONTEMPORAINS

Faut-il croire que tout le spectre des options possibles a disparu et qu'il ne reste plus d'une part que le sionisme et de l'autre que l'assimilation totale[1] ?

Entre un courant libéral et une orthodoxie sensible aux sirènes de l'extrémisme religieux, le judaïsme contemporain s'éparpille en tendances mais n'éclate jamais, acceptant même, sans pour autant le reconnaître, un judaïsme laïque, forme ultime du refus de la disparition pure et simple de la culture juive et de son histoire. Tous ces aspects du judaïsme forment ainsi une unité disparate sous le regard des morts de la Shoah qui, par leur présence permanente, obligent au consensus minimal.

1. Préface de Pierre Vidal-Naquet au livre de Richard Marientras, *Être un peuple en diaspora*, Maspero, coll. Cahiers libres, 1975.

Le judaïsme en conflit permanent avec lui-même

En cette fin de siècle, la question est incontournable. Qu'il soit issu d'une culture achkénaze ou séfarade, qu'il soit originaire du Yémen ou de l'ex-URSS, qu'il soit enraciné dans la société nord-américaine, française ou italienne, l'être juif porte en lui la question de sa place dans la cité, au milieu d'hommes et de femmes avec lesquels il partage une même langue, une histoire et des valeurs communes. Qu'il le veuille ou non, il s'inscrit dans une société qui a été le cadre de sa formation. Et plus l'inscription au sein d'une société ouverte a été forte, plus la question de cette identité juive s'intensifie. Au cours du XXe siècle, une foule de réponses se sont offertes aux membres du judaïsme, de multiples solutions pratiques ont été envisagées et, surtout, une infinité de débats et de situations conflictuelles à l'intérieur même des communautés juives ont vu le jour. De cette question : comment vivre son judaïsme, ou comment s'en défaire, est née une culture particulière, faite de doute et de passion, qui interdit la paix intérieure.

Par tradition, le judaïsme exige que l'on se tourne avec respect vers la littérature rabbinique, la Halakhah, pour trouver la solution à cette question qui hante les communautés juives. Cette exigence de respect absolu a certainement permis le maintien, au cours des siècles passés, d'une certaine cohérence du judaïsme au milieu des disparités culturelles provoquées par la dispersion et la rencontre avec des cultures différentes. La Halakhah a permis ce consensus dans le désordre des vies et des chocs culturels parce qu'elle est un produit de l'exil. La somme des règles qui la composent a favorisé la mise à distance des communautés avec les sociétés qui les entouraient dans l'exil. À sa façon, la Halakhah a été un mur chargé de protéger le « peuple d'Israël » contre les risques d'une intégration considérée comme un anéantissement.

Pourtant, depuis un siècle, lentement, et non sans soubresauts, une partie des mondes juifs, sans vouloir tourner le dos définitivement à la Halakhah, a choisi de l'« apprivoiser », comme si son corpus contraignant n'était pas là pour encadrer la vie juive et l'obliger au repli protecteur, mais devait devenir une colonne vertébrale à partir de laquelle un développement était possible dans le siècle. Une autre partie de ces communautés a décidé de tourner le dos à l'emprise du religieux, mais a tenu à se réclamer du judaïsme, de sa culture et de son histoire. Peut-on dire que ces judaïsmes vivent en paix les uns avec les autres ? Rien n'est moins sûr. Pour évoquer ce tourbillon, cet équilibre fragile entre des communautés si proches et si lointaines, on pourrait emprunter à Paul Ricœur l'idée de « consensus conflictuel ». Un consensus lié à cette peur commune qui vient des profondeurs du judaïsme : la disparition. Conflictuel, parce que les solutions apportées par les uns sont incompréhensibles et inadmissibles pour les autres.

Aujourd'hui comme hier, cette peur de la disparition explique la culture juive. Mais aujourd'hui, cette peur est d'autant plus aiguë que la dynamique individualiste de ces cinquante dernières années met à mal les pratiques communautaires, et favorise des petits arrangements qui, de fait, désacralisent le judaïsme, le transforment et le remodèlent en fonction des influences de la société environnante. Un tel mouvement touche aussi bien la diaspora que la société israélienne, fragilisant du même coup l'un des grands projets de l'État hébreu : devenir le centre des mondes juifs et le pôle unificateur de ses spécificités.

Avant la création de l'État d'Israël, on ne pensait pas le judaïsme autour d'un centre omniprésent. Certes, Babylone avait joué un rôle majeur dans la consolidation d'un judaïsme de l'exil ; certes, au XIXe et au XXe siècle, Vilno, capitale actuelle de la Lituanie sous le nom de Vilnius, avait, grâce à l'intensité de sa vie religieuse et culturelle, influencé l'ensemble des mondes achkénazes, mais chaque communauté conservait toujours une large autonomie. Certaines étaient plus respectées et plus influentes que d'autres mais elles le devaient d'abord à la qualité de leurs rabbins, à la sagesse, disait-on, de leur jugement en matière religieuse et à la force de leur conviction relayée par les disciples.

Avec la création de l'État d'Israël apparaît du même coup une volonté essentiellement politique de constituer un centre du judaïsme. Un lieu protecteur pour les communautés de la diaspora mais également un lieu qui dit la Loi. Dès cet instant, d'un même élan, mais sur des terrains différents, le sionisme laïque comme le sionisme religieux se posèrent en gardien du temple, en protecteur de l'Histoire et des valeurs des mondes juifs, et l'État d'Israël tenta de prendre place en tant qu'État souverain du peuple juif[1].

1. Au cours du procès Eichmann, les juges israéliens s'étaient largement exprimés dans ce sens. Voir à ce sujet Wladimir Rabi, *Un peuple de trop sur la terre*, Les Presses d'aujourd'hui, Paris, 1979.

Au cours des années 60, cette volonté à la fois centralisatrice et protectrice vis-à-vis de la diaspora tend à lier l'avenir du judaïsme à l'avenir de l'État israélien, la dynamique de ce dernier fournissant de l'énergie à celle-là. Incontestablement, la diaspora accepte ce centre et voit en lui le lieu d'une possible renaissance du judaïsme mondial. Une renaissance un moment inenvisageable au lendemain de la Shoah et après le déracinement du judaïsme séfarade que les mouvements de libération nationale du monde arabo-berbère avaient envoyé en exil au nom du combat anti-impérialiste.

Israël, bras armé et modèle d'un nouveau judaïsme ? La diaspora en est persuadée. Mais, au-delà, elle voit aussi dans l'existence de ce centre un lieu de pureté juive face aux tentations de l'individualisme et de l'intégration-disparition dans les sociétés occidentales, un lieu de vie loin de l'obligatoire promiscuité avec les « autres » mondes, loin d'une possible mixité, donc d'une perte. En apparence, la démographie prospective donne raison à la construction d'un tel centre : elle annonce pour 2020 que 50 % des Juifs seront installés en Israël, prévoit un effritement continuel du judaïsme diasporique et même sa dissolution, notamment par le biais du mariage mixte[1].

Il faut reconnaître que cette dynamique centripète a parfaitement fonctionné dans les années 60 et 70. Elle a conforté le vieux constat sioniste de la « faillite de l'exil[2] ».

1. Aux termes de la Loi, sont juifs ceux qui ont été enfantés par une mère juive. Si votre père est juif et même fils et arrière-petit-fils de rabbins mais si son épouse ne l'est pas, les enfants, du point de vue religieux, ne peuvent être considérés comme juifs.

2. L'expression est d'Abraham B. Yehoshua, *Pour une normalité juive,* Liana Levi, 1992.

La guerre des Six-Jours (5-10 juin 1967), comme celle dite du Kippour (6-24 octobre 1973), a mis en évidence avec force la prégnance de l'État d'Israël dans l'univers diasporique. Elle a révélé le poids que le projet sioniste avait acquis dans les consciences juives. Un poids affectif, qui rejetait parfois au second plan le raisonnement au profit de l'unanimisme et de l'inconditionnalité. « Je souffre comme eux, avec eux, quoi qu'ils aient dit ou fait, non parce que nous sommes devenus sionistes ou Israéliens, mais parce que monte en nous un mouvement irrésistible de solidarité. » L'homme qui écrit ces lignes dans ses Mémoires, Raymond Aron, se présente d'abord comme « un "Juif déjudaïsé" » qui a senti en lui « une bouffée de judéité[1] ». Comme d'autres, il n'échappe pas à ce mouvement du judaïsme diasporique qui fait corps avec Israël, qui met tout en œuvre pour participer à sa défense. Certes, comme l'a écrit Pierre Nora, cette guerre des Six-Jours a « israélisé la Diaspora[2] », mais derrière cette partie visible de la relation se forme en même temps une autre relation dans laquelle Israël apparaît comme la chair de la chair de la diaspora, l'enfant qu'il faut à tout prix protéger de la mort possible. Dans l'imaginaire diasporique, l'État, protecteur des mondes juifs affaiblis des années 50, apparaît à son tour en danger d'extermination, de disparition et rejoint ainsi, par-delà la mystique de la nation des purs pionniers, l'ensemble des cultures juives unies par une angoisse commune de la disparition.

1. Ces citations sont issues de l'ouvrage de Raymond Aron, *50 ans de réflexion politique. Mémoires*, Julliard, Paris, 1983.
2. *Le Nouvel Observateur*, 28 janvier 1974.

Bien évidemment cette évolution des rapports est noyée sous l'intensité des émotions, sous le flot des paroles passionnelles, puis, après la victoire et la prise de possession de sites bibliques, ce rapport se perd dans les rêves du grand Israël. Mais une évolution des relations entre les judaïsmes diasporiques et israélien est en marche. Elle prendra sa pleine dimension en juin 1982, au moment de l'invasion israélienne du Liban et des tueries de Sabra et Chatila[1] qui révèlent, entre autres, la prise de distance marquée et déclarée d'une partie du judaïsme américain et européen avec Israël. Il faut bien évidemment nuancer la force de ce mouvement, mais on constate qu'après l'occupation de Beyrouth par les forces israéliennes, lentement, sur plusieurs années, les mondes juifs osent une certaine autonomie vis-à-vis du « centre » ; ils prennent conscience de leur rôle intellectuel et de leur possible place dans le judaïsme moderne. Une telle dynamique s'appuie sur des initiatives plus anciennes comme la création, dans les années 1973-1974, aux États-Unis, du groupe Breira composé d'anciens militants juifs pour les droits civiques et la paix au Vietnam, de membres du judaïsme libéral qui décidèrent, à l'époque, d'agir comme un groupe de pression au service de la paix au Moyen-Orient et souhaitaient défendre la possibilité pour la diaspora d'intervenir politiquement mais indépendamment des directives israéliennes.

Autant le procès Eichmann avait réintroduit l'His-

1. En septembre 1982, les milices chrétiennes libanaises ont, avec l'assentiment israélien, pénétré dans ces deux camps palestiniens et massacré les hommes, les femmes comme les enfants et les vieillards. On a dénombré des centaines de morts.

toire du monde achkénaze dans la société sioniste, autant la guerre des Six-Jours et les suivantes ont révélé, sinon le poids réel de la diaspora, du moins son poids symbolique et la réalité de son dynamisme.

Dans les années 80, cette prise de distance est largement favorisée par la violence des tensions sociales, des conflits intercommunautaires et politiques qui transforment, au regard du monde, le pays des pionniers en « un État comme un autre ». De la même façon, le poids pris par l'autorité religieuse orthodoxe et ultra-orthodoxe commence à gêner une partie du judaïsme diasporique, en particulier celui des États-Unis, de tendance majoritairement libérale.

Mais ce mouvement de distanciation n'aurait pas été possible si, face à l'État hébreu, les communautés de la diaspora, notamment celles du monde occidental, n'avaient ressenti, au milieu de mille interrogations, une réelle volonté d'exister en tant que communautés, une réelle envie de faire vivre un fort réseau associatif, que ce soit dans le domaine religieux, social ou culturel[1]. Même si l'analyse démographique est pessimiste quant à l'avenir du monde diasporique, une dynamique s'est peu à peu mise en mouvement avec l'apport d'une génération qui n'a vécu ni la Shoah ni l'exil. Elle tente de faire vivre

1. En 1970, on comptait 10,2 millions de Juifs hors de l'État d'Israël ; en 1985, ils étaient 9,4 millions (Conférence internationale sur la démographie du peuple juif, octobre 1987). Pour toutes les données démographiques comme pour toutes les informations chiffrées sur la pratique ou l'éducation religieuse au sein du judaïsme diasporique, il convient d'admettre une marge d'erreur qui peut varier entre 5 et 10 %, le recueil de telles informations étant extrêmement difficile compte tenu de l'éclatement du judaïsme et de ses pratiques.

un esprit communautaire sans lequel le judaïsme a, selon sa vision traditionnelle, du mal à exister. Un tel mouvement est particulièrement significatif aux États-Unis, qui comptent 5,6 millions de Juifs, et en France, deuxième communauté diasporique avec 600 000 personnes[1]. Cette dernière ayant vécu une transformation radicale à partir de 1962 avec l'arrivée de près de 130 000 Juifs d'Algérie, sans compter les précédents mouvements migratoires en provenance du Maroc et de la Tunisie[2]. La France est d'ailleurs le seul pays qui a vu sa population juive tripler depuis 1945 et qui s'est radicalement transformée par cet apport séfarade.

On assiste peu à peu, depuis ces trente dernières années, à un mouvement de redynamisation du judaïsme diasporique, qui représente encore aujourd'hui près des deux tiers des mondes juifs. Mais comment cette diaspora envisage-t-elle son existence dans une société ouverte, mobile et qui a de plus en plus tendance à uniformiser ses citoyens

1. Hors de l'État d'Israël, on dénombre 8,6 millions de Juifs (Institut du Congrès juif mondial, Jérusalem, 1998). À la fin de l'an 2000, des sources telles que l'*American Jewish Year Book* ou le *Statistical Abstract of Israel* estiment qu'encore plus de 60 % de la population juive sera diasporique. Les plus pessimistes estiment que d'ici dix ans les Juifs de la diaspora ne représenteront plus que 50 % du judaïsme. Toutes ces données doivent être prises avec une extrême précaution parce qu'elles dépendent de la définition choisie pour déterminer qui est juif et qui ne l'est pas. Elles sont cependant confirmées par les travaux de socio-démographie de l'université hébraïque de Jérusalem qui considère comme juive toute personne qui se déclare telle.

2. À Marseille, par exemple, la population juive a triplé en quelques mois (de 20 000 à 65 000) et a transformé radicalement la vie juive locale avec l'arrivée de la culture séfarade, largement méconnue dans la société achkénaze.

au nom des grands principes démocratiques ? Aujourd'hui comme hier revient cette question permanente du judaïsme : comment exister dans une société moderne sans se transformer en simple pratiquant d'une religion ordinaire qui tiendrait de moins en moins compte de la culture juive, de ses langues et de son histoire.

Face à ce questionnement quelques chiffres. Aux États-Unis, société fortement marquée de communautarisme mais également d'un fort potentiel intégrationniste, on évalue, pour les années 90, à 57 % le nombre de mariages mixtes Juifs/non-Juifs. Dans les années 60, la proportion n'était que de 31 %[1]. Quant aux Juifs américains membres d'une synagogue, on estime qu'ils ne représentent que 33 % des personnes qui se déclarent juives[2]. On retrouve ce même mouvement exogamique dans toute l'Europe de l'Ouest avec une proportion de mariages mixtes qui touche entre 36 % et 44 % de la communauté juive. Certaines estimations évoquent pour la France un pourcentage de mariages mixtes de 50 %[3] et pour la Belgique francophone un taux de 25 %. Taux particulièrement bas qui pourrait s'expliquer par la présence d'un judaïsme laïque qui tente de maintenir une vie communautaire pour les Juifs qui se sont détournés du religieux.

1. En 1940, le nombre de mariages mixtes représentait, aux États-Unis, 3 % de l'ensemble des mariages issus de la communauté juive.

2. Voir Doris Bensimon, *Les Juifs dans le monde au tournant du XXIe siècle*, Albin Michel, 1993.

3. Voir l'article de Régine Azria, « Esquisse de l'histoire du peuple juif. La France », *op. cit.* Si l'on en croit les conclusions du travail d'Erik Cohen qui a travaillé entre 1986 et 1988 sur un échantillon de Français se déclarants juifs, le pourcentage de mariages mixtes serait de 30 % en France chez des jeunes entre dix-huit ans et vingt-neuf ans.

Ce développement des mariages mixtes, événement majeur de la vie juive contemporaine, reste cependant fort limité dans certains pays et dépend aussi du niveau d'ouverture de la société environnante. Ainsi en Afrique du Sud, qui compte 114 000 Juifs (au huitième rang du judaïsme diasporique) et dont bon nombre se sont investis dans le combat contre l'apartheid malgré une politique israélienne très proche du pouvoir blanc et raciste, on ne comptait au début des années 90 que 1,3 % de mariages mixtes. Un pourcentage qui révèle bien la partition effective du pays et la rigueur des frontières culturelles entre les communautés

Quant à l'éducation religieuse, on estime, au niveau mondial, à 17 % de l'ensemble des jeunes Juifs de moins de dix-sept ans ceux qui avaient suivi, dans les années 80, une éducation juive complète, et à 40 % ceux qui avaient reçu une éducation partielle. Ce dernier pourcentage variant selon les pays ; ils étaient 66 % pour l'ensemble Argentine, Afrique du Sud, Australie ; 57 % pour la Grande-Bretagne ; 43 % aux États-Unis et 26 % en France [1]. Une tendance pour la France confirmée par les travaux de Doris Bensimon qui évalue, en moyenne nationale et pour les seuls hommes, la fréquentation régulière de la synagogue à 16 % même si le jeûne de *Yom Kippour* est beaucoup plus suivi (autour de 74 % en moyenne nationale) [2].

1. Doris Bensimon et Sergio Della Pergola, *La population juive de France : socio-démographie et identité*, The Institute of Contemporary Jewry, Jérusalem-Paris, CNRS Éditions, 1984.

2. Une étude des années 70, donc avant ce mouvement de la fin des années 80 de retour au religieux, précisait que dans la communauté juive de Paris, 34 % voyaient dans le judaïsme une religion, 31 % étaient attachés à la réalité juive en dehors de toute religion, et 31 % se disaient plus simplement attachés

Face à ces tendances exogamiques, chacun des courants religieux, au nom de la sauvegarde du judaïsme, offre sa réponse à la rencontre avec une modernité individualiste et intégrationniste. Mais à côté, depuis le début du siècle, se maintient un courant du judaïsme laïque, ou a-religieux, qui, malgré l'effondrement du bundisme et la disparition de la culture yiddish profondément laïcisée dans les années 20, n'en continue pas moins d'exister.

L'orthodoxie et l'ultra-orthodoxie contre le judaïsme libéral

Des communautés les plus endogames aux plus ouvertes sur le monde, toutes proposent des solutions qui permettraient aux cultures juives de traverser le prochain siècle sans craindre une disparition par dissolution dans la société environnante.

Au centre de ces courants : l'orthodoxie (peut-être devrait-on dire les orthodoxies). Née au XVIIIe siècle pour faire face aux innovations du réformisme, elle se présente comme la véritable héritière du judaïsme classique tant elle défend le respect absolu des obligations contenues dans la Halakhah et se considère comme la gardienne véritable de la Torah. Tout au long du XIXe siècle, l'orthodoxie s'opposera aux tentatives de transformation des rituels, imposera le respect de la liturgie en hébreu et main-

---

aux traditions historiques ou familiales. (Voir à ce sujet *L'étude et l'éducation juives en France*, Cerf, 1991.) Une étude plus récente, celle d'Erik Cohen faite à la demande du Fonds social juif unifié, précise que 48 % des Juifs ne participent jamais ou exceptionnellement à la vie juive, et que 22 % y participent régulièrement à raison d'une fois par mois.

tiendra la stricte séparation des hommes et des femmes dans la synagogue.

Dans ce siècle de l'émancipation, l'ennemi principal de l'orthodoxie fut le judaïsme réformé. Un combat de tous les jours qui prit des formes radicales en Europe de l'Est en s'appuyant sur le judaïsme des ghettos mais qui ne parvint pas à s'imposer en Amérique du Nord où les communautés juives ont choisi, dans leur majorité, d'adhérer au courant libéral plus à même, à leurs yeux, de sauvegarder un esprit communautaire et ses valeurs dans une société basée sur l'acculturation à outrance. Cela étant, ce courant orthodoxe a tout même pu s'installer aux États-Unis et, bien que minoritaire encore aujourd'hui, il a construit ses écoles, formé ses rabbins et constitué son réseau de communautés.

En France, si aujourd'hui ce courant orthodoxe tend à se radicaliser sous la pression de l'intégrisme juif, son développement jusqu'à ces dernières années et son ancrage dans le paysage religieux français sont dus à ses liens particuliers avec l'institution étatique et avec les pouvoirs politiques. La mise en place, à l'initiative du pouvoir napoléonien, d'une grande assemblée de notables juifs (le Sanhédrin) chargée de réguler la vie des communautés et la création d'un Consistoire reconnu par l'État comme par les Juifs ont sécurisé la vie communautaire même dans les pires moments des vagues antisémites du début du siècle. Et ce au point de masquer les réels dangers de l'antisémitisme de la collaboration dans les premiers mois qui ont suivi l'arrivée du maréchal Pétain au pouvoir en 1940.

Cette orthodoxie « à la française » qui propose « la Torah dans la civilité » a prospéré jusque dans les années 80 et a su limiter, à la fois, l'implantation du judaïsme libéral et de l'ultra-orthodoxie. Sa force est liée à la conscience qu'elle a de s'inscrire dans une société en mouvement et à son refus de réduire le judaïsme à une simple pratique religieuse. En permanence, la dimension communautaire et culturelle est valorisée mais toujours autour d'obligations et de règles de vie considérées comme intemporelles. Pour l'orthodoxie juive, il existe une civilisation du judaïsme qu'il faut préserver et maintenir vivante. Mais compte tenu de l'histoire particulière de la naissance de ce courant en France et de son respect pour la République, il ne saurait être question d'une intervention spécifiquement juive dans la vie politique de la cité. L'orthodoxie à la française accepte de limiter son intervention aux sphères du privé et du communautaire et de perdre son autorité sur des aspects de la vie sociale qui sont considérés, dans la culture politique française, comme étant du ressort de l'État.

Cette volonté de confronter le judaïsme à la modernité tout en considérant son corpus de règles comme hors du temps a été un exercice difficile, mais il a permis de maintenir un certain consensus au sein de la communauté juive de France, la plus importante d'Europe et la seconde en importance dans toute la diaspora. Un consensus par ailleurs largement favorisé par l'engagement sans faille, pour ne pas dire aveugle, de cette orthodoxie aux côtés de l'État d'Israël. Aujourd'hui, cette position, que l'on pourrait qualifier de centriste, est volontiers critiquée, à la fois par un courant ultra-orthodoxe qui prône, comme l'orthodoxie, l'intemporalité du judaïsme mais propose le repli face à la modernité occidentale. La critique vient également du courant libéral qui souhaite une implication plus grande du judaïsme dans la société contemporaine et, du même coup, repose la question d'une évolution nécessaire des rituels et des obligations.

Étrangement, cette crise que vit aujourd'hui l'orthodoxie moderne, surtout en France, n'est pas liée à un reflux de la pratique religieuse mais au contraire à un retour du spirituel et aux interrogations de ces « Juifs mécréants » qui se tournent à nouveau vers la dimension religieuse du judaïsme. Au fond, le soutien inconditionnel à l'État d'Israël avait servi de pratique religieuse aux dépens d'une interrogation collective sur la vie du judaïsme au sein de sociétés occidentales en pleine révolution technologique et sociale.

Incontestablement cette orthodoxie installée avec l'État napoléonien a perdu de son influence spirituelle. Pour continuer d'exister et se maintenir, elle s'est, depuis le début des années 80, radicalisée en prônant la « rejudéisation des Juifs ». Pour cela elle a développé son réseau de synagogues (230 aujourd'hui contre 30 en 1960) et tenté une pression rigoriste sur les communautés. Décidée aussi à combattre le courant libéral, cette orthodoxie « à la française » a ouvert ses portes à l'ultra-orthodoxie.

Assiste-t-on à la formation d'un judaïsme bipolaire, ultra-orthodoxe d'un côté, libéral de l'autre, qui de fait marquerait l'échec de l'orthodoxie classique et sa décomposition progressive ? Certains intellectuels le pensent et le déplorent ; d'autres, comme Shmuel Trigano, vont plus loin dans leurs critiques : ils annoncent la mise en œuvre d'« une OPA[1] » de l'ultra-orthodoxie sur le judaïsme tradi-

1. Revue *Pardes*, n° 25, 1998.

tionnel. L'annonce est radicale et surtout ne tient pas compte des potentialités du courant libéral.

L'ultra-orthodoxie se veut aujourd'hui la seule réponse à la question de l'avenir du judaïsme et à la peur sous-jacente de la perte d'identité. Quels que soient les groupes locaux ou les mouvements de dimension internationale, tous ont en commun une vision du monde perçu comme espace ennemi. Un tel postulat impose le repli sinon l'enfermement qui seul permet d'échapper aux influences des ennemis de Dieu. En clair, se rapprocher des autres c'est se perdre, c'est prendre le risque de se transformer et donc de faillir à la volonté divine. N'oublions pas l'un des principes du judaïsme religieux que met en avant l'ultra-orthodoxie : la vie diasporique est une punition de Dieu qu'il faut accepter et un déshonneur. Vivre dans l'exil, la *Galout*[1], est une obligation (et même la vie dans la société israélienne doit être considérée comme une vie dans l'exil). Il faut donc, pour se sauver dans cette épreuve, reconstruire un univers proche de celui des ghettos du XVIIIe siècle : une cité juive dans la cité. Ayant acquis son autonomie économique, sociale et culturelle, elle limiterait les échanges avec le monde des *goyim*, des non-Juifs[2]. Pour construire cet univers salvateur, l'ultra-orthodoxie milite activement dans les domaines de l'éducation, du travail social, dans la recherche de financements permettant la construction de lieux de

1. *Galout* désigne l'exil mais également la captivité, l'errance et l'état d'aliénation.

2. Le terme de *goy* (au pluriel *goyim*) est le plus souvent utilisé pour définir un Gentil, mais il s'agit en réalité d'un déplacement de sens puisque le mot signifie « nation » et, selon le *Dictionnaire encyclopédique du judaïsme*, *op. cit.*, on retrouve dans la Bible « maintes références au peuple juif compris comme *goy* ».

vie stricte et absolument conforme à la tradition juive d'avant l'influence des Lumières.

Dans ce contexte spirituel, l'État, quel qu'il soit, n'a que peu d'importance. Il est voué à n'être qu'un instrument technique et administratif totalement méprisé que l'on peut éventuellement utiliser mais qui n'a aucune fonction essentielle dans la vie publique ou privée de la communauté ultra-orthodoxe. À l'origine violemment antisioniste, ce courant de pensée n'est pas pour autant complètement détaché de la politique. Il a mis en place, en Israël notamment, des jeux d'alliance avec telle ou telle organisation du sionisme politique, de gauche comme de droite, selon les nécessités du moment, afin d'une part d'augmenter son influence sociale, et d'autre part de conduire la bataille pour le contrôle politico-religieux de Jérusalem[1]. Son mépris pour l'État, ou les États, n'implique donc pas un rejet pragmatique de l'activité politicienne, bien au contraire, ce mépris absolu permet une distanciation qui favorise la conception de combinaisons étrangères à toute éthique politique.

L'ultra-orthodoxie existe en Europe comme aux Amériques. Minoritaire, elle tente aujourd'hui, et ce par tous les moyens, de retrouver l'influence qu'elle avait dans les ghettos d'Europe de l'Est au début du siècle. Son but immédiat est de redonner au judaïsme une autonomie par rapport à la société environnante et à l'État qui favoriserait, à terme, la mise en œuvre d'une juridiction parallèle qui dépasserait le cadre de la vie privée pour s'étendre à l'ensemble de la vie so-

1. En 1990, l'ultra-orthodoxie représentait dans cette ville 28,5 % de la population, en 1995, 30,5 % ; pour 2005 les politologues israéliens prévoient une représentation ultra de 35 %.

ciale des communautés juives. Selon les pratiques européennes du judaïsme, les communautés ont toujours tenu à obéir à la loi civile dans ce qu'elles appelaient le « pays d'accueil » tant que ces lois ne contredisaient pas la Halakhah. Aujourd'hui, l'ultra-orthodoxie tente d'aller plus loin. Elle a gagné un réel pouvoir en Israël et cherche, dans ce qu'elle considère toujours comme l'exil, à construire une vie qui ne tienne pas compte de l'institution étatique et de ses règles. Cela étant, à l'échelle du monde, ce courant ne représente qu'environ 6 % de la population juive. Mais il s'agit d'une minorité militante dont beaucoup se consacrent à l'étude sous la direction de leur *rabbi*, mais une minorité qui se vit en combattant de la pureté contre l'hérésie et contre l'effritement démographique du judaïsme diasporique, qui n'oublie pas de mettre en place un fort réseau associatif et qui cherche à pénétrer les institutions existantes et parfois somnolentes.

La *cacherout*

Qu'est-ce que la cacherout *?*

C'est l'ensemble des lois alimentaires que le Juif observant doit respecter. La plupart tirent leur origine de commandements bibliques et concernent les produits d'origine animale.

La Bible énonce des critères précis pour distinguer les quadrupèdes autorisés de ceux qui sont interdits : « Toute bête qui a le pied onglé, l'ongle fendu en deux, et qui fait partie des ruminants, vous en mangerez » (Deutéronome, 14,6). Cela exclut le porc (qui ne rumine pas) et le chameau (dont le pied n'est pas fendu) : ils sont « impurs ». En ce qui concerne les oiseaux, aucun critère n'est précisé, mais la Bible énumère à deux reprises ceux qui sont interdits. À partir de ces données les rabbins ont fixé une liste de vingt-quatre espèces. Quant aux animaux aquatiques, ils doivent être pourvus d'au moins une nageoire et une écaille pour être « purs » : d'où l'interdiction, notamment, des fruits de mer et des crustacés.

La prohibition absolue de la consommation de sang conditionne la procédure de l'abattage rituel : après avoir fendu l'œsophage et la trachée de la bête, on la suspend la tête en bas afin de faciliter l'évacuation du sang. Pour compléter l'effet, on procède à différentes opérations de trempage de la viande, de salage ou de rôtissage à flamme ouverte, dites « cachérisation ».

Certaines parties des animaux autorisés sont interdites : le nerf sciatique notamment en souvenir du combat de Jacob avec l'Ange au terme duquel « il boitait de la cuisse. C'est pourquoi les fils d'Israël ne mangent pas, jusqu'à ce jour, du nerf sciatique qui est au creux de la cuisse » (Genèse, 32, 32-33).

De l'injonction biblique « Tu ne feras pas cuire un chevreau dans le lait de sa mère » (trois mentions dans le Pentateuque) découle la séparation absolue de la nourriture lactée et des aliments carnés : ils ne doivent pas être cuits ni consommés ensemble. Ainsi le Juif observant ne les associe jamais dans un même repas et doit disposer de deux ensembles de plats et d'ustensiles de cuisine distincts.

Enfin le vin est soumis à un strict contrôle. Il ne doit avoir été ni produit ni touché par un non-Juif.

Pourquoi une législation alimentaire ?

Dans la tradition, les commandements alimentaires appartiennent à la catégorie des lois sans explication (*hok*).

Cependant, depuis le Moyen Âge, des penseurs juifs tentent d'en dégager la logique, de leur conférer un sens. Ainsi Maïmonide, dans son *Guide des Égarés*, voit dans la législation alimentaire un apprentissage de la maîtrise de soi et de la contrainte. Pour d'autres, l'interdiction de la consommation du sang vise à développer l'aversion pour le sang, c'est-à-dire pour la violence.

La législation alimentaire et l'évolution du judaïsme

Il est clair que la *cacherout* a joué un rôle déterminant dans la cohésion du groupe juif, dans sa séparation d'avec la société environnante, dans le maintien de son identité. Au XIXe siècle, la Réforme l'a remise en cause. Le judaïsme réformé américain l'a officiellement rejetée à la conférence de Pittsburgh, en 1885, tandis que le courant *conservative* le maintient toujours. Aujourd'hui, la plupart des Juifs ont abandonné ou négligent beaucoup l'observance des lois alimentaires. Cependant en Israël presque tous les produits alimentaires vendus et consommés sont conformes aux exigences de la *cacherout*.

L'ultra-orthodoxie des Loubavitch

Ce courant du judaïsme né d'une scission au sein du hassidisme du XVIIIe siècle porte le nom exact de mouvement Habad, acronyme en hébreu de sagesse-raison-connaissance (*Hokhmah-binah-daat*). Dirigé, l'on devrait dire guidé, par le *rabbi* Shneur (ou Chnéour) Zalman (1745-1813) du bourg de Lyadi (Biélorussie), il se développe à la fin du XVIIIe siècle et au début du XIXe sous la direction de Dov Baer (1773-1827), fils du fondateur[1], qui s'installe à Loubavitch. D'où le nom actuel du mouvement.

Pendant la guerre de 14-18, le cœur du mouvement est à Varsovie et, après la Seconde Guerre mondiale, il se déplace à New York où il reprend une certaine vigueur à partir des années 70. Aujourd'hui, il revendique 150 000 fidèles, dont 15 000 en France, recrutés essentiellement dans les communautés séfarades issues des milieux populaires et qui ont trouvé chez les Loubavitch un cadre de vie, des valeurs, des rites, une communauté. La plupart sont allés jusqu'à apprendre le yiddish, langue populaire du monde achkénaze, afin de respecter les origines du mouvement Habad et de s'en imprégner.

À la fin de sa vie (il est mort le 12 juin 1994), le leader charismatique des Loubavitch, Menahem Mendel Schneerson[2], était considéré par ses fidèles comme le Rédempteur, le Messie de retour. Accusé d'hérésie par d'autres courants du hassidisme comme les *mitnagdim* (les opposants) et par l'ultra-orthodoxie israélienne, il n'en a pas moins continué de recruter et d'engager ses disciples sur les chemins du militantisme religieux, de l'étude et de l'extase, sans oublier la mise en œuvre

1. On doit notamment à Dov Baer un traité sur l'extase.
2. Né à Loubavitch en 1902, Menahem Schneerson avait, après ses études rabbiniques, étudié les mathématiques à Berlin et suivi une formation de lettres classiques à la Sorbonne avant de rejoindre New York en 1941.

d'une politique efficace de communication et de pénétration des institutions juives.

Aujourd'hui le mouvement Loubavitch semble au bord de l'éclatement entre un courant dit messianique qui croit en la résurrection de leur guide spirituel Menahem Mendel Schneerson qui alors se révélera comme le Messie, et ceux, plus prudents, qui se contentent d'étudier son enseignement tout en se préparant à sa difficile succession.

Réformistes ou libéraux, un judaïsme de l'ouverture à tout prix

Comme il existe plusieurs sous-groupes au sein de l'ultra-orthodoxie, de l'autre côté du spectre, le judaïsme réformé est représenté par plusieurs courants. L'indiscipline, le questionnement et l'insatisfaction permanente étant une tradition juive, cela a donné au fil du temps un engouement pour le débat, la contradiction et, bien sûr, la scission. Il est donc normal, encore aujourd'hui, de voir au sein de la culture juive se développer l'expression institutionnelle de ces divergences.

Issue du judaïsme allemand (voir chapitre III), le mouvement réformé existe dans vingt-cinq pays et repose sur un équilibre délicat qui consiste à reconnaître l'existence de la Halakhah mais en proposant de faire évoluer les règles et obligations qui régissent la vie juive. Ainsi, ce mouvement autorise les femmes et les hommes à prier ensemble et permet l'ordination des femmes rabbins. Le judaïsme des États-Unis est représentatif de cette ouverture au monde qui caractérise ce courant[1]. Un pays où le

1. Aux États-Unis, 200 femmes rabbins officient dans les communautés libérales.

projet sioniste ne s'est jamais, ou très rarement, concrétisé par des départs vers la « Terre promise », et dans lequel les Juifs issus de l'émigration européenne de l'entre-deux-guerres ont, pour la plupart, quitté les taudis de New York et de Chicago pour des quartiers plus confortables et plus conformes à l'embourgeoisement de ce judaïsme contemporain [1].

Aujourd'hui, 80 % des Juifs qui vivent en Amérique y sont nés et y ont été éduqués, et 43 % d'entre eux disent appartenir à la famille réformiste qui, en 1983, a été jusqu'à décider que la judéité pouvait être transmise par la lignée paternelle à condition que l'enfant s'identifie lui-même comme Juif. Une prise de position qui fut jugée provocatrice par les uns, réfléchie et conforme à l'évolution de la culture juive par les autres. Ce genre d'audace est une constante du judaïsme réformé américain : déjà en 1883, lors de la première ordination des rabbins libéraux des États-Unis, le repas servi comprenait des plats non cacher Cette façon de rompre avec la tradition n'a pourtant jamais fait l'unanimité ; cela explique en partie la scission au sein de ce courant et la naissance d'un mouvement libéral dit *conservative* [2]. Les *conservative* se refusant à « réinventer » le judaïsme et de ce fait à trop s'éloigner des obligations essentielles au profit de ce que l'on pourrait appeler une

1. Les premières communautés juives en Amérique du Nord se sont installées, au début du XIXe siècle, en Caroline du Sud et sont d'origine séfarade.

2. Il est impropre de traduire le terme anglais *conservative* par le mot français « conservateur » qui induit l'idée dans notre culture d'une certaine fermeture d'esprit. Nous adopterons donc la dénomination de mouvement Massorti (de l'hébreu *massoreth* : tradition), terme choisi par les dirigeants de ce courant.

liberté citoyenne hors de toute obligation envers Dieu et la tradition juive.

Depuis la fin de la Seconde Guerre mondiale, ces deux mouvements ont d'abord cherché à prendre leurs distances vis-à-vis de l'Europe, à se détourner d'un continent volontiers réduit dans les consciences juives d'outre-Atlantique à un vaste cimetière. Ce refus de l'Europe a certainement aidé à l'abandon des pratiques orthodoxes, le vieux continent étant à leurs yeux le lieu de la tradition et de la mort. Ils ont donc construit un ensemble original qui a favorisé un judaïsme communautaire structuré par un réseau extrêmement dense d'associations culturelles et sociales, avec une pratique religieuse souple mais réelle. Ils ont aussi réussi à limiter les influences orthodoxes et ultra-orthodoxes [1].

Chaque courant forme ses propres rabbins, des hommes comme des femmes, investit en Israël, financièrement et intellectuellement, pour le développement de ses propres idées et cherche ainsi à exister au sein de l'État hébreu, quitte à s'affronter très sérieusement avec l'orthodoxie et l'ultra-orthodoxie du pays. Une orthodoxie qui conserve toujours le monopole sur les mariages, les conversions et tous les actes ayant un rapport avec la question de l'identité juive et qui ne reconnaît toujours pas l'ordination non orthodoxe des rabbins [2].

1. Au XXXIIIe Congrès sioniste mondial de décembre 1997, parmi les 145 membres de la délégation américaine, on en comptait 107 qui appartenaient aux courants réformés ou *conservative*.

2. Il a fallu attendre 1980 pour qu'un Israélien formé dans les écoles du rabbinat réformé puisse exercer dans son pays. C'est dire à la fois la force du judaïsme traditionaliste et le peu d'influence du courant réformé dans la société juive d'Israël.

Être rabbin et homosexuel

Le 25 juin 1990, le judaïsme réformé américain a rompu avec quatre mille ans de tradition en acceptant le principe des rabbins homosexuels. Les 1 550 membres de la Conférence centrale des rabbins américains réunis ce jour-là à Seattle ont pris cette décision radicale. Certes, la Torah condamne l'homosexualité mais, a déclaré le rabbin Samuel Karff de Houston (Texas), président de la conférence : « Eu égard à la dignité humaine, il est permis de violer les interdictions de la Torah. » Cependant cette assemblée n'a pas reconnu les unions homosexuelles.

On retrouve également cette forme de judaïsme au Canada, cinquième communauté de la diaspora avec 310 000 personnes. Mais là, le courant libéral, sous toutes ses formes, doit faire face à une forte tradition orthodoxe structurée, pour des raisons historiques, autour de l'ensemble séfarade et francophone alors que les courants libéraux sont essentiellement anglophones et d'origine achkénaze.

Les Juifs achkénazes du Canada, originaires d'Europe et pour la majorité d'entre eux arrivés au lendemain de la Seconde Guerre mondiale, n'ont jamais vraiment réussi à exister dans un Québec des années 50 encore sous l'influence d'une Église catholique militante. Ils ont donc choisi de prendre racine au sein d'une société anglo-saxonne (Toronto, Vancouver). Par contre, pour les Juifs séfarades et francophones arrivés plus tardivement d'Afrique du Nord ou du Moyen-Orient arabe, l'installation au Québec a été plus facile et a bénéficié du climat de laïcisation du mouvement indépendantiste québécois. Ainsi s'explique l'existence au Québec d'une forte présence orthodoxe, tandis que dans les États anglophones la majorité juive est plutôt libérale.

Dans les années 20, l'Amérique du Nord a également produit un courant dit « reconstructionniste » qui a tenté, à son tour, de répondre à la difficile question du rapport de l'homme juif à la modernité. Très minoritaire aux États-Unis, pratiquement inexistant ailleurs, il conçoit le judaïsme comme une civilisation religieuse qui n'a jamais cessé d'évoluer au fil du temps. En conséquence, les commandements contenus dans la Torah et qui régissent la vie juive doivent être considérés comme des expressions, à un moment historique donné, de coutumes populaires. Inexorablement, elles évoluent donc avec le temps qui passe et en fonction de l'espace social qui entoure la communauté. Avec ce courant, on s'éloigne encore un peu plus du judaïsme de la tradition puisqu'il propose à l'homme de réaliser son salut sur terre. Éloigné à l'extrême de l'orthodoxie, le « reconstructionnisme » tient tout de même à respecter une des traditions du judaïsme américain : la création d'un séminaire rabbinique. À chaque courant son séminaire, et donc ses rabbins. Réalisé en 1967 en Pennsylvanie, celui du « reconstructionnisme » a favorisé la mise en place de quelques communautés.

La prière du matin

Chaque matin, l'homme juif pratiquant prononce entre autres la prière du *Shaharit* :

Béni soit l'Éternel qui ne m'a pas fait Gentil
Béni soit l'Éternel qui ne m'a pas fait femme
Béni soit l'Éternel qui ne m'a pas fait esclave.

Le courant libéral (*conservative*), tout en maintenant cette prière, l'a transformée afin de tenir compte du respect et de l'attention dus à la société environnante et aux femmes, juives ou non. Cela donne le texte suivant : *Béni sois-tu, Seigneur, Roi de l'univers qui m'as créé juif, qui m'as créé libre, qui m'as créé homme.*

En France, ce judaïsme réformé a préféré, pour éviter au début du siècle une référence trop marquée à la culture germanique, se désigner sous la dénomination de judaïsme libéral. Il s'est constitué à partir d'une partie de la bourgeoisie juive éclairée et a créé en 1907 son premier temple, nom choisi pour qualifier ce lieu de culte à la place du terme habituel de synagogue[1]. Cette Union libérale opta, sur le modèle du réformisme juif allemand (voir chapitre III), pour une refonte du rituel. Les prières

1. L'émergence de la synagogue vient de l'époque de l'exil de Babylone, les Juifs se réunissant à chaque chabbat pour prier et se consoler de la perte de la terre. Après la destruction du Temple, certains rites furent transférés à la synagogue, d'autres au contraire furent interdits d'usage afin de bien marquer la différence entre ces deux lieux.

étaient dites en français, les fêtes religieuses sobrement fêtées et à l'origine le chabbat était même célébré le dimanche. Un tel courant n'a, jusqu'à présent, jamais été populaire en France[1]. Ses origines sociales l'ont longtemps coupé des communautés achkénazes immigrées d'Europe de l'Est comme du monde séfarade originaire d'Afrique du Nord. Mais peu à peu, depuis une quinzaine d'années, certains éléments de la génération issue de l'immigration mais née en France ont abandonné une pratique orthodoxe au profit d'un judaïsme libéral. Pour eux, conserver au judaïsme son caractère culturel aussi bien que religieux, c'est accepter d'être dans le monde et s'y plaire sans pour autant se détacher du poids de l'histoire juive. Depuis plusieurs années, on assiste également en France à l'installation d'un judaïsme *conservative*, d'origine nord-américaine. Il tente de se trouver une place entre l'orthodoxie toujours très puissante mais en perte de vitesse et le faible courant libéral. Un judaïsme de plus ? Peut-être, mais cela révèle bien la crise que traverse aujourd'hui le judaïsme français qui balance entre une passivité consistoriale, le militantisme ultra-orthodoxe et une volonté de construire une pratique religieuse très ouverte.

1. En Belgique, le premier lieu de prière libéral date de 1966.

Le réseau associatif en France

L'esprit communautaire du judaïsme s'est traduit dans les pays démocratiques par la mise en place d'une multitude d'associations, de lieux de rencontre qui dépassent largement la seule fonction cultuelle. À travers ce tissu social particulier, il s'agit d'abord de répondre à la peur de la disparition dans la culture environnante.

En France, trois organisations principales fédèrent, ou tentent de le faire, les nombreuses associations :

— Le Consistoire central, créé en 1808, rassemble les 232 centres cultuels. De fait, il n'exerce son influence que sur une fraction de la population juive : les pratiquants. Depuis le début des années 80, la bataille fait rage en son sein pour le contrôle de l'institution entre les partisans d'un judaïsme modéré et ceux qui souhaitent revenir à une pratique orthodoxe stricte. Si l'on ajoute à ces courants l'influence des nouvelles normes de la société environnante qui marque également la société religieuse juive, comme par exemple la place des femmes dans la prise de décision, on peut comprendre que les élections pour la direction du Consistoire ne sont jamais aisées, pour ne pas dire plus...

— Le Conseil représentatif des israélites[1] de France (CRIF) : créé en 1944 dans la clandestinité, il se veut le porte-parole politique du judaïsme français. Une tâche impossible compte tenu des clivages qui traversent cet ensemble humain.

Une soixantaine d'associations sont adhérentes du CRIF, chacune fédérant en son sein plusieurs groupes

1. Le terme d'israélite, très courant dans l'entre-deux-guerres pour désigner le citoyen français de religion juive, est aujourd'hui peu utilisé parce qu'il exclut la dimension culturelle et sociale du judaïsme et réduit son existence à une pratique religieuse comme une autre.

de moindre importance. On y retrouve aussi bien le Consistoire central, la Fédération des organisations sionistes de France que l'Union des Juifs pour la résistance et l'entraide (UJRE), de tendance communiste. Là encore, la direction d'un tel organisme est difficile compte tenu du vieil adage achkénaze mais qui pourrait aussi bien être séfarade : quand deux Juifs décident de faire de la politique, cela commence par la création de trois fractions...

— Le Fonds social juif unifié (FSJU) : fondé en 1950, il fédère l'essentiel des activités sociales, éducatives et culturelles du judaïsme français. Depuis 1972, après deux années d'agitation, un système un peu plus démocratique a été mis en place pour élire les instances dirigeantes composées de 240 membres. 120 sont élus par les cotisants et donateurs, 80 représentent les 144 associations adhérentes et 40 sont cooptés.

— L'Alliance israélite universelle (AIU) occupe une place à part : c'est l'une des plus anciennes institutions juives de France (voir p. 118). Créée en 1860, elle se proposait à l'époque de favoriser l'accès des Juifs à la modernité grâce à un réseau d'écoles implanté en Europe et dans le monde islamique francophone. Son développement au Moyen-Orient fut incontestablement lié aux efforts français pour contrer la Grande-Bretagne dans la région.

Derrière ces principaux pôles s'activent un nombre incalculable d'associations.

Tout le réseau des *landmannschaften*, ces associations achkénazes qui regroupent les Juifs d'une même ville ou d'une même région, celui des associations séfarades qui depuis 1919 se sont également constituées sur une base géographique, les associations d'anciens combattants, de déportés, les mouvements de jeunesse, les étudiants, les femmes sionistes, les associations professionnelles... La liste est semble-t-il infinie, et d'autant qu'au cours des années, nombre de ces lieux communautaires ont scissionné pour donner naissance à d'autres associations plus homogènes politiquement ou idéologiquement.

Il faut enfin évoquer l'importance prise par les écoles juives qui comptent 20 000 élèves répartis dans une centaine d'établissements (avant guerre, on comptait deux écoles juives en France). Des écoles en partie subventionnées, au titre de l'aide à l'enseignement privé, par les villes ou les régions et mal contrôlées par les autorités de tutelle.

Le judaïsme laïque, une réalité née avec le XXe siècle

Parallèlement à ces dynamiques, existe également un judaïsme laïque qui tend non plus à se définir comme étape vers l'intégration-disparition dans la culture dominante mais qui tient à sa spécificité, notamment historique. Certes, du point de vue des communautés religieuses, le judaïsme laïque est un non-sens, une sorte de virtualité qui n'a aucun droit à l'existence. Mais il est bien là, en Europe comme aux Amériques.

Le mouvement sioniste qui, à son origine, s'est voulu résolument en rupture avec le religieux (voir chapitre IV) et le projet de constitution d'un État-nation juif ont permis à toute une jeunesse de se détourner des rabbins en ayant l'assurance de participer à la formation d'une société juive homogène. Autant le bundisme s'est effondré avec la guerre (voir chapitre III), autant le sionisme s'est renforcé avec la création du jeune État hébreu. Le religieux a pu apparaître alors comme dérisoire ou inutile pour l'avenir. On a ainsi vu fleurir un sionisme, au mieux a-religieux, mais très souvent antireligieux au sein de la société israélienne comme dans la diaspora laïque des années 50-60. Un courant qui touchait à l'époque tous les grands partis politiques, le mouvement syndical et la plupart des organisations de jeunesse.

Mais le judaïsme laïque tel qu'il existe aujourd'hui se détourne du projet sioniste comme il l'a fait auparavant du grand rêve communiste, cette sainte alliance entre le prolétariat héroïque et les mondes juifs persécutés.

Sans s'appuyer sur des idéologies triomphantes, tout en étant toujours très marqué par la philosophie des Lumières, des femmes et des hommes se réclament donc de la culture juive mais ne se reconnaissent pas dans un rituel et des règles qui reposent sur la reconnaissance d'un Dieu unique, présence totale et souverain absolu. Issu ni d'un peuple élu ni d'un peuple déchu, le judaïsme laïque est une tentative de tourner le dos à la Loi et à ses obligations sans pour autant rompre avec une histoire millénaire, avec ce que l'on pourrait peut-être appeler une civilisation.

Aujourd'hui, l'essentiel du courant laïque, composé à la fois de générations nées après la guerre et de rescapés du sionisme pionnier et du marxisme des années 20 et 30, se définit par une fidélité. Souviens–toi ! L'impératif est absolu, envahissant et puissant, sur lui repose l'existence du judaïsme laïque. Et derrière cette obligation redoutable se dessinent les ombres de la Shoah, le poids des morts, proches ou lointains, familiers ou inconnus.

Autant le judaïsme laïque des années 20 était constitué de Juifs éduqués dans la religion, dans ses textes et ses rites, donc intimement liés à l'orthodoxie et à ses questionnements, autant ceux de l'après-guerre ont pour seule culture juive celle constituée à partir de l'histoire du génocide et de ses récits familiaux. Aujourd'hui, il n'y a pas une association du judaïsme laïque qui ne soit mythiquement liée à la Shoah et aux insurgés du ghetto de Varsovie. Pour rompre avec le religieux, pour exister sans Dieu et continuer de vivre un certain judaïsme, ils ont enraciné leur vie à Auschwitz et se sont entourés de héros de la Résistance. Le culte de la mémoire est peut-être devenu une sorte de « religion substitutive[1] ». Une autre façon de lutter contre la possible disparition ou plus simplement de se cacher l'inévitable afin de la retarder.

Le judaïsme laïque vit sur la peur d'oublier, c'est-à-dire de tuer une seconde fois les morts de la Shoah. À travers ce mouvement, on retrouve l'ancienne tentation de l'enfermement et la difficulté, par-delà les discours, d'être dans le monde. Comme au temps de l'influence des Lumières, cette volonté d'être citoyen à part entière est intimement liée à la peur de se perdre. Et c'est grâce ou à cause de ce double mouvement que se perpétue dans le judaïsme laïque la tradition associative. Le besoin d'avoir une parole commune rééquilibre la peur de l'atomisation. Aujourd'hui, ce courant, que l'on retrouve dans toute l'Europe comme en Amérique du Nord, était à l'origine issu de la culture achkénaze, mais il a été également adopté par une minorité séfarade qui, dans un premier temps, a intégré les morts de la Shoah puis s'est tournée vers sa propre culture, celle issue du monde arabo-andalou ou du Maghreb arabo-berbère.

1. L'expression est de Daniel Lindenberg, *Figures d'Israël : l'identité juive entre marranisme et sionisme, 1648-1998*, Hachette Littérature, 1997.

Le dernier quotidien yiddish ferme ses portes à Paris

« Avec *Unzer Wort* (*Notre parole*), c'est le dernier quotidien en yiddish qui va disparaître à la fin de ce mois de juin 1996. Un quotidien, même si la parution s'était réduite, au fil des ans, à trois numéros par semaine, que ses fidèles, au nombre de trois à quatre mille, appelaient tout simplement "le journal juif". Un journal apprécié de lecteurs originaires de Bessarabie, de Galicie ou de Pologne aux rangs de plus en plus clairsemés mais qui, depuis la chute de l'URSS, sans subvention ni aide d'aucune sorte, parvenait à atteindre un lectorat de quatre à cinq cents foyers disséminés jusqu'à la lointaine Ukraine. Un journal dont l'existence rappelait l'incroyable volonté de survie du judaïsme ashkénaze après la Shoah, à Paris, aussi bien qu'à Buenos Aires ou aux États-Unis.

La presse yiddish de Paris, après 1945, a fait longtemps bonne figure. On trouvait encore dans l'Hexagone, jusqu'à une date récente, trois quotidiens en yiddish qui perpétuaient à leur façon les divisions politiques du monde juif est-européen d'avant 1939, là où s'est parlé ce mélange d'allemand médiéval, de slave et d'hébreu qui a fini par façonner une langue à part entière.

L'un de ces quotidiens français yiddishophones, celui des communistes, *Naïe Presse* (*La Presse nouvelle*), n'a ainsi cessé sa publication qu'en 1993. Il en est allé de même pour le quotidien du Bund, le parti social-démocrate juif, *Unzer Shtime* (*Notre voix*). *Unzer Wort*, créé en 1947 par Marc Jarblum et Israël Jefroykin, a duré un peu plus longtemps, en dépit du vieillissement de ses lecteurs et de la raréfaction de ses journalistes. De fait, ceux qui étaient capables de pratiquer la belle langue exigée par le directeur-gérant, Jacques Cypel, se faisaient de moins en moins nombreux avec les années.

On peut penser que la longévité d'*Unzer Wort*, qui avait

fini par fasciner les médias tant français qu'américains, tient en partie à sa "ligne" sioniste, position devenue consensuelle dans la majorité de la communauté juive organisée. *Unzer Wort* se voulait proche du parti travailliste israélien et accordait une place étendue aux nouvelles d'Israël ainsi qu'aux événements communautaires. Mais si le mouvement travailliste de la "Palestine juive", comme on disait autrefois, n'a pas été en mesure de maintenir en vie son propre quotidien *Davar* (en hébreu), lequel a fermé ses portes il y a quelques mois, comment aurait-il pu sauver des publications en yiddish en France ou à New York (où le *Yiddisher Kampfer*, organe du sionisme travailliste, vient lui aussi d'annoncer sa suspension) ?

Le dernier quotidien en yiddish de la planète arrête donc là son chemin, sous les coups de boutoir de la triple crise de la presse d'opinion, du sionisme socialiste et du yiddish.

Quelques timides signes de renouveau du yiddish apparaissent pourtant. Des chaires universitaires se créent et des jeunes retournent apprendre, çà et là, le parler de leurs grands-parents. Mais pour ceux dont il était la langue maternelle, la fin d'*Unzer Wort* signifiera encore un peu plus de solitude dans un monde sans relève. »

Nicolas Weill,
Le Monde, 26 juin 1996.

Les tentatives d'une expression littéraire de la diversité judaïque

Des judaïsmes achkénazes hantés par la mort et la mémoire de la destruction comme des mondes séfarades marqués notamment par l'exil des années 50 et les souvenirs de la vie au Maghreb ou en Égypte, a émergé une production artistique. Certains de ces travaux, souvent liés à l'écriture et au livre, n'ont obtenu la reconnaissance du public qu'à l'intérieur des espaces culturels juifs, d'autres ont été reconnus à l'échelle internationale et largement traduits, devenant par là même œuvre universelle. En général, l'émergence de cette nouvelle production intellectuelle juive contemporaine coïncide avec la fin du projet assimilationniste des années 20-30 qui faisait du Juif un israélite, et du judaïsme une pratique religieuse.

En quoi cette production, notamment en matière de littérature, peut-elle être décrétée juive ? Le fait que leurs auteurs soient juifs ou se considèrent tels, laïques ou pratiquants, ne saurait suffire. Une écriture juive, dans le roman comme dans le cinéma, nomme le Juif, lui donne une existence, une histoire, et aujourd'hui le sort de l'exotisme du ghetto pour installer les personnages dans le monde contemporain.

À côté d'écrivains hébraïsants ou yiddishisants comme Shmuel Josef Agnon[1] ou Isaac Bashevis Singer[2] qu'il est

1. Prix Nobel de littérature en 1966, Samuel Joseph Tchatchekes, alias Shaï Agnon ou Shmuel Josef Agnon, est né en 1878 dans un petit *shtetl* de Galicie autrichienne. En 1908, il débarque en Palestine qu'il quitte en 1912 pour s'installer en Allemagne jusqu'en 1924, date à laquelle il revient vivre à Jérusalem où il meurt en 1970.

2. Prix Nobel de littérature en 1978, il est né en 1904 à côté de Varsovie et est destiné comme son père et son grand-père à devenir rabbin. À vingt ans, il choisit un autre chemin : l'écriture. Il quitte Varsovie en 1935 pour l'Amérique. Sa première nouvelle

facile de faire entrer dans la catégorie « littérature juive » parce qu'ils écrivent dans une des langues des mondes juifs, existe-t-il aujourd'hui une littérature juive en langue non juive ? Un premier groupe d'écrivains tels Élie Wiesel, Paul Celan ou Primo Levi [1] s'imposent par une écriture autour du génocide et de la mort d'un monde. Cependant d'autres auteurs plus éloignés de cette réalité européenne s'attachent à faire vivre des personnages en les rendant totalement perméables à la culture environnante, mais en les reliant par un fil souvent fragile aux cultures juives du début du siècle. Un fil qui devient vite cette cicatrice invisible provoquée par l'antisémitisme séculaire. Saul Bellow, Bernard Malamud ou Philip Roth [2] expriment ce courant qui tente une littérature contemporaine de la diaspora, qui ne regarde ni vers l'Europe de l'entre-deux-guerres, ni vers Israël, qui s'inscrit dans la ville ouverte, à New York ou à Chicago, ironise volontiers sur la vie mais se refuse obstinément à laisser disparaître les éléments encore vivants de sa propre histoire.

En langue française, les cultures juives, ouvertes ou non sur le monde, s'expriment aussi à travers cette volonté de dire l'existence juive. André Schwartz-Bart et Anna Langfus sont de ceux-là, comme beaucoup plus récemment Robert Bober et ses récits autobiographiques où se retrouve le besoin de renforcer le fil de la continuité entre l'enfant juif de la guerre et l'adulte des années 2000.

La littérature d'origine achkénaze est le plus souvent centrée sur le tragique, la présence/distance avec le monde est un mouvement constant de cette écriture. L'humour sombre laisse peu d'espace au plaisir. Pour les

---

est traduite du yiddish en américain par Saul Bellow. Un tournant dans sa vie.

1. Paul Celan est né en 1920.

2. Né en 1915 au Québec, Saul Bellow fut Prix Nobel de littérature en 1976. Bernard Malamud est né en 1914 et mort en 1986. Philip Roth est né en 1933 à Newark ; il quitte les États-Unis en 1977 pour l'Angleterre et retraverse l'océan Atlantique dix ans plus tard.

écrivains qui sont nés au lendemain de la Shoah et qui ne l'ont vécue que par les récits et les silences, les cauchemars et les cris dans la nuit des rescapés, il reste souvent, comme chez Patrick Modiano ou Henri Raczymov, l'obsession de l'absence, du non-dit, du perdu irremplaçable ; ou, comme chez Georges Perec, une relation particulière avec le vide, avec l'impossibilité de remonter à la source et avec la douleur de la non-mémoire[1]. On est bien loin du foisonnement baroque, que l'on rencontre chez Romain Gary et son double Émile Ajar, ou de la lumière qui s'impose dans les fictions inspirées des souvenirs des écrivains d'origine séfarade où se mêlent la nostalgie et le plaisir de vivre.

Peut-on pour autant croire à la naissance d'une littérature juive de langue française comme on a pu parler de l'école américaine ? Certains voudraient y croire — une façon d'envisager l'avenir des judaïsmes en se référant à la richesse de la culture juive du début du XXe siècle ; d'autres, comme Albert Memmi, refusent cette approche : à ses yeux une école littéraire juive est inévitablement condamnée « soit à l'évanouissement, soit à la sclérose[2] ».

Il reste que toutes ces littératures ont au moins un point commun : chacune, selon sa culture et son histoire, rappelle que le Juif, dans la diversité de ses vies, n'est pas mort. Peut-être est-il en train de disparaître dans le grand laminage des cultures minoritaires, mais le moment n'est pas encore venu d'annoncer sa fin et le romancier participe à cette dynamique de la survie.

---

1. Voir J.-B. Pontalis, *L'enfant des limbes*, Gallimard, 1998, p. 76.
2. Revue *Traces*, n° 3, non daté.

CONCLUSION

Aujourd'hui un État hébreu existe, des judaïsmes diasporiques également. Le tout forme un ensemble complexe, dont les éléments ne suivent pas nécessairement le même chemin mais s'articulent les uns aux autres, interagissent les uns sur les autres : la politique israélienne peut, par exemple, déstabiliser la diaspora de la même façon qu'un événement majeur survenant dans une communauté touche l'ensemble du judaïsme.

Pendant deux siècles, les communautés juives ont à la fois cherché à s'enraciner dans la société environnante, tout en craignant que cette volonté de citoyenneté à part entière aboutisse à la disparition par assimilation de la culture juive. Pendant deux siècles, et quels que soient les continents, la société non juive a, selon les époques et les régions, accueilli les mondes juifs ou les a rejetés. Cette expérience historique collective a façonné une vision de l'avenir basée sur l'incertain, sur la nécessité d'être sur « ses gardes », de s'attendre au pire et donc de maintenir une certaine distance par rapport au monde, tout en participant intensément et avec passion à sa transformation. Le sionisme a tenté, en formant un État-nation hébreu, de transformer les judaïsmes en une unité cohérente, en une société assurée de son avenir ; il a voulu normaliser les Juifs en les dotant d'un territoire et d'un État. Mais ce faisant, il s'est condamné à vivre avec ce « péché originel » de disposer d'une terre que d'autres tenaient pour leur, et a échoué dans sa volonté de rassembler l'ensemble des mondes juifs. Depuis quelques décennies, il assiste à la renaissance des judaïsmes diasporiques.

Aujourd'hui plus que jamais, le judaïsme est une entité polymorphe dont le contenu varie selon les communautés, les familles et, de plus en plus, selon les individus.

À une époque où l'individualisme est triomphant, le Juif de nos sociétés contemporaines, toujours très perméable aux idées environnantes, est en train de repenser sa relation avec la communauté. Il ne se reconnaît pas toujours dans les définitions classiques (religion, nation) ; il peut même se montrer indifférent à la règle d'appartenance au judaïsme fixée par la tradition : loin de considérer qu'il est juif parce qu'une mère juive l'a enfanté, il peut choisir de se reconnaître comme tel en dehors des règles orthodoxes de la filiation et construire sa propre judéïté. Au sein du judaïsme comme ailleurs, la subjectivité de l'individu impose son primat aux règles du groupe. Une telle atomisation présente un grand risque, mais cette tendance est actuellement compensée par une farouche revendication de vivre en Juif – une volonté, un acharnement pourrait-on dire – à la mesure de l'entreprise d'extermination dont fut victime une génération.

Les communautés juives sont affectées par les mêmes turbulences que les autres sociétés : elles sont touchées par les tendances au repli sur soi, au prix d'un renoncement aux valeurs universalistes. En Europe, les Juifs résisteront-ils à ces courants ? Comment se situeront-ils dans un environnement qui tend à s'écarter de la référence à l'État-nation, dans un cadre où le sentiment d'appartenir à un ensemble plus vaste, l'Union européenne, se développe en même temps qu'apparaît la tentation régionaliste ? Comment la nouvelle génération juive française se construira-t-elle face à l'érosion du modèle républicain de l'intégration qui avait jusqu'alors été la référence ?

Sur l'avenir à long terme du judaïsme, certaines prévisions sont pessimistes. Des démographes annoncent sa fin par intégration dans les sociétés environnantes et font de l'État d'Israël le seul îlot juif du monde qui se maintiendrait ; des intellectuels, regrettant l'absence d'un renouveau religieux qui allierait le respect de la tradition et l'ouverture au monde, prédisent à leur tour la fin des mondes juifs, y compris d'Israël en tant qu'État juif. « Nous nous nourrissons aujourd'hui des restes tombés de la table de l'histoire du peuple juif[1] », écrivait sans illusion le philosophe Yechayahou Leibowitz.

De telles prévisions empruntes de tristesse et de nostalgie témoignent aussi, et paradoxalement, du besoin de croire en la pérennité du judaïsme alors que tant de civilisations ont disparu. Peut-on envisager l'éventuel effacement des mondes juifs avec sérénité ?

Quelle que soit la réponse quant à son avenir lointain, aujourd'hui le judaïsme demeure une réalité bien vivante et l'affirmation dynamique par laquelle Simon Doubnov terminait son *Précis d'histoire juive* reste à l'ordre du jour : « L'Histoire juive continue. »

1. Yechayahou Leibowitz, *Israël et judaïsme*, *op. cit.*

ANNEXES

CHRONOLOGIE

XIIIᵉ siècle avant è.c. Moïse.
Vers 1010-970 avant è.c. Règne de David sur Israël.
Vers 971-931 avant è.c. Règne de Salomon sur Israël. Construction du premier Temple.
931 avant è.c. Division d'Israël en deux royaumes, Israël et Juda.
722 avant è.c. Conquête d'Israël par l'Assyrie.
587 avant è.c. Conquête de Juda par l'empire de Babylone. Déportation d'une partie de la population judéenne.
538 avant è.c. Édit du roi de Perse Cyrus autorisant le retour des déportés.
515 avant è.c. Inauguration du second Temple.
332 avant è.c. Victoire des armées grecques d'Alexandre sur l'Empire perse.
Vers 285-200 avant è.c. Domination de la dynastie hellénistique des Lagides d'Égypte sur la Judée.
200-167 avant è.c. Domination de la dynastie hellénistique des Séleucides de Syrie sur la Judée.
167-142 avant è.c. Révolte des Maccabées.
142-63 avant è.c. Règne de la dynastie des Hasmonéens.
63 avant è.c. Entrée de Pompée à Jérusalem. Début de la domination romaine sur la Judée.
37 avant è.c.-4 après è.c. Règne d'Hérode.
Vers 30. Crucifixion du prédicateur Jésus de Nazareth.
66-70. Insurrection juive contre les Romains. Destruction du Temple.

Vers 90. Établissement définitif du canon des Écritures saintes par les *rabbis* de Javneh.

132-135. Nouvelle insurrection juive contre les Romains.

Vers 200. Fin de la rédaction de la Michnah par les *rabbis* de Galilée.

Fin du Ve siècle. Rédaction de la Gemara babylonienne.

Vers 570-632. Mahomet. Naissance de l'islam et début de la conquête arabe.

711. Conquête de l'Espagne par les musulmans.

VIIIe siècle. Schisme caraïte.

Fin Xe siècle. Introduction du Talmud dans les communautés juives de l'Europe chrétienne.

Vers 1020-vers 1057. Salomon ibn Gabirol de Malaga.

1039 ou 1040-1104 ou 1105. Rachi de Troyes crée en Champagne une école talmudique de grande réputation.

1096. Première Croisade. Début de l'ère des persécutions violentes contre les Juifs dans l'Occident chrétien.

XIIe siècle. Naissance de la kabbale en Provence.

1136. Invasion de l'Espagne par la secte berbère des Almohades. Persécutions contre les non-musulmans.

XIIIe siècle. Début du flux migratoire juif vers la Pologne et la Lituanie.

1215. Concile de Latran. Aggravation de la législation discriminatoire mise en place par l'Église contre les Juifs.

1290. Expulsion des Juifs d'Angleterre.

1306 et 1394. Expulsions des Juifs de France.

1391. Émeutes antijuives à Séville. Extension des violences à toute la péninsule Ibérique. Nombreuses conversions de Juifs au catholicisme.

1492. Expulsion des Juifs d'Espagne.

1497. Obligation de la conversion collective au catholicisme pour les Juifs du Portugal.

Fin du XVe siècle. Début du flux d'émigration séfarade vers l'Empire ottoman.

XVIe siècle. Développement de la kabbale à Safed, Palestine.

1523. Première édition imprimée du Talmud à Venise.

1648-1649. Dévastations des communautés juives de Pologne par les Cosaques de Chmielnicki.

1665-1666. Mouvement messianique autour de Sabbataï Tsevi de Smyrne.

Vers 1720. Naissance du hassidisme.

1729-1786. Moïse Mendelssohn, fondateur de la *Haskalah* allemande.

1781-1789. Édit de tolérance de l'empereur Joseph II en faveur des Juifs d'Autriche.
1787. Reconnaissance *de facto* de l'égalité des Juifs par la Constitution des États-Unis.
1790-1791. Émancipation des Juifs par la Révolution française.
1804. Premier statut des Juifs dans l'Empire russe. Création de la « zone de résidence ».
9 février-9 mars 1807. Réunion du Grand Sanhédrin convoqué par Napoléon.
1810. Début de la Réforme en Allemagne.
1810-1874. Abraham Geiger, théoricien de la Réforme.
1821. Naissance de la « Science du judaïsme » en Allemagne.
1re moitié du XIXe siècle. Développement de la *Haskalah* dans l'Empire russe.
1840. Affaire de Damas et nouvelles accusations de « crime rituel ».
1853. Gobineau publie l'*Essai sur l'inégalité des races humaines*.
1858. Date symbolique de l'émancipation des Juifs au Royaume-Uni.
1860. Création de l'Alliance israélite universelle en France.
1867. Émancipation des Juifs en Autriche-Hongrie.
1870. Octroi de la citoyenneté française aux Juifs d'Algérie.
1869-1871. Émancipation des Juifs en Allemagne.
1870. Émancipation des Juifs en Italie.
1873. Naissance du mot « antisémite » en Allemagne. Début de l'antisémitisme moderne.
1881-1884. Première vague de pogroms dans l'Empire tsariste.
1881. Début du flux migratoire juif de l'Europe orientale vers l'Europe occidentale et l'Amérique.
1894-1906. Affaire Dreyfus.
1897. Premier Congrès sioniste à Bâle (Suisse).
Publication des *Lettres sur l'ancien et le nouveau judaïsme* par Simon Doubnov qui y expose son principe autonomiste.
Création à Vilnius du Bund, Parti socialiste-marxiste juif et antisioniste.
Émeutes antisémites en Algérie.
1900. Création aux États-Unis, à l'initiative des salariées jui-

ves et italiennes, du premier syndicat de la confection, l'*International Ladies Garment Workers Union*.

1903-1906. Nouvelle vague de pogroms massifs en Russie

1910. Une communauté juive se constitue officiellement à Shanghai.

1914. Création aux États-Unis de l'*American Joint Distribution Committee* qui joua un rôle important dans l'aide aux réfugiés.

1915. Création des premiers journaux juifs au Brésil.

1917. Révolution russe. Émancipation des Juifs russes.
2 novembre : publication de la déclaration Balfour.

1918-1920. Guerre civile en Russie. Ralliement des Juifs au régime bolchevik.

1922. 26 juillet : la Grande-Bretagne reçoit de la Société des Nations (SDN) le mandat sur la Palestine.

1930-1932. Dans le cadre des organisations de la Main-d'œuvre immigrée (MOI), le Parti communiste français crée une sous-section juive de langue yiddish.

1933. Prise du pouvoir par le parti nazi en Allemagne. Mise en place de la politique antijuive.

1936-1938. Les « grandes purges » staliniennes frappent le judaïsme soviétique.

1940-1941. Concentration des Juifs de Pologne en ghettos.

27 septembre 1940. Première ordonnance des autorités allemandes en France relative aux mesures contre les Juifs.

3 octobre 1940. Vichy promulgue le « statut des Juifs ».

7 octobre 1940. Abrogation du décret Crémieux qui conférait la nationalité française aux Juifs d'Algérie et abrogation du décret Marchandeau qui punissait l'incitation à la haine raciale.

18 octobre 1940. Le *Journal officiel* publie la première loi portant statut des Juifs.

22 juin 1941. Invasion de l'URSS par l'Allemagne. Première vague de mise à mort des Juifs soviétiques.

Décembre 1941. Mise en fonctionnement du premier camp d'extermination à Chelmno.

20 janvier 1942. Organisation de l'extermination des Juifs européens à la conférence de Wannsee (Berlin).

Avril-mai 1943. Insurrection du ghetto de Varsovie.

27 janvier 1945. Libération du camp d'Auschwitz par l'Armée rouge.

29 novembre 1947. L'ONU adopte le plan de partage de la Palestine.

14 mai 1948. Proclamation à Tel-Aviv de l'indépendance de l'État d'Israël.

1948-1952. Renaissance de l'antisémitisme d'État en Union soviétique. Élimination physique des plus grands écrivains de langue yiddish. Éradication de la culture juive. Procès dit des « blouses blanches ».

29 octobre 1956. Début de la crise de Suez.

Avril-décembre 1961. Procès d'Adolf Eichmann.

31 mai 1962. Adolf Eichmann est exécuté par pendaison.

5-15 juin 1967. Guerre des Six-Jours au Proche-Orient.

1968. Vague antisémite en Pologne.

1969. La rumeur antisémite d'Orléans.

6-24 octobre 1973. Guerre du Kippour.

Mai 1990. Profanation de tombes juives au cimetière de Carpentras.

18 juillet 1994. Attentat antisémite à Buenos Aires, 95 morts et 250 blessés.

26 juillet 1994. Attentat antisémite à Londres, 20 blessés.

[illegible]

[illegible] de l'Holocauste [illegible]

[illegible] 1962. [illegible] est exécuté [illegible]

[illegible]

Mai 19[illegible]. [illegible] autonomie des [illegible]

[illegible]

[illegible]

BIBLIOGRAPHIE

ATTIAS Jean-Christophe et BENBASSA Esther, *Dictionnaire de civilisation juive*, Larousse, 1997.

BAUMGARTEN Jean, ERTEL Rachel, NIBORSKI Itzhok et WIEVIORKA Annette (dir.), *Mille ans de cultures ashkénazes*, Liana Levi, 1994.

BENBASSA Esther, *Histoire des Juifs de France*, Seuil, coll. Points Histoire, 1997.

DIECKOFF Alain, *L'invention d'une nation*, Gallimard, 1993.

ERTEL Rachel, *Le shtetl : la bourgade juive de Pologne, de la tradition à la modernité*, Payot, 1984, rééd. 1986.

GARELLI Paul et LEMAIRE André, *Le Proche-Orient asiatique*, t. II, *Les empires mésopotamiens. Israël*, PUF, coll. Nouvelle Clio, 1997.

GOLDBERG Sylvie-Anne (dir.), *Dictionnaire encyclopédique du judaïsme*, Cerf/Laffont, 1996.

GREILSAMMER Ilan, *La nouvelle histoire d'Israël*, Gallimard, 1998.

HILBERG Raul, *La destruction des Juifs d'Europe*, Fayard, 1988, rééd. 1997. 2 vol., Gallimard, coll. Folio Histoire, 1992.

LAURENS Henry, *La question de Palestine, 1799-1921*, Fayard, 1999.

LEIBOWITZ Yechayahou, *Israël et judaïsme*, Desclée de Brouwer, 1996. — *La mauvaise conscience d'Israël*, Le Monde Éditions, 1994.

LEWIS Bernard, *Juifs en terre d'islam*, Calmann-Lévy, coll. Diaspora, 1986.

MARIENTRAS Richard, *Être un peuple en diaspora*, Maspero, 1975.
MÉCHOULAN Henry (dir.), *Les Juifs d'Espagne, histoire d'une diaspora, 1492-1992*, Liana Levi, 1992.
MINCZELES Henri, *Histoire générale du Bund*, Denoël, 1999.
POLIAKOV Léon, *L'impossible choix. Histoire des crises d'identité juive*, Austral, 1995.
SEGUEV Tom, *Le septième million*, Liana Levi, 1998.
STERNHELL Zeev, *Aux origines d'Israël : entre nationalisme et socialisme*, Fayard, 1996.
SZLAKMANN Charles, *Le judaïsme pour débutants*, La Découverte, 1983.
TRAVERSO Enzo, *Les marxistes et la question juive*, Kimé, 1990, rééd. 1997.
Domaine yiddish, revue de littérature juive, Paris, 1958.
Revue *Traces*, Paris, 1981.

INDEX*

* Etablie par Catherine JOUBAUD.

Composition Interligne.
Impression Bussière Camedan Imprimeries
à Saint-Amand (Cher), le 19 avril 2000.
Dépôt légal : avril 2000.
Numéro d'imprimeur : 001983/1.
ISBN 2-07-041304-7./Imprimé en France.

94381